Harvard Business School Press

groundswell:
winning in a world transformed by social technologies

グランズウェル

ソーシャルテクノロジーによる企業戦略

シャーリーン・リー／ジョシュ・バーノフ 著
伊東奈美子 訳

SE
SHOEISHA

グランズウェル

装幀 戸田ツトム

Groundswell: winning in a world transformed by social technologies
by Charlene Li and Josh Bernoff

Published by arrangement with Harvard Business School Press, Massachusetts
through Tuttle-Mori Agency,Inc.,Tokyo

本書を推薦する言葉

本書には素晴らしいアイディア、実用的な事例、引用に価するデータがぎっしりと詰め込まれている。これは新しい産業革命だ。あなたの準備はできているだろうか？

セス・ゴーディン（『ミートボール・サンデー（Meatball Sundae）』著者）

ソーシャルテクノロジーの洗礼をまだ受けていないなら、本書があなたを目覚めさせるだろう。この津波は止めようがない。アマゾン、P&G、フェイスブック、グーグル、デルといった企業は、この波に乗ってすでに利益を上げている。では、あなたの会社は？　リーとバーノフは津波の到来を告げる先駆けの「使徒」だ。そして本書は、あなたの「バイブル」となるだろう。

スコット・クック（インテュイット　創業者兼執行委員会会長）

インターネットの第一段階は、すべての人をネットワークにつなぐことだった。インターネットの第二段階は、人々が働き、暮らし、遊び、学ぶ方法を変える。人々は〝つながり〟の価値と、こうした交流がもたらす新しいコミュニケーションと経験、すなわち「ヒューマンネットワーク」を実感し始めている。本書はインターネットが新たな段階に入ったことを宣言するとともに、この大規模な市場移行がすべての人にもたらすチャンスを鮮やかに描き出している。

ジョン・T・チェンバース（シスコ　会長兼CEO）

グランズウェル　目次

序文

リック・クランシーは、途方にくれているようだった。

リックは、五〇がらみの威風堂々とした男だ。頭にはだいぶ白いものが目立っているが、その身体からはどんな困難もうまく収めてきた自信があふれている。ビジネス誌のしつこい記者たち、敵意をみなぎらせたライバル企業、製品リコール、歴代の気難しいCEO。彼はソニー・エレクトロニクスの広報責任者として、幾多の困難に立ち向かい、そのすべてを悠々と乗り越えてきた——そう、今日までは。

ある朝、我々は彼と朝食をともにした。その日は、丸一日をかけた会議が行われる予定になっていたが、リックはある「力」に悩まされていた。その力はとどまるところを知らずに成長していた。しかし、その正体がわからない。ブロガー。ディスカッショングループ。ユーチューブ(YouTube)。

会ったこともない消費者たちが、誰もが閲覧できるフォーラムでソニー・エレクトロニクスの製品を格付け（レイティング）していた。それは彼の知らない場所であり、人々の会話に影響を及ぼす術はなかった。

会社が大切に育ててきたブランドを、あらゆるものが攻撃していた。従来の広報ツールは何の役にも立たなかった。それは、降りそそぐ毒矢を刀で払いのけるようなものだった。リックは腹をくくった。事態を収拾するには、自分が立ち上がる他ない。それは、彼自身が「ブロガー」になることを意味した。二〇年もの間、会社のイメージを管理してきた古参社員のリックにとって、これは気の遠くなるような挑戦だった。しかも相手は得体がしれないのだ。

我々から見ると、リック・クランシーは一つの「象徴」だ。世界では今、何千人もの企業幹部たちが「グランズウェル（大きなうねり）」と我々が呼ぶトレンドと格闘している。現代の人々は、さまざまなオンラインツールを使って他者とつながり、主体的に行動しながら、自分が必要としている情報、サポート、アイディア、製品、交渉力などをお互いから調達している。これは自然発生的な動きであり、グランズウェルはあらゆるものを飲み込みながらたえず変化し、ふくらみ続けている。ブログ、ウィキ、ポッドキャスト、そしてユーチューブもグランズウェルの一部だ。グランズウェルは製品を評価し、売買し、ニュースを書き、お買い得品を自分の足で探す消費者であふれている。これは地球規模で進んでいる、止めようのない変化だ。その影響はメディアから小売、金融サービス、テクノロジー、医療に至るまで、あらゆる産業に及んでいる。顧客が個人か法人かどうかは関係ない。しかも、この変化は従来の市場を支配してきた巨大な企業や組織（およびその経営陣）とはまったく関係のない場所で起きているのだ。

一言でいうなら、グランズウェルは社会動向だ。人々はテクノロジーを使って、自分に必要なものを企業ではなく、別の個人から調達するようになっている。企業の立場からすれば、これは挑戦だ。グランズウェルは一過性の現象ではない。グランズウェルを動かしているテクノロジーは未曾有のペースで進化を続けているが、その根底にはすべての人間が持っている「つながりたい」という、永遠の欲求がある。グランズウェルは、世界のあり方を永遠に変えてしまった。本書の目的は、企業がテクノロジーの変化にとらわれることなく、このトレンドに対応できるようにすることだ。これを、我々は「グランズウェル的思考」と呼ぶ。

■本書を書いた理由

我々はフォレスター・リサーチのアナリストとして、世界中のクライアントに戦略的アドバイスを提供してきた。二〇〇六年にはグランズウェルに関する報告書「ソーシャルコンピューティング」を発表した。しかし変化は加速しており、クライアントからグランズウェルについてたずねられることも増えた。周囲も騒がしくなった。ブログやコミュニティ、ウィキに関する本や記事が雨後の竹の子のように登場したが、企業の戦略担当者たちは相変わらず、どこから手をつけていいのかわからずにいる。そこで我々は、このトレンドの全体像をクライアントはもちろん、世界中の人々にわかりやすく伝えたいと考えた。変化の一部ではなく全貌を、具体的な戦略的アドバイスとともに紹介しようと考えたのだ。テクノロジーがビジネスに及ぼす影響を過去一〇年にわたって分析したデータもあった（消費者関連のデータ、クライアント事例、ベストプラクティスの研究結果など）。このすべてを、グランズウェルを驚嘆すべき場所にしている人々の物語や変化の心理的背景とともに、読みやすい形にまとめたのが本書である。

■本書の内容

本書は三部構成となっている。第一部ではグランズウェルとは何かを概観した後、グランズウェルを理解するための基本的なツールを紹介する。第二部ではグランズウェルにどう対処すべきかを議論し、第三部ではグランズウェルを社内で活用する方法を提案する。各部はさらに複数の章に分かれており、すべてを合わせると一二の章になる。各章の内容は次のとおりだ。

第一章　なぜ今、グランズウェルに注目すべきなのか

第一章ではグランズウェルが登場した背景と、グランズウェルが企業に及ぼす影響を俯瞰する。グランズウェルは人々がつながり、お互いの力を活用することを可能にした。それが企業やブランドにとって、どんな脅威となりうるのかを考える。

第二章　柔術とグランズウェルのテクノロジー

柔術家が相手の力を自らの力に変えてしまうように、企業もグランズウェルの力を自社に有利な形で活用できる。グランズウェルで利用されているさまざまなテクノロジーを紹介し、それぞれのテクノロジーが企業にもたらす脅威や利益を解説する。章末では、新しいテクノロジーを評価する方法も紹介する。

第三章　ソーシャル・テクノグラフィックス・プロフィール

「ソーシャル・テクノグラフィックス・プロフィール（ＳＴＰ）」という重要なデータ分析ツールを紹介する。ＳＴＰを使うと、特定の集団（「オーストラリア人」、「初産の母親」、「自社の顧客層」など）がグランズウェルにどう参加しているかを正確に測定できるようになる。グランズウェル戦略を立てるときは、こうした分析が欠かせない。

第四章　グランズウェル戦略を立てる

ここから第二部が始まる。第四章のテーマは「戦略」だ。戦略立案の方法として、四つのステップ（人間、目的、戦略、テクノロジー）からなる「ＰＯＳＴ（people, objectives, strategy, technology）」メソッドを提唱し、テクノロジーを戦略の起点にすることがなぜ間違っているのかを説明する。正しい目的を設定しなければ戦略は成功しない。グランズウェル戦略を成功に導く目的を五つに分類し、定義する（耳を傾ける、話をする、活気づける、支援する、統合する）。各目標の中身は、ＲＯＩ（投資利益率）と合わせて第五章以降で詳述する。

第五章　グランズウェルに耳を傾ける

プライベートコミュニティやブランドモニタリングなどを使って、グランズウェルをリサーチに用いる方法を説明する。米国総合がんネットワーク（ＮＣＣＮ）と自動車会社ミニの事例を紹介する。

第六章　グランズウェルと話をする

ユーザー生成ビデオ、ブログ、コミュニティなどを使って、グランズウェルをマーケティングや広告に活用する方法を紹介する。ブレンドテック（ウィル・イット・ブレンドの運営会社）、アーネスト＆ヤングのフェイスブック（Facebook）、ＨＰのブログ、プロクター・アンド・ギャンブル（P&G）の少女向けコミュニティ「ビーイングガール・コム」の事例を紹介する。

第七章　グランズウェルを活気づける

グランズウェル戦略では、熱心な顧客を活気づけ、仲間に働きかけてもらうことが重要になる。格付け、レビュー、コミュニティといった手法に焦点を合わせ、オンライン小売のｅバッグス、メールサービスのコンスタントコンタクト、玩具会社のレゴの事例を紹介する。

第八章　グランズウェルを支援する

顧客の相互扶助を促進することで、企業はコストを削減できるだけでなく、洞察（インサイト）も得られるようになる。入院患者のネットワーク「ケアページ」、デルのコミュニティフォーラム、大手コンサルティング会社ベリングポイントのウィキの事例を紹介する。

第九章　グランズウェルを統合する

グランズウェル戦略の五つの目的の中でも、最も強力な「顧客を会社の協力者に変える」方法を解説する。デルモンテ・フーズ（ペットフードメーカー）、ロブロウ（カナダの大型スーパー）、セールスフォース・ドットコム（営業支援アプリケーションのプロバイダー）、クレディ・ミュチュエル（フランスの銀行）のコラボレーション事例を紹介する。

第一〇章　グランズウェルが企業を変える

第三部の幕を開ける第一〇章のテーマは「変容」だ。これまでの章で紹介した手法を総動員し、グランズウェル的思考を社内に取り入れる方法を明らかにする。複数の手法を用いてグランズウェルの力を多方面に取り入れ、有利な立場を築いたデルとユニリーバの事例を紹介する。

第一一章　グランズウェルを社内で活用する

グランズウェルを使って、顧客ではなく、社員の力を高める方法を紹介する。社内にウィキ、ブログ、SNSを導入することで、グローバルな組織の生産性は高まる。ベストバイ、オーガニック、ベルカナダ、アベニューAレイザーフィッシュ、インテルの事例を紹介する。

第一二章　グランズウェルの未来

グランズウェルはどこへ向かうのか。人口動態やテクノロジーの変化によって、一〇年後の世界はより分散的で、協調的で、流動的な場所になるだろう。それが企業に及ぼす影響と、そのために今すべきことを展望する。

本書は多くのクライアントとのやり取りと、数千時間に及ぶコラボレーションや分析作業から生まれた。その目的はただ一つ——ビジネスの第一線で活躍する人が、テクノロジーの変化の波に圧倒されることなく、ソーシャルテクノロジーが生み出す世界を航海できるようにすることだ。ソニーのリック・クランシーがそうだったように、この奇妙な世界を前にして、呆然としている人もいるだろう。しかし、退路はすでに断たれた。

ようこそ、グランズウェルの世界へ。

謝辞

本書を含めて、本というのは奇妙にして素晴らしいものだと思う。何人かの形のないアイディアがいつしか物理的な形をなし、（願わくは）大勢の人の心に触れるのだから。

本書を執筆するために、我々は数え切れないほどの人たちの声に耳を傾けた。そして話をし、活気づけ、助けられ、統合した。元気づけ、説得し、挑戦し、懇願し、気を引き、協力したこともある。本書を書くということは、本書の周囲に小さなグランズウェルを構築することでもあった。我々はこのグランズウェルに影響を及ぼしたが、本書でも述べているように、我々自身もまた、このグランズウェルから影響を受けた。我々はまぎれもなく、この小さなグランズウェルの一員であり、このグランズウェルを構成しているすべての人に感謝している。

最初に名前を挙げたいのは、フォレスター・リサーチの創業者でCEOのジョージ・F・コロニーである。自社のアナリストが本を書きたいといってきたら、「駄目だ。手元の仕事に専念しろ」というのが普通だろう。ところがジョージは我々のアイディアを受け入れてくれただけでなく、本書が完成するまでの一八カ月もの間、変わらず熱心に支えてくれた。アイディアを愛するジョージは、我々のアイディアから何か価値あるものが生まれると期待して、専念する時間をくれたのかもしれない。彼の期待に応えられたことを祈っている。

エージェント（『ボストン・グローブ』紙の表現を借りるなら「スーパーエージェント」）のアイク・ウィリアムズは、出版社にとっても著者にとっても素晴らしいパートナーだった。彼の助言がなければ、本書は誕生していなかっただろう。

担当編集者のジャック・マーフィとハーバード・ビジネススクール・パブリッシングの素晴らしい仲間たちにも感謝したい。彼らは本書をより良いものにしてくれただけでなく、品質を犠牲にすることなく、たいていの出版社なら血の気を失うようなスケジュールで本書を刊行することを可能にしてくれた。名前は存じ上げないが、素晴らしい指摘をしてくれたレビュアーの皆さんにも御礼をいいたい。

この場を借りて、特に感謝の意を表したいのはフォレスター・リサーチの同僚である。フォレスター・リサーチは元来、助け合いの精神にあふれた組織だが、今回は本書を書き上げるために、この文化を存分に活用させてもらった。本書に掲載されているデータは、シンシア・プフラウムの絶え間ない献身と細部への気配りから生まれた。美しい図を作ってくれたのは、才能豊かなサラ・グラスである。ソーシャルテクノロジー分野の主要アナリストたちも私心なく協力してくれた――ジャープ・ファビエ、ブライアン・ヘイヴン、レベッカ・ジェニングス、メアリー・ベス・ケンプ、ピーター・キム、ジェレマイア・オウヤン、そしてクロエ・ストロンバーグ。このチームに加えて、他分野のアナリストの協力も仰ぐことができた――ビクトリア・ブレイスウェル・ルイス、リサ・ブラドナー、ジョナサン・ブラウン、チャーリー・ゴルビン、ヘンリー・ハーテベルト、エリザベス・ヘレル、キャリー・ジョンソン、ロブ・コプロウィッツ、ハーレー・マニング、クリス・マインズ、スチャリタ・ムルプルー、ローラ・ラモス、シャー・バンボスカーク、オリバー・ヤング、そして名前を思い出せないがさらに数人の人々。これだけの専門家の知見をいつでも借りられるのだから、ぜいたくという他ない。みな多忙な人たちだが、協力を断られたことは一度もない。リサーチ、データ、作図、マーケティングといった分野でも、やはり欠くことのできない貢献をしてくれた人たちがいた。以下に名前を記して感謝する。ディア・ガングリー、ドーン・ハブグッド、ジェニファー・ジョセフ、イェンス・クーター、カリル・レヴィンソン、ゲイル・マン、フランシー・マシー、ライニキー・リーツマ、ジャッキー・ルソー＝アンダーソン、ロクサーナ・ストロメンガー、トレーシー・サリバン、そしてケビン・タービット。

ジョージから託されたこのプロジェクトを、嫌がるどころか嬉々として引き受けてくれたシニアマネジャーたちにも感謝したい。特に上司のクリスティン・オーバビー、エラナ・アンダーソン、クリフ・コンドン、そして幾多の困難にもめげず、このプロジェクトを実現に導いてくれたシニアマネジャーたち――ブライアン・カードン、デニス・ヴァン・リンゲン、そしてチャールズ・ラットスティン。フォレスター・リサーチのテクノグラフィックス・データサービスを率いるテッド・シャドラーも、特筆に値する貢献をしてくれた。彼はソーシャル・テクノグラフィックス・プロフィールに対する我々のビジョンを理解し、この国際的なチームを強固なリーダーシップで導いてくれた。

我々がアナリストとして、また著者として今ここにあるのは、すでにフォレスター・リサーチを離れた四人の方々がメンターとして、リーダーとして、そして厳しい編集者として我々を育ててくれたからだ。我々の著作やアイディアの質を気に入ってくださるなら、それは彼らのおかげだと申し上げたい。クリス・シャロン、エミリー・グリーン、メアリー・モダール、そして故ビル・ブルースタインに乾杯。彼らの高い基準を満たす仕事ができたことを祈っている。

惜しみないサポートを与えてくれた家族にも礼をいいたい。コム、ベン、そしてケイティ。キンバリー、レイチェル、そしてアイザック。いつかまた、彼らとSNSで話をしたいものだ。

そして異例のことではあるが、我々はお互いにも感謝したいと思う。共同で本を書くというのは、人間関係を試される経験だ。首を絞め合うこともなく、親しい友人として、このプロジェクトを完了できたことを心からうれしく思っている。

そして最後に、本書の読者ならきっと、このような本が実現したのは「グランズウェル」のおかげであることをご存じだろう。本書にはたくさんの起業家、テクノロジーベンダー、エグゼクティブ、そして普通の人々が登場するが、全員が自分たちの物語や関係を惜しみなく分かち合ってくれた。フォレスターのクライアント、ブログの読者、そして直接話をする機会のあった多くの方々も、グランズウェルを通して絶え間なく貢献してくださった。これもまた、グランズウェルの常である。

また、グランズウェルでお会いしましょう。

ジョシュ・バーノフ　マサチューセッツ州ケンブリッジにて
シャーリーン・リー　カリフォルニア州フォスターシティにて

会話へのお誘い

本は一方通行のコミュニケーションだ。我々は書き、読者の皆さんは読む。しかし、他のやり方がないわけではない。

このプロジェクトに取り組んでいくうちに、我々はソーシャルテクノロジーに多大な関心を寄せている人々は、一つのグランズウェルを形成していることに気づいた。人々は我々と話をしたいと願っていたが、それ以上にお互いと交流したがっていた。そこで我々は本書のアドバイスに従い、読者が交流できる場を用意した（groundswell.forrester.com）。

サイトの中身を決めるときは、本書のアドバイスどおり、「POST」メソッド（第四章参照）を用いた。

この場合、「人間（P）」は読者だ。いうまでもなく、本書の読者はネット上の活動に参加する可能性が非常に高い。しかし職業には偏りがあり、必ずしもソーシャルテクノロジーに通じているとは限らない。サイトの内容は、こうした点を考慮したものとなっている。

「目的（O）」は、読者が助け合える場所を用意することだ。そこで第八章で紹介したようなサポートコミュニティを作った。

「戦略（S）」はフォレスターのミッションと一致している。つまり、「コミュニティのメンバーがビジネスを優位に進められるようにすること」だ。本書は出発点に過ぎない。オンラインコミュニティやフォレスター・リサーチの調査報告書を活用しながら、これからも会話を続けてほしい。このサイトを通じて、本書の読者に価値あるものを長く提供していくことができれば幸いである。

「テクノロジー（T）」は、コミュニティのニーズに合わせて進化していく。細かい説明を読むより（テクノロジーに関する情報はすぐに古くなる）、まずはgroundswell.forrester.comを訪れ、ご自身で試してみてほしい。

皆さんとグランズウェルでお会いできることを楽しみにしている。

第一部
グランズウェルを理解する

第一章　なぜ今、グランズウェルに注目すべきなのか

二〇〇七年五月一日の朝に目覚めたとき、ケビン・ローズはその日が、これまでの人生で最も興味深い日になるとは思ってもいなかったろう。しかも、自社の顧客の反乱のせいで。

「新時代のインターネット起業家」と聞いて、人々がイメージするのはケビンのような人物に違いない。彼がディグ（Digg）を立ち上げたのは二七歳の時だ。我々のインタビューに姿を見せたときは、顔にはうっすらと無精ひげがはえ、くすんだグリーンのくたびれたTシャツを着ていた。だるそうな話し方はキアヌ・リーブスをほうふつとさせるが、話の内容に耳を傾ければ、彼が賢い男、しかも相当の切れ者であることがわかるだろう。何せ「ビジネスウィーク」の表紙を飾ったこともあるのだ。[※1]我々が話を聞いた多くの人と同様に、彼も人々がネット上で大きな力を持ち始めていることを理解していた。驚かされるのは、それでも五月一日のようなできごとは起きる、ということである。

ディグは人々がニュースに投票したり、コメントしたりすることのできるサイトだ。メンバー登録（無料）を済ませれば、誰でも記事に投票し、コメントすることができる。メンバーはネットで見つけた興味深いニュースに「ディグ（投票）」し、最も多くの票を得た記事がディグのトップページに表示される。ニュースだけでなく、ブログの記事やウェブサイトに投票してもよい。新しい情報なら、何でもかまわない。もちろん、記事の鮮度を分析したり、不正を防止したりするための複雑なアルゴリズムはあるが、基本的な仕組みはそういうことだ。インターネットでは日々、大量のニュースが生み出されているが、ディグは普通の人々に投票権を与えることで、その中から重要な情報を選り分けようとしている。

五月一日の約半年前、ケビンはこんなふうに語っていた。「不思議な感覚だよね。朝起きたらまず、『今日はどんな記事がトップページに来ているかな』と考えるんだ」。今思うと、これは予言だった。すべての始まりは、Ｒｕｄｄ-Ｏというブロガーが四月三〇日に投稿した次の記事だった。※2

この数字を広めよう

０９ Ｆ９ １１ ０２・・・ この数字がどうしたって？

映画業界の連中は、この数字を公表したら痛い目にあうと脅している。著作権侵害ってやつだ。数字を著作権で保護できるとはね。

それはともかく、この数字の正体だが・・・ ＨＤ ＤＶＤのプロセスキーだ。今のところ、たいていの映画に使えるはず。

意味がわからない人のために解説すると、この記事は高解像度DVDに採用されている暗号がすでに破られていると主張しているのだ。[※3] この数字と、それ相応の技術力があれば、複製できないはずの高精細DVDもコピーできる。Rudd-Oは、そう豪語していた。

テクノロジーに詳しいディグのメンバーは、この記事に飛びついた。一日も経たないうちに、一万五〇〇〇人がこの記事に投票した。その結果、ディグのトップページの目立つ場所に、秘密の解除キーへのリンクが張られることになった。

これが映画業界にとって、受け入れがたい事態だったことは想像にかたくない。Rudd-Oが破られたと主張していた暗号を策定したのは、ディズニー、ワーナー・ブラザース、ソニー、マイクロソフト、パナソニックといった企業が支援する団体AACS LA（Advanced Access Content System Licensing Administrator）だった。AACS LAは反撃を決意する。同団体の会長で、東芝の弁護士でもあるマイケル・B・エアーズは次のように語った。「我々には対応を求める正当な権利があります。（このキーを）まき散らす目的は『迂回』以外にないのですから」。ここでいう迂回とは、著作権保護の仕組みを回避することを指す。エアーズがAACS LAの法務担当者に指示し、ディグに記事の削除を求めるメールを送ったのは当然の流れだった。忘れないでほしいのは、ディグ自身は著作権を侵害していないし、ハッキングもしていないということだ。ディグはいつもどおり、メンバーの投票をもとに、最も人気の高いニュースを掲載していたに過ぎない。しかし訴訟に巻き込まれるリスクを避けるために、ディグの経営陣は問題の記事へのリンクを外した（そして自社のブログで事情を説明した）。[※4]

しかし、インターネットで最も大きな力を持っているのは弁護士でもなければ、起業家でもない。それは「人々」だ。テクノロジーという武器を手にした彼らは、もはや従順な羊の群れではない。現代のメディアは新聞、雑誌、テレビといった四角い枠を飛び出した。人々はつながり、お互いから力を得ている。その力は、特に集団になったときに最大化される。インターネットの専門家も集団の前では無力だ。集団の力をビジネスに活用しているケビン・ローズでさえ、例外ではない。今から思うと、次の展開は不可避だった。

ディグが解除キーを含む記事へのリンクを削除すると、ブロガーたちはそのキーを探し当て、自分のブログに投稿した。五月一日の朝の時点では、八八のブログが解除キーに言及していたが、日付が変わる頃には、その数は三一七二にまで増えた。[※5] ユーチューブでは、「keithburgun」というメンバーが投稿したビデオが三〇万回再生された。[※6] これはアコースティックギターを弾きながら、問題の解除キー（一六進数の列）を情感たっぷりに歌い上げるというものだった。ディグのメンバーであるグランド・ロバートソンは、一九九〇年代のコメディドラマ「ニュースラジオ」のセリフをもじって、今回の騒動をこう評している。「インターネットから何かを削除するなんてできない。それは、プールから小便を取り除こうとするようなものだ」。[※7] 一連の論争はマスコミの注目を集め、関連ニュースがネット上にあふれた。

これらのブログ記事やニュースはディグでも取り上げられ、またたく間にランキングを駆け上った。ディグのスタッフは削除要請に基づいて、解除キーを含む記事を淡々と削除していったが、もぐら叩きゲームのように、「害虫」は叩きつぶすより早くわいて出た。

翌日、同社は白旗をあげた。何がニュースかを決めるのはメンバーだ、という発想から始まったディグは、「人々は企業の決定に従わない」という真理を身をもって学んだ。訴訟とオーディエンスの間で板ばさみになったディグは、より強いほうに屈した。それはオーディエンスである。ケビンはそ

の晩、会社のブログに次のような記事を投稿した。[※8]

さあ、ディグしてくれ。09-f9-11-02-9d…
投稿者：ケビン・ローズ、投稿日時：二〇〇七年五月一日午後九時　ディグのウェブサイトへの投稿

今日は、とんでもない一日だった。ディグの創業者として、ともかくも僕の考えを述べておきたい…

サイトの構成や運営方針を決めるときは、できる限り自分も参加するようにしてきた。（しかし）サイトのモデレーション権（投票／反対投票）は常にコミュニティに託してきたつもりだ。もちろん利用規約に反する記事があれば、削除することもある。（中略）今日は僕らにとって、難しい日だった。削除要請を受け、あるコードを含む記事を削除すべきかどうかを決めなければならなかった。正しい選択を下す必要があった。ディグが中断されたり、閉鎖されたりするリスクを避けたいという思いから、僕らは削除要請を受け入れ、問題のコードを含む記事を削除することを決めた。

でも今、何百もの記事と、何千ものコメントを読んで、どうすべきかわかった。みんなはディグが大企業に屈するのではなく、戦いながら倒れるさまを見たいんだ。みんなの考えはよくわかった。今この時から、コードを含む記事もコメントも削除しない。それがどんな結果を招こうと、それに対処していくつもりだ。

それで負けたとしても、それが何だろう。少なくとも、僕らは挑みながら死んでいくんだ。

Digg on
ケビン

翌日には六〇五本の記事が、ディグがいったんはリンクを外しながらも、その決定を翻したことを報じた。[※9] 映画業界は記事の削除を求めたことで、かえって世間の注目を集め、記事が絶対に削除されないような状況を生み出してしまった。人々は一瞬ではあったが、ネット上で団結して行動することによって、圧倒的で永続的なグランズウェルを生み出したのである。

■ディグ騒動が象徴しているもの

二〇〇七年五月一日のできごとを整理してみよう。

第一に、人々はネットの主役は自分たちであることをみせつけた。一人ひとりの人間は妨害されることもあれば、取り込まれることもある。買収されることもあれば、訴えられることもある。しかしインターネットのおかげで、人々は集団の力を活用できるようになった。ディグのメンバーと解除キーを投稿したブロガーは、秘密結社の同志だったわけではない。ほとんどの人は顔見知りですらなかった。しかしブログ、ディグのようなサイト、そしてインターネットが彼らを結びつけ、勇気づけ、大きな影響力を発揮することを可能にした。

第二に、オンラインの世界がオフラインの世界を圧倒した。映画産業とその法務部門はネットの住民に屈服した。その影響は実際の製品にも及んだ（この場合はＨＤ ＤＶＤとＨＤ ＤＶＤプレーヤー）。現在のインターネットはもはや柵で仕切られた遊び場ではなく、ビジネスや社会のあらゆる部分と完全に融合している。

第三に、関係者は愚かでも無知でもなかった。ＡＡＣＳ ＬＡの技術者たちは優秀だったし、マイケル・Ｂ・エアーズは思慮深い法律家だった。映画産業はテクノロジーを理解しており、ケビン・ローズもネットを熟知していた。それでもなお、この騒動は起きた。

これは特別な例ではない。同じようなことは世界中で起きている。中にはよく知られているものもあるが、いくつか実例を紹介しよう（ベン・マッコネルとジャッキー・フーバの著書『Citizen Marketers（市民がマーケターになる時）』には、他にも多くの事例が紹介されている）。[※10]

□パイロットのガブリエル・アデルマンと写真家のケネス・アデルマンは、カリフォルニアの海岸線をすべて写真におさめようと考えた（実際の写真はwww.californiacoastline.orgで見ることができる）。歌手のバーブラ・ストライサンドは、これらの写真から自分の家が写っている部分を削除するよう求めた。それは野球のバットでスズメバチの巣を駆除しようとするようなものだった。当然、このニュースは話題になり、多くの人が問題の写真をコピーして、あちこちのサイトにアップした。その結果、グーグルの画像検索で「バーブラ ストライサンド 家」と入力すると、問題の写真がすぐに見つかるようになった。テックダート（Techdirt）のブロガー、マイク・マスニックはインターネットからコンテンツを削除しようとして、逆に広めてしまう現象を「ストライサンド効果」と名付けた。[※11]
つまり、バーブラ・ストライサンドの家は今も閲覧できるだけでなく、その名前は「ネットからコンテンツを削除する」という無益な試みの代名詞になってしまったのだ。

□法学生のブライアン・フィンケルシュタインが二〇〇六年にユーチューブに投稿したビデオは、一〇〇万人以上の閲覧者を集めた。[※12] このビデオには、接続トラブルを修復するために彼の家を訪れていたコムキャスト（Comcast）の技術者が、自社のサポート担当者から折り返しの電話がかかってくるのを待っている間、ソファで居眠りをしている様子が映っていた。現在、ユーチューブの検索ボックスで「コムキャスト」と入力すると、このビデオが最初に表示される。

□ニューライン・シネマの映画『スネーク・フライト』は二〇〇六年に完成・公開の予定だったが、封切り前からうわさが立ち、ファンサイトが次々と作られた。まもなく「スネーク・フライト」はインターネットの一部となった。公式グッズはなかったが、カフェプレス（cafepress.com）にはファンが勝手にデザインした非公式Tシャツが何百種類も登場した。非公式ブログ「スネーク・オン・ザ・ブログ」[※13]がファンのたまり場となり、八三六〇のブログやウェブサイトからリンクが張られた。ファンたちは主演のサミュエル・L・ジャクソンに、「このくそったれの飛行機から、くそったれの蛇どもを追い出してやる！」というセリフをいわせたがった。この映画と映画の宣伝を掌握しているのは、もはや制作会社ではなかった。映画をヒットさせるためには、熱烈なファンの心をつかまなければならない。そう理解したニューラインは脚本を変え、くだんのセリフを追加した。もろもろの変更を加えた結果、映画はＰＧ－１３指定からＲ指定に変更された。

□母乳育児の提唱者で、ブログ「ザ・ラクティビスト（thelactivist.com）」を運営するジェニファー・レイコックは、母乳育児をテーマとしたチャリティイベントを開催するために、必要な資金の調達に乗り出した。彼女は「母乳――もう一つのホワイトミルク」というキャッチフレーズを印刷したTシャツを作って販売した。八ドルほど収益が上がった頃、（ご推察のとおり）全米豚肉委員会からTシャツの販売中止を求める手紙が届いた。彼女のキャッチフレーズが、協会の商標である「もう一つのホワイトミート」の評判を損なっているというのだ。しかし、ジェニファーはただの「ママ」ではない。彼女はインターネットマーケティングの専門家だった。彼女がことの次第をブログに掲載すると、[※14]すぐに二〇〇以上のブログからリンクが張られた。[※15]自分たちの行動が悲惨な広告効果を生んでいることに気づいた全米豚肉委員会は、ただちに和解交渉に入り、ジェニファーのチャリティを支援するために従業員から寄付を募った。

□二〇〇七年四月、ダンキンドーナツの仕入先で働いていた韓国のブロガーが、「ダンキンドーナツの真実」と題した記事を自分のブログに掲載した。彼はダンキンドーナツの商品がいかに不衛生な環境で作られているかを告発し、汚染源の一つとして、さびついたボイラーの写真を載せた。韓国版のストライサンド効果ともいうべきこのケースでは、ダンキンドーナツはブログのホスティング会社を説得し、問題の記事を削除することに成功したものの、ブロガーたちの会話を止めることはできなかった。[※16]ことの一部始終は『韓国タイムズ』で報じられた。[※17]これがダンキンドーナツにとって、不本意な結末だったことはいうまでもない。

これらの企業で起きたことは、どの企業でも起こり得る。今この瞬間にも、顧客はマイスペース（MySpace）に集い、おそらくは企業が認めないような方法でブランドの話をしている。サポート担当者との会話はユーチューブに投稿され、テレビCMは編集されて、皮肉なコメント付きで投稿される。CEOは髪をかきむしり（まだ髪が残っていればの話だが）、人々の表現欲にブレーキをかけろと社員に命じるかもしれない。しかし、この動きは制御できない。流れは無数の場所からわき出し、従来のビジネスを押し流そうとしている。洪水と同じように、この流れも一カ所だけをせき止めることはできない。そもそも、止めることなど不可能であることも多い。

この動きを我々はグランズウェルと呼ぶ。流れは止められないが、理解することはできる。企業はグランズウェルと共存できるだけでなく、この力をビジネスに活用することさえできるのだ。それが本書のテーマだ。

■グランズウェルとは何か

まずは用語を定義しよう。

フォレスター・リサーチは二〇〇六年に「ソーシャルコンピューティング」と題された報告書を発表し[※18]、人と人をつなぐツールが台頭し、企業のビジネスを脅かしつつあることを指摘した。

このトレンドには前述したブログやディグのようなメンバー主導型ニュースサイトだけでなく、マイスペースやフェイスブックのようなソーシャルネットワーク、ユーチューブやヘリウム（Helium）のようなユーザー生成コンテンツサイト、デリシャス（del.icio.us）のようなブックマーク閲覧・共有ツール、人々が共同でコンテンツを作るウィキペディア（Wikipedia）なども含まれる（詳細は第二章を参照）。しかし我々は、この現象をもっと広い視点から捉えたかった。重要なのはテクノロジーではない。ネット上での人々の行動が根底から変わろうとしていることだ。つまり、グランズウェルは次のように定義できる。

グランズウェルとは社会動向であり、人々がテクノロジーを使って、自分が必要としているものを企業などの伝統的組織ではなく、お互いから調達するようになっていることを指す。

こう考えると、グランズウェルの起源はマイスペースよりもはるかに古いことがわかる。たとえばイーベイ（eBay）のメンバーは、商店ではなく個人から商品を購入している。クレイグスリスト（Craigslist）は新聞広告を調べなくても、仕事やベビーシッターを見つけることを可能にした。リナックス（Linux）は、エンジニアたちがマイクロソフトのような大企業に頼らずに開発したオペレーティングシステムだ。ロッテントマト（Rotten Tomatoes）は、映画ファンが他のファンの評価を参考に観にいく映画を選べるようにし、ビットトレント（BitTorrent）は音楽ストアに足を運ばなくても、リスナー同士が音楽を交換できるようにした。ちょうど二〇〇〇年のナップスター（Napster）のように。

もっとも二〇〇〇年に比べると、人々がつながり、助け合うスピードは間違いなく加速している。だからこそ今、グランズウェルを理解することが求められているのだ。グランズウェルはどこから来たのか？　そして、どこへ向かうのか？

■なぜ今、グランズウェルが起きているのか

グランズウェルは一過性のトレンドではない。これは不可逆の重大な変化であり、個人が企業や他者とつながる方法を大きく変えようとしている。

なぜ今、このような変化が起きているのか。グランズウェルは「三つの力」の衝突から生まれた。それは人間、テクノロジー、そして経済学だ。

まずは「人間」から見ていこう。人々はこれまでも助け合い、力を与え合ってきた。労働組合や政治改革といった社会運動を通して、組織の力に対抗してきた。しかし「規模の経済」を追求する組織と、それに抵抗するメンバーの微妙な力関係は、ソーシャルテクノロジーの登場と普及によって大きく変わった。

グランズウェルを牽引している二番目の力は「テクノロジー」だ。テクノロジーはコミュニケーションの形を大きく変えた。たとえば現在では、ほとんどの人がインターネットに接続している。二〇〇六年のインターネット普及率はアメリカが七三％[※19]、ヨーロッパが六四％である[※20]。回線速度も上がり、いつでもどこからでもネットに接続できるようになった。アメリカではオンライン消費者の半数以上がブロードバンドを利用している。事務所に敷設されているのはほとんどがブロードバンドだ。携帯電話やテレビからインターネットに接続する人も珍しくない。オンライン消費者の数がクリティカルマスに達したことで、人と人をつなぐソフトウェアが普及する素地が整った。

インターネットの普及は、ソフトウェアの性質も大きく変えた。パソコンの性能が向上し、処理速度が速まったことで、ソフトウェアの双方向性は飛躍的に向上した。新しいソフトウェアはどれも

「人間」を意識している。フェイスブックやＭＳＮメッセンジャーのような人と人をつなぐアプリケーションが登場したのは、常時接続が当たり前になったおかげである。

これらのソフトウェアは、従来のソフトウェアとはまったく異なる性質を持っているため、ネットのトレンドに詳しいティム・オライリーは、これを「ウェブ２・０」と名付けた。これらのテクノロジーはたしかに強力だが、あくまでも手段であり、ほぼ常にネットに接続している人々がいなければ真価を発揮できない。つまり、テクノロジーに力を与えているのは人間なのだ。[※21]

グランズウェルを牽引している第三の力は、「トラフィック＝金」というインターネットの単純明快な経済学である。

ウェブ時代の幕が開いてから一二年が過ぎた二〇〇七年、ネット広告の市場規模はアメリカでは一四六億ドルに達し、[※22]ヨーロッパでも七五億ユーロに迫るまでになった。[※23]トラフィックを見る限り、消費者の時間とアテンション（注目）はネットに流れており、広告主はそうしたアテンションを広告に活用しようとしている。ネット広告は販売する必要さえない。グーグル・アドセンス（Google AdSense）に申し込めば、グーグルが広告を販売し、利益を共有してくれる。広告だけがオンラインで利益を得る方法ではないが、ネット広告市場は急拡大しているため、それなりのトラフィックを持つサイトにとっては有望な収益源になる。

これらの三つのトレンド――つながりたいという人間の欲求、新しい双方向テクノロジー、ネットの経済学――が新しい時代の扉を開いた。急速に拡大しているこの現象を、我々は「グランズウェル」と呼ぶ。この現象は単に存在するだけでなく、猛スピードで進化しており、企業の戦略責任者にとてつもなく大きな課題を突きつけている。

■企業がグランズウェルに関心を持つべき理由

一九四一年にSF小説の名手シオドア・スタージョンが、「極小宇宙の神」(『S-Fマガジン』)という短編小説を発表した。[※24] そのあらすじはこうだ。科学者のジェームズ・キダーは、秘密裏に新しい生命体を作り出した。「ネオテリクス(新人類)」と名付けられたこの生命体は体長三インチで、進化のスピードは非常に速い。人間より代謝が早く、知能も高い彼らは、約八日間で世代を交替する。キダーが観察を続けていると、ネオテリクスたちは一年も経たないうちに人類と同等の文明を作り上げた。ストレスを与えたり、障害物を置いたりすれば、迂回路を考え出す。その方法を参考にしてキダーが開発した製品は、現実の世界でも大成功を収めた。キダーはネオテリクスたちの発明本能を刺激するために、複数の集団に分けて競わせることさえした。

どんな研究所も、ネオテリクスにはかなわなかった。のろのろとしか進化しない人類に比べ、彼らはめまぐるしいスピードで実験し、失敗し、適応していく。しかし狂気の科学者が登場する物語の例に漏れず、この被造物も創造者の手に負えなくなっていった――。

この筋書きは現在のインターネットを思わせる。ウェブ2・0技術が登場し、多くのユーザーを獲得した結果、短期間で試作品を作り、失敗し、適応することが可能になった。たとえば技術マーケティングの達人として知られるガイ・カワサキは先日、「トゥルーモア」という新事業(うわさ話の共有サイト)を立ち上げたが、設立に要した時間は七週間、費用はわずか一万二二〇七ドル九セントだったという。[※25] ネットビジネスの世界は競争が激しいため、スピードは重要な競争優位をもたらす。最初にアイディアを思いついた者が、最初に訪問者（とトラフィック）をつかむ機会を得るからだ。この結果、人と人をつなぐテクノロジーは驚異的なスピードで進化するようになった。

人類がネオテリクスに太刀打ちできなかったように、従来の企業も、こうした急激な変化に対応できずにいる。実社会では人々の態度はそれほど急には変わらないため、企業はこつこつと固定客を増やすことができるが、ネット上の消費者は少しでも良いものを見つけたら、すぐに態度を変える。数百万人の移り気な人間と、試行錯誤を重ねながら急速に進化するテクノロジーが、グランズウェルをこれほど多様で、従来の企業では太刀打ちできないものにしているのだ。

本書の読者にとって、これは何を意味しているのだろうか。それは、あなたの世界にもグランズウェルはすぐにやって来るということだ（まだ来ていないならば、の話だが）。

メディア企業は要注意だ。広告主の予算はどんどんネットに移っている。グランズウェルは、独自のニュースサイトも生み出した（グーグルニュースやディグなど）。ニュースの概念は変わり、スクープを求めて、ブロガーとジャーナリストがしのぎを削るようになった。人々は放送電波やＤＶＤからテレビ番組や映画などの娯楽作品を取り込み、ハッキングし、編集を加え、ユーチューブやデイリーモーションヨン（Dailymotion）に投稿している。

ブランドも脅威にさらされている。顧客がブランドに対して抱いているイメージは、そのブランドを管理する企業が伝えようとしているイメージとは違うかもしれない。現代の人々は、自分のイメージでブランドを語る。企業が何百万ドル、何億ドルもの金を費やして育んできたブランドを、消費者が再定義し始めているのだ。

小売業者は流通を支配できなくなった。消費者は単にオンラインでものを買うようになっただけではなく、お互いと取引をしている。実店舗とネットショップの価格を比較し、レッドフラッグディールズ（redflagdeals.com）のようなサイトで最安値の店を教え合っている。『ロングテール』[※26]（早川書房）の著者クリス・アンダーソンが指摘したように、あらゆるものがネット上で売られている時代には、陳列棚のスペースはほとんど意味を持たない。

金融サービスに目を転じれば、もはや資本の流れを管理しているのは金融機関ではない。消費者はオンラインで取引を行い、ヤフー・ファイナンスやモトリー・フール（Motley Fool）の掲示板で投資アドバイスを得ている。プロスパー（Prosper）のような企業は、個人が金融機関ではなく、別の個人から融資を受けることを可能にした。ペイパル（PayPal）を利用すれば、たいていの取引はクレジットカードなしで実行できる。

こうしたトレンドは消費者企業よりも、B2B企業に大きな影響を及ぼす。法人客には、他の顧客とサービスを評価し合ったり、ITツールボックス（ITtoolbox）のようなグループに参加して意見を交換したり、リンクトイン・アンサーズ（LinkedIn Answers）で助け合ったりする動機があるからだ。

変化の波は社内にも及んでいる。従業員はソーシャルネットワークでつながり、コラボレーションツールを使ってネット上でアイディアを練り、会社の方針や進路を話し合っている。

グランズウェルは力の均衡を変えた。今日では誰でも人と人をつなぐサイトを構築できる。サイトの出来が良ければ人が集まる。彼らは友だちにもサイトを使うように勧めるだろう。そして売買であれ、ニュースの閲覧、運動への参加、あるいは個人間融資であれ、そのサイトが推進している活動に加わる。早晩、こうした役割を担ってきた小売店、メディア、政府、銀行は、自分たちが人々のニーズを満たせなくなったことに気づくだろう。グランズウェルは、こうした組織の利幅を食い尽くし、市場シェアを奪い、その基盤をゆるがせていく。

■抵抗するのではなく利用する

驚くべきことに、すべての企業がグランズウェルに抵抗して、滅びの道を歩んでいるわけではない。グランズウェルに飛び込むことで、ビジネスを成功させている企業もある。

最初は居心地が悪いかもしれない。ディグのケビン・ローズや東芝の弁護士マイケル・B・エアーズが経験したように、グランズウェルにはたくさんの脅威がひそんでいる。ものごとが展開するのも早い。しかし、グランズウェルを理解したいなら、まずは試してみることだ。そうすれば自社が強みを発揮できる場所（少なくとも、その可能性のある場所）がわかるだろう。

これを実践したのがGMのボブ・ルッツである。七〇代のボブは、三〇代の初めからずっと自動車業界で苦労を重ねてきた（それ以前は戦闘機のパイロットだった）。フォードを経て、クライスラーに入り、同社の取締役になった後、二〇〇一年にGMに移り、製品開発担当副会長に就任した。

それから三年後の二〇〇四年末、GMは苦境に立たされた。株価は急落した。顧客は新しい製品ラインに関心を示さず、自動車業界のトレンドセッターだった批評家の反応もにぶかった。GMの優れたスポークスパーソンであり、自動車に対する愛情と明快な発言で、精力的に会社を引っぱってきたボブも、この時ばかりは市場にメッセージを伝えられずにいた。

まだGMを見捨てていない人々に語りかけるにはどうすればいいのか？　次のモーターショーが間近に迫った二〇〇五年一月、ボブは自分とGMがまだ老いぼれてはいないことを証明しようと決意した。ボブはブログを立ち上げ、これを「ファストレーン（FastLane）」と名付けた（fastlane.gmblogs.com）。ブログを書こうと決めてから、最初の記事が公開されるまでの期間は三週間。デトロイトの保守的な自動車メーカーにしては、驚くべき早さだ。

最初の頃の記事は、少し堅苦しかった。巷のブロガーたちの文章とはだいぶ違う。それでもボブの最初の投稿には一二一件ものコメントが付いた。人々はGMの言葉を聞きたがっていた。批判もあったが、熱烈な支持者もいた。たとえば新型のポンティアックGTOについて、ある読者はこんなコメントを残している。[※27]

今回のGTOは素晴らしい。実際に運転してみたが、すごく気に入ったよ。たしかに価格に驚く人はいると思う。でも運転してみれば、目に見えない部分に金がかかっていることがわかる。もちろん、もっと新鮮なデザインにしてもよかった。これぞGTOというようなスタイルにね。コストパフォーマンスは今一つだが、実際に触れてみれば、素晴らしい車だとわかるはずだ。

二、三週間も経つと、ボブの調子も上がってきた。「取り急ぎ、ショー会場からご報告」、「クラス最高？――お試しあれ」といったタイトルの記事が次々と登場した。ボブは、生まれついてのブロガーだった。彼の中には常に「伝えたい」という欲求があった。これまでは、それを満たしてくれるテクノロジーがなかったのだ。ブログを始めてから四カ月が過ぎた頃、ボブはその思いをこんなふうに表現している。[※28]

このブログは実験として始まったものだが、今ではGMの重要なコミュニケーション手段になっている。私自身も、皆さんと親しく話をできるようになった。いただいたコメントを読み、なるほど鋭い指摘だと思わされることも多い。厳しい批判をいただくこともあるが、素晴らしい車を作るための当社の努力に、皆さんが変わらぬ関心と信頼を寄せてくださっていることが、このブログを続ける大きな原動力になっている。

ファストレーンはGMに革命を起こしたわけではない。日本企業との競争の構図が変化したわけでもなければ、ディーラーたちが急におとなしくなったわけでもない。しかしファストレーンはGMのコミュニケーションを一変させた。業界誌や高額なテレビCMだけが、顧客、ディーラー、従業員、投資家にメッセージを伝える方法ではない。GMは、彼らに直接語りかけるチャネルを手に入れたのだ。グーグルで「シボレー　ボルト」というキーワードで検索すると、検索結果の最初のページにファストレーンの記事が表示される。GMはニュースや批判、さらにはリコールにも、非人間的に見られることなく迅速に対応できるようになった。新しい車のアイディアを披露し、反応を探ることもできる。もっといいのは、読者から寄せられる大量のコメントを将来のビジネスに活かせることだ。

これこそ、グランズウェル的思考である。

ボブ・ルッツがグランズウェルに参加できるなら、あなたにもできるはずだ。ブログを立ち上げる。サイトに格付けやレビューの仕組みを導入する。ソーシャルネットワークをマーケティングに活用する。顧客が助け合う仕組みを作る。どんな方法でもかまわないが、まずはグランズウェルを活用してみよう。そうすれば有利な立場に立てる。グランズウェル的思考を身につけることができる。

グランズウェルのテクノロジーをビジネスに活用するには、それが何かを理解しなければならない。第二章では各テクノロジーの概要や組み合わせ方など、グランズウェルを味方につける方法を見ていこう。

第二章　柔術とグランズウェルのテクノロジー

第一章を読んで、グランズウェルは基本的に「問題」だと感じた人もいるだろう。最近の新聞を読んで、同じような結論に至った人もいるかもしれない。結局のところ、企業や組織を支えているものは管理だ。しかし、グランズウェルはこの基盤をむしばみ、破壊してしまう。ユーチューブにビデオを投稿し、企業への不満をぶちまける顧客。ロゴを勝手に作り替え、マイスペースのプロフィールページに貼り付ける消費者。グランズウェルで起きるできごとは、企業の広報活動やマーケティング計画とも相容れない。

しかしグランズウェルも人間のいとなみだ。それが何かを理解できれば、連携することはもちろん、大きな利益を生み出すことさえできる。これが、グランズウェル的思考だ。

すべての複雑なスキルと同様に、グランズウェル的思考を身につけるためにも知識、経験、そして最終的には啓蒙が必要になる。これは武術だ。もっといえば柔術である。[※1]日本古来の武術である柔術は、相手の力を利用して相手を倒す。力まかせに突進してきた敵は、床に叩き伏せられる。向かってくるスピードが速いほど、返されたときの衝撃も大きい。

本書はいわば、マネジャーのための「柔術マニュアル」だ。武術の先生のように、我々は読者にグランズウェルの「技（わざ）」を授けよう。まずは、オンラインの世界を動かしている力を解説する。次に、こうした力と関わるためのツールを紹介し、最後にこれらの力を自社に有利な形で活用する方法を伝授する。

■グランズウェルの本質とは何か

本章では、グランズウェルで使われているテクノロジーを解説する。テクノロジーを理解することは大切だが、テクノロジーはグランズウェルの本質ではない。しかし人間というのは、些末な部分にとらわれるものだ。ブログ、ソーシャルネットワーク、ユーザー生成コンテンツなどが話題を集めたため、こうしたテクノロジーを理解できれば、新しい世界に対応できると思い込んでいる人もいる。

しかし、それは違う。

第一に、テクノロジーはすぐに変わる。第二に、重要なのはテクノロジーではなく、そこで働いている力だ。優れた柔術家は防御の技法や投げ技だけでなく、身体が動く仕組みを理解している。つまり、グランズウェルの感覚を磨く必要があるのだ。

そう考えれば、グランズウェルをマスターするための原則は、「テクノロジーではなく、関係に焦点を合わせる」ことだとわかるだろう。

グランズウェルでは関係がすべてだ。人と人がつながり、コミュニティを作る。その形が、力のバランスを変えていく。

■グランズウェルのテクノロジー（概要と活用方法）

本章では、グランズウェルのテクノロジーを用途や活用方法をもとに分類し、各カテゴリーの中から代表的なテクノロジーを選んで、概要、利用状況、グランズウェルでの位置付け、組織にとっての脅威、活用方法などを概観する。テクノロジーではなく関係に焦点を合わせるために、説明は基本的なものに留めた。本章で紹介するテクニックは、あくまでも戦術であることを忘れないでほしい。これらのテクニックを組み合わせて、包括的な戦略を立てる方法は第四章で詳述する。

グランズウェルで行われている活動を一通り紹介したら、最後にテクノロジーの評価方法を伝授しよう。この方法を使えば、グランズウェルに新しいテクノロジーが登場したときにも、その将来性を評価できるはずだ。

創造のためのテクノロジー：ブログ、ユーザー生成コンテンツ、ポッドキャスト

自己表現というのは、かつては私的なものか（絵、詩、曲を作り、自分で楽しむ）、極めて難易度が高いものか（自分の作品を販売・発表する）のどちらかだった。しかし今は違う。パソコンを使えば誰でも簡単に文章、楽曲、動画を作成し、編集することができる。これらのツールは安価で、しかも使いやすい。

また、グランズウェルには作品を発表する方法がたくさんあるため、他者の目にも留まりやすい。

【概要】ブログは個人またはグループの日記だ。書き手は自分の考えを文章にまとめ、リンクとともに投稿する。これらの記事（「投稿」ともいう）には写真が添えられることも多い。ビデオ（ユーザー生成コンテンツの一つ）[※2]を作ってユーチューブに投稿する人や、記事を書いてギャザー（Gather）やヘリウムで発表する人もいる。ラジオやテレビのコメンテーターのように、自作のポッドキャストをアップルのアイチューンズ（iTunes）などで定期的に配信してもよいだろう。こうした音声ファイルは個別に聞くこともできれば、パソコンやiPodに自動的にダウンロードされるように設定することもできる。ビデオブログに挑戦するブロガーもいる。「アドバタイジング・エイジ」のサイトに掲載されているマーティン・リンドストロームのブログは、ビデオブログの好例だ。[※3]表現のスタイルは違っても、ほぼすべての活動に共通しているのはコメントを歓迎している点だ。たとえばブログやユーチューブでは、投稿された記事やビデオに閲覧者がコメントを付けられるようになっている。

【利用状況】ブログの閲覧は、グランズウェルで最も人気の高い活動の一つだ。アメリカではオンライン消費者の四人に一人がブログを読んでいる（表2-1）。[※4]日本はさらに上を行っており、成人オンライン消費者の半数以上は月に一回以上ブログを読む。ブロガー率が最も高いのは韓国で、オンライン消費者の六人に一人以上がブロガーだ。ビデオを観る人も多いが、ビデオを作る人ははるかに少ない。ポッドキャストの場合は聞き手も少ないが、作り手はもっと少なく、アメリカではオンライン消費者の一一%を占めるに過ぎない。その他の国ではさらに少ない。

	アメリカ	イギリス	フランス	ドイツ	日本	韓国
ブログを読む	25%	10%	21%	10%	52%	31%
ブログにコメントする	14%	4%	10%	4%	20%	21%
ブログを書く	11%	3%	7%	2%	12%	18%
ユーザー生成ビデオを観る	29%	17%	15%	16%	20%	5%
ユーザー生成ビデオを投稿する	8%	4%	2%	2%	3%	4%
ポッドキャストを聞く	11%	7%	6%	7%	4%	0%

頻度は月1回以上とする。
出典：2007 Technographics surveys

表2-1　ブログとユーザー生成コンテンツを利用しているオンライン消費者の割合

［関係の創出方法］　ブロガーは他のブログのブログを読み、コメントを残す。お互いの記事を引用し、リンクを張る。こうしたつながりがブログとブログ、ブロガーとブロガーを結び、ブロゴスフィア（ブログ界）を形成する。ブロゴスフィアの「エコー現象」とは、あるテーマが話題になると、同じような論評が次々と現れることを指す。これらの記事はリンクし合っているため、グーグルで検索すると検索結果の上位に表示される。グーグルの検索アルゴリズムはリンクを重視しているからだ。

同様に、アマチュアビデオの投稿サイトでも、メンバーはお互いの作品を参照し、コメントを残すことができる。ユーチューブでは、同じ作者が投稿したビデオを簡単に一覧表示できるだけでなく、作者のチャンネルに登録すれば、その作者が投稿するビデオをもれなくチェックできる。

［組織にとっての脅威］　ブログ、ユーザー生成ビデオ、ポッドキャストを規制するものはないため、やろうと思えば何でもできる。ジャーナリストと違い、ブロガーは事実と

個人的な意見を区別しないかもしれない。あいまいな情報を伝え、利害関係を開示しないかもしれない。ユーチューブにビデオを投稿する前に、そのビデオが他者のプライバシーや著作権を侵害していないかを確認する人はほとんどいない。企業は自社や業務に関する情報を、社員がネット上で不用意に開示していないかを頻繁に確認する必要がある。

[活用方法] まずは聞くことだ。自社を話題にしているブログを読み、人々の会話に耳を傾ける。ブログ検索エンジン（グーグルのブログ検索、テクノラティなど）は、影響力の大きいブログを特定する助けになる。ユーチューブ、デイリーモーション、メタカフェ（MetaCafe）などのビデオサイトを検索し、自社がどう描かれているかを調べる。ヤフー・ビデオ（訳注：日本では「ヤフー動画」）などのサイト横断型のビデオ検索エンジンを使ってもよい。

本格的なモニタリングをしたいなら、ニールセンのバズメトリックス（BuzzMetrics）やTNSのシンフォニー（Cymfony）のようなサービスを活用しよう。これらのサービスはブログ、ビデオ、ディスカッショングループなどを監視し、自社や競合企業に関する発言を収集し、おおまかなユーザー感情を分析してくれる。

次は、こうしたブログやビデオにコメントを付けるか、自分でブログやビデオを作ってみる。サン・マイクロシステムズとマイクロソフトは、社員がブログを書くことを奨励している（非公開の数字や情報が開示されないように、基本的なガイドラインは定められている）。前章の最後で紹介したGMの例のように、ブログは世界と話をするためだけでなく、フィードバックを得るためにも有効だ。我々も共同でブログ（groundswell.forrester.com）を運営している。このブログは本書の執筆中はアイディアを交換したり、読者から提案や事例を集めたりするために使い、執筆後は本の宣伝のために利用している。

ポッドキャスティングはまだ普及しているとはいえないが、ＩＢＭやピュリナは顧客とのコミュニケーションにポッドキャストを試験的に活用している。

ブランドの場合、ネット上のコンテンツがＣＭより大きな影響を、はるかに低いコストで生み出すことがある。たとえばレイバンのビデオ「顔でサングラスをキャッチする男」は約三百万回も再生された。このビデオは同社のサングラス「ウェイファーラー」が空を飛び、離れた場所にいる男の顔にストンとはまる様子を撮影したもので、非現実的な設定が話題を呼んだ。[※5]

こうした戦術は傾聴戦略や会話戦略（ともに第五章参照）の一環として実施すると、特に高い効果を上げる。

つながるためのテクノロジー：ソーシャルネットワークと仮想世界

グランズウェルの中でも、特に人口密度が高いのはマイスペースやフェイスブックのようなソーシャルネットワーキングサイト（ＳＮＳ）だ。これらのサイトは、すでに何千万人ものメンバーを集めている。ＳＮＳの種類は多い。たとえばリンクトイン（ＬｉｎｋｅｄＩｎ）はビジネスパーソンのためのＳＮＳだ。ピクゾ（Ｐｉｃｚｏ）は若い女の子の間で人気が高い。ブラジル人はグーグルのオーカット（ｏｒｋｕｔ）にむらがり、ヨーロッパではハイファイブ（ｈｉ５）とビーボ（Ｂｅｂｏ）が圧倒的な人気を集めている。

【概要】ＳＮＳのメンバーはプロフィールを更新し、他のメンバーと交流する。ＳＮＳの中心をなす活動はプロフィールの更新と「フレンディング（友だちづくり）」だ。SNSにはメンバーが友人や知り合いを発見し、近況を伝え合う仕組みが用意されており、フェイスブックなどではミニアプリケーションも利用できる。こうしたアプリケーションを利用すれば、イベントの招待客管理からボードゲームまで、「友だち」とできることの幅はぐっと広がる。

プロフィールの管理に飽きたら、仮想世界を利用してみよう。セカンドライフ（Second Life）は人気の高い三次元シミュレーション環境だ。メンバーはすでに一〇〇〇万人を超えている。※6 アジアではサイワールド（Cyworld）が同様の環境を提供しており、北米市場にも進出しつつある。ウィーワールド（WeeWorld）のような二次元の仮想世界もある。どのサービスでも、参加者はアバターの外見や服装を通して自分を表現できる。五〇がらみの太ったハゲのテクニカルライターが、本人が望めば黒いタートルネックセーターを着たマッチョや、グラマーな美女に変身できるのだ。

【利用状況】アメリカでは成人オンライン消費者の四人に一人が月に一回以上、SNSを利用している（表2-2）。韓国ではSNSが爆発的な人気を集めており、オンライン消費者の三人に一人が参加している。これはブロードバンド普及率の高さに加え、コミュニティを重視する国民性が影響している。それに比べると、ドイツやフランスではSNSの利用度ははるかに低い。

	アメリカ	イギリス	フランス	ドイツ	日本	韓国
SNSを訪問する	25%	21%	3%	10%	20%	35%

頻度は月1回以上とする。
出典：2007 Technographics surveys

表2-2　SNSを利用しているオンライン消費者の割合

【関係の創出方法】SNSや仮想世界の目的は、テクノロジーを使って人間関係を広げることだ。マイスペースのメンバーは友だちのプロフィールにコメントを付け、お気に入りの写真や音楽を共有している。フェイスブックのプロフィールページにはニュースフィードが用意されており、友人の更新内容が表示される（「ジョンがプロフィールに写真を追加しました」など）。SNSは離れて暮らす人々を結ぶだけでなく、近くに住む人々（大学生など）の交流も支援している。SNSは新しい友人と出会う場でもある。たとえばフェイスブックには「イエール大学の学生」や、女性聖職者向けの「聖職ガールズ」など、さまざまなサブコミュニティが存在する。一方、フランスのパリには「ププラード（Peuplade）（www.peuplade.fr）という地域SNSがある。このSNSの目的はご近所さんを引き合わせることだ。驚くべきことに、パリの人々はププラードを使って目と鼻の先に住む人々と出会い、つれだって遊びに出かけている。

【組織にとっての脅威】SNSはユーザーの時間を拘束する。たとえばティーンエイジャーの二二％は、毎日SNSをチェックしている。※7 消費者の時間が奪われることは、特にメディア企業にとっては重大な問題だ。ニューズコープがマイスペースを買収した理由の一つもここにある。流行はSNSを通して急速に広まる。こうした流行は有名ブランドのイメージを下げ、傷つけることもあれば、無名ブランドの認知度を高めることもある。

【活用方法】ソーシャルネットワークのダイナミズムに慣れるためには、実際に参加してみるのが一番だ。

多くの企業はSNSにアカウントを作り、他のメンバーと同じように「友だち」を作っている。たとえばビクトリアズ・シークレット（Victoria's Secret）は、マイスペースに二〇万人以上の友だちを持つ（www.myspace.com/vspink）。サイワールドでは五万人以上の韓国人が、ピザハットと友だちになった。メンバーが自分のプロフィールに貼り付けたり、友だちと共有したりできるバッジ、壁紙、アイコンなどをブランドのプロフィールページに用意すると、戦略の効果はさらに高まる。

仮想世界を試している企業も多い。セカンドライフではポンティアックを試乗できる。ウィーワールドではスキットルズが広告を展開中だ。こうした活動は話題にはなるが、今のところ、それ以上の効果は証明されていない。

顧客が熱狂的なコミュニティを形成している場合は、独自のSNSを立ち上げてもよい。たとえばセールスフォース・ドットコムは顧客専用のSNSを作り、同じ業界や職種に属する顧客が交流できるようにした。ぬいぐるみ会社のガンツはウェブキンズ（Webkinz）というサイトを立ち上げ、子どもたちがネット上でぬいぐるみの部屋を飾り、他の子どもたちと遊べるようにした。

第五章以降では、SNSやコミュニティを戦略的に活用する方法を目的別に見ていく。傾聴が目的の場合は第五章、マーケティングが目的の場合は第六章、コミュニティの活性化が目的の場合は第七章を参照してほしい。顧客の互助を促進したいときもコミュニティは最高のツールだ。コミュニティをサポートに活用する方法は第八章で取り上げる。

コラボレーションのためのテクノロジー：ウィキとオープンソース

一般に、グランズウェルの活動には「調整役」がいない。人々はてんでに自分の関心を追求し、他者とのつながりを求めている。そうした交流の中からグランズウェルが姿を現す。これは現実の経済とよく似ている。しかし、ひとたびグランズウェルのメンバーが連帯を決意すれば、その威力は絶大だ。グランズウェルにはコラボレーションを促進する強力なツールがある。その代表がウィキ（ｗｉｋｉ）だ。

【概要】ウィキ（「速い」を意味するハワイ語）は、人々が共同でテキストや画像などのコンテンツを作ったり、編集したりできるサイトだ。その最大にして、最も有名な例はもちろんウィキペディアである。これは誰もが編集できる非営利の百科事典で、現在の項目数は二百万に達している。他にも、保守的な視点から書かれたコンサバペディア（Conservapedia）や、「モノポリーに勝つ方法」、「スケートボードでショービットを決める方法」といったハウツー記事を集めたウィキハウ（wikiHow）など、特殊な用途を持つウィキも多い。ウィキは誰でも編集できるため、混乱が生じるのではないかと思うかもしれないが、複数の人間がガイドラインに沿って参加することで、特に議論の分かれる項目を除けば（ジョージ・ブッシュなど政治家に関する項目）、記事には多数派の見解が反映される。実際、ウィキペディアの基本方針の一つは「中立的な観点」だ。誰かが編集を加えたときは、他のメンバーが変更内容を吟味し、コミュニティの理念に基づいて、変更内容を保存するか破棄するかを決定する。

人々が力を合わせ、ネット上で何かを作り出した例は他にもある。ＵＮＩＸオペレーティングシステムのリナックス、ウェブサーバーのアパッチ、ウェブブラウザのファイアフォックスなどのオープンソースソフトウェアはその好例だ。オープンソースの世界では、優秀な技術者たちが協力してソフトウェアを開発し、テストし、改善している。コードは全員に開示される。このようなやり方をばかにする人は、リナックスが今では多くのウェブサーバーや、ティーボ（ＴｉＶｏ）などの家電製品に採用されていることを思い出してほしい。アパッチは、世界で最も広く使われているウェブサーバーソフトウェアだ。[※8] ファイアフォックスは二年も経たないうちに市場シェアをゼロから二五％まで伸ばした。[※9]

【利用状況】アメリカでは成人オンライン消費者の二二％以上が月に一回以上、ウィキペディアを利用している。しかし、ウィキの編集に月一回以上参加すると答えた人は六％に過ぎない。アメリカ以外の地域では、ウィキの編集に関するデータはまだない。

【関係の創出方法】ウィキの各ページには「ノート」が用意されており、どんな情報をページに含めるかを議論できるようになっている（こうした議論は論争に発展することもある）。執筆者は互いのプロフィールも閲覧できる。多くの場合、貢献度の高い者はコミュニティの尊敬を集める。オープンソースの世界では、標準リリースに含めるコードは開発者のコミュニティが慎重に検討し、決定する。これらのコミュニティは数百万人が利用するコンテンツの内容を、非常に現実的な方法で定めている。

【組織にとっての脅威】ウィキペディアの知名度は高く、利用者も多い。アレクサ（Ａｌｅｘａ）の調査によれば、ウィキペディアはウェブ上で八番目に人気の高いサイトだ。[※10] 実際、ウィキペディアほどグランズウェルの力を明確に示しているものはない。ウィキペディアに掲載される情報（画像を含む）を決めているのは普通の人々だ。たとえばナイキのページには、少なくとも本書の執筆時点では、同社の人権侵害問題や広告をめぐる論争も記載されている。ナイキの広報部門なら、会社を定義する文章にこのような情報を載せたりはしないだろう。

［活用方法］ ウィキペディアのページは検索結果の上位に表示されることが多いため、ウィキペディアにどのように書かれるかは重大な問題だ。自社や自社の製品に言及しているウィキペディアのページは慎重に監視しよう。[※11] ウィキペディアの内容を修正するのは難しい。ウィキペディアは、個人や企業が自らに関する記述を編集するのをよしとしていないからだ。しかし我々が話を聞いた金融サービス会社のように、事実の間違いを訂正した企業はあるし、新製品に関する項目を追加することに成功した企業さえある。自社の希望を通したいなら、オープンに行動する他ない。一番良いのは、ウィキペディアの「ノート」に自社の見解を書き込み、なぜそう思うのかを論理的に説明することである。

ウィキを活用して、顧客を「小さなグランズウェル」に変えることもできる。たとえばイーベイはウィキを立ち上げ、メンバーが「アンティークの売買」など、特定のテーマに関するノウハウを共有できるようにした（www.ebaywiki.com）。ロイターは読者がウィキ上で金融用語集を作成できるようにしている（glossary.reuters.com）。

ウィキを社内に取り入れることで、文書の作成や仕様の策定を効率化した企業もある。本書の執筆と調査活動もウィキ上で行われた。著者、編集者、および関係者が共有するページを作り、全員がコンテンツや参考リンクを閲覧・編集できるようにした。

顧客の互助に関する事例は第八章で詳しく取り上げる。社内のコラボレーションを促進する方法は第一一章を参照してほしい。

リアクション（反応）のためのテクノロジー：フォーラム、格付け、レビュー

フォーラム（投稿と返信をスレッド形式で表示するシステム）の歴史は、ほとんどのソーシャルテクノロジーより長い。インターネットより前から存在するくらいだ。ネットでは格付けやレビューをあちこちで見かけるため、これがグランズウェルというトレンドの一部であることに気づいていない人も多い。フォーラム、格付け、そしてレビューは導入するのも利用するのも簡単なので、今ではメディアサイト、ネットストア、サポートセンターなど、さまざまなサイトで利用されている。

【概要】ネット上にはさまざまなディスカッショングループが存在する。メンバー登録をしてログインすると、質問やコメントを投稿したり、他のメンバーの質問やコメントに回答したりできるようになる。コメントや返信は元記事にぶらさがる形で表示されるため、会話のような印象を与える。ヤフーやＡＯＬはさまざまなテーマのフォーラムを運営しているが、他にも顧客が運営するフォーラムや、企業が運営する顧客向けのフォーラムがある。前者の例はティーボのファンが運営する「ティーボコミュニティ・コム（tivocommunity.com）」、後者の例はインテュイットがクイックブックスの顧客（中小企業経営者）のために運営している「クイックブックスグループ・コム（quickbooksgroup.com）」だ。

現在、フォーラムをしのぐ勢いで普及しているのがレビューである。アマゾンは他社に先駆けてレビューを導入した。今では家電からガーデニング用品まで、あらゆる分野の小売サイトがレビュー機能を導入している。ＣＮＥＴのようなメディアサイトや、トリップアドバイザー（TripAdvisor）のような旅行サイトでも、レビューは重要な役割を果たしている。ロッテントマトやエピニオンズ

(Epinions) に至っては、格付けとレビューがコンテンツの柱になっているほどだ（ロッテントマトは映画、エピニオンズはあらゆる商品のレビューサイト）。イーベイではメンバーがメンバーを格付けしており、エクスポテレビ(ExpoTV) では消費者が、化粧品から車のリモートスターターまで、自分が所有する製品のレビュービデオを投稿している。※12

グランズウェルのテクノロジーを本格的に導入しているサイトでは、レビューそのものが格付けの対象となる。たとえばアマゾンで『ハリーポッターと謎のプリンス』に五つ星を付けたアルゼンチンのレビュアーは、八八四人から「このレビューが参考になった」という票を得ている。※13 ハリーポッターのファンたちは、彼女の情熱的なレビューを高く評価したのだ。

【利用状況】アメリカと日本では、オンライン消費者の約五人に一人がディスカッションフォーラムに参加している（表2-3）。格付けやレビューを読むことは当たり前になり、アメリカとドイツでは四人に一人、イギリスでは五人に一人、日本ではオンライン消費者の三八％がこうした活動に参加している。一方、格付けをしたり、レビューを書いたりする人の割合ははるかに少ないが、オンライン消費者全体を益するだけのコンテンツは生み出されている。

	アメリカ	イギリス	フランス	ドイツ	日本	韓国
フォーラムに参加する	18%	12%	11%	15%	22%	7%
格付けやレビューを読む	25%	20%	12%	28%	38%	16%
格付けやレビューを投稿する	11%	5%	3%	8%	11%	11%

頻度は月1回以上とする。
出典：2007 Technographics surveys

表2-3　フォーラム、格付け、レビューを利用しているオンライン消費者の割合

【関係の創出方法】ディスカッションフォーラムは、いわば「ゆっくりと進む会話」だ。メンバーはネット上で意見を交わす。多くのフォーラムでは、常連の投稿者たちは実際に会ったことはなくても、お互いの傾向に詳しくなっていく。

フォーラムやレビューが普及した理由の一つは、人々に知識を披露する場を提供したからだろう。たとえばアマゾンのトップレビュアーのハリエット・クラウザーは日に二冊の本を読み、これまでに約一万四〇〇〇件のレビューを投稿した。ハリエットは出版社の間でも知られた存在で、彼女のもとには毎週五〇冊もの本が出版社から送られてくるという。

【組織にとっての脅威】カスタマーレビューが登場する前は、企業は「専門家」に影響を及ぼすことだけを考えていればよかった。たとえば「カー&ドライバー」の自動車評論家や、「ロサンゼルス・タイムズ」のレストラン批評家などだ。ところが今では消費者でさえ、製品やサービスに不満があれば、「デジカメの画面が暗い」、「客室が変な匂いがした」、「四歳児でさえ退屈するアニメ」と酷評することができる。

【活用方法】格付けとレビューは商品の購入率を上げるため、小売店にとってはありがたい存在だ。第七章では一部の顧客に働きかけることで、コミュニティ全体を活気づける方法を取り上げ、格付けとレビューの効果を具体的に検証する。フォーラムをサポートに活用する方法は第八章で紹介しよう。

メーカーやサービス企業にとっても、格付けとレビューは役に立つ。ブランドモニタリング（第五章参照）ではブランド全体が監視の対象になるが、格付けやレビューの対象はもっと限定的だ。もし製品レビューサイトのバジリオンズ（buzzillions.com）に「オーブンを自動洗浄したら扉が溶けた」というレビューが載っていたら、これはレビューの問題ではなく、製品の品質の問題である。

コンテンツを整理するためのテクノロジー：タグ

何か整理するときは、分類が重要な役割を果たす。標準的な分類のしかたを「タクソノミー（分類法）」と呼ぶ。タクソノミーでは、すべてのものに居場所がある。たとえばホモサピエンスはほ乳類に分類され、ティラノサウルス・レックスはは虫類に分類される。タクソノミーの場合、何がどこに分類されるかを決めるのは専門家だ。しかしデビッド・ワインバーガーが著書『インターネットはいかに知の秩序を変えるか？』（エナジクス）で述べているように、グランズウェルの分類はもっと柔軟なものでなければならない。[※14]そこで登場するのが「タグ」である。

【概要】 モータースポーツNASCARのファンが集まって、レースについて語り合うサイトがあったとしよう。ある人はこのサイトを「NASCAR」、「ディスカッショングループ」に分類するかもしれないが、別の人は「フォーラム」、「ファン現象」に分類するかもしれない。こうした「タグ」を利用したゆるやかで重複的な分類法は「フォークソノミー」と呼ばれることもある。これはトーマス・ヴァンダーワルの造語だ。[※15]フォークソノミーの場合、分類は専門家ではなく、普通の人々の意見に基づいて行われる。

メンバー自身が情報を整理できるようにしたいときは、タグを導入するのが一般的だ。第一章で取り上げたディグもタグを利用している。ディグのメンバーはタグを付ける（投票する）ことで、自分がそのニュースに関心を持っていることを示し、そのニュースが属するカテゴリーを決める。先日ヤフーに買収されたデリシャスは、そのさらに先をいっている（デリシャスはダウンロード可能なシンプルなアプリケーション）。デリシャスのメンバーは、気に入ったウェブサイトをブックマークしたら、それに好きなタグを付けて分類できる。これらのブックマークは本人のパソコンではなく、ヤフーのサーバーに保存されるため、他の人もそのタグを見たり（公開設定にしている場合）、同じタグが付いているサイトを検索したりすることができる。同様のサービスを提供していたスタンブルアポン（StumbleUpon）は、二〇〇七年にイーベイに買収された。

ネットを見渡すと、タグがグランズウェルのいたるところで使われていることがわかるだろう。フリッカー（Flickr）では写真に、ワードプレス（WordPress）などのブログツールでは記事に、ユーチューブでは動画にタグを付けられる。これらのサイトでは、閲覧者がタグを追加できることも多い。

【利用状況】 タギング（タグを付けること）は万人向きの活動ではない。韓国ではオンライン消費者の一四％がタギングを行っているが、それ以外の国ではタグの利用率はもっと低い（表2－4）。とはいえ、タギングは無視できない活動だ。結局のところ、オンラインの世界が「どう見えるか」を決めるのは、ネット上で情報を分類し、整理している人々だからである。

【関係の創出方法】 タグが生み出す関係は捉えにくい。手元の情報を整理し、検索しやすくするためだけにタグを使うなら、タグが他者との関係を生み出すことはない。

	アメリカ	イギリス	フランス	ドイツ	日本	韓国
タグを利用する	7%	2%	9%	10%	6%	14%

頻度は月1回以上とする。
出典：2007 Technographics surveys

表2-4　タグを利用しているオンライン消費者の割合

しかしタグには個性が表れる。たとえばレッドソックスのピッチャー、カート・シリングのブログに「セレブリティ・ブロガー」というタグを付けたメンバーがいたとしよう。これを見た人は、この人物が他にどんなサイトに「セレブリティ・ブロガー」というタグを付けているのかを知りたいと思うかもしれない。つまり面識のない相手でも、その人の「見立て」をウェブ上で追うことができるのだ。

デリシャスには、自分が新しくタグを付けたサイトのURLと説明をまとめて、毎日ブログに投稿できる機能がある。この記事は「今日はこんなサイトを見て、こんなことを感じました。興味のある方はご覧ください」といっているに等しい。この場合、タギングは自己表現であり、その人が意識したものの記録である。

【組織にとっての脅威】　タグは無害に思えるが、人々が自社や自社の商品にどんなタグを付けるかはわからないし、たとえそれが気に入らなくても打てる手はない。たとえば農機具メーカーのサイトに「牛追い棒」に関するページがあったとしよう。メーカーはこのページを「家畜」カテゴリーに分類するかもしれないが、消費者は「動物虐待」に分類するかもしれない。管理できないのは分類だけではない。価値判断もそうだ。たとえば「ウォルマーティング・アクロス・アメリカ（walmartingacrossamerica.com）」というブログに、デリシャスのメンバーが付けている代表的なタグは「やらせ」だ。※16 それは、このブログがウォルマートの広告代理店、エデルマンが金を出して作らせたものだったからである。この状況に対して、ウォルマートは何もできない。企業は自社の世界観に基づいて商品を分類する。それが競争力の源になっていることも多い（たとえばサブウェイのサンドイッチは「ヘルシーな食事」か「ファストフード」か？）。タグは、この力を減じる。

【活用方法】 まずはデリシャスにアクセスし、自社サイトのURLを検索してみよう。たとえばディスカウントストア「ターゲット」のURL（target.com）を検索すると、（本書の執筆時点では）二九七人がタグを付けていることがわかる。タグの文言を見れば、人々が企業をどう分類しているのかもわかるだろう。自社サイトのトップページだけでなく、個別の製品ページや競合企業のサイト、自社に関する最近のニュース記事を検索してもよい。タグの文言だけでなく、誰がタグを付けているのかにも注目すれば、自社のイメージについて多くを学べるはずだ。この情報は検索エンジンの検索ワードを購入するときや、顧客向けメッセージの言い回しを考えるときにも利用できる。

自社のコンテンツにタグを付けることは禁止されていない。まずはデリシャスのアカウントを取り、自社の世界観に基づいて、自社サイトや関連サイトにタグを付けていく（自社の製品は「CRMソフトウェア」に属すると思うなら、自社と競合企業のサイトに「CRMソフトウェア」というタグを付ける）。フォトバケット（Photobucket）、フリッカー、企業ブログなどに投稿した写真にも、同じようにタグを付けていこう。そうすれば、「CRMソフトウェア」というキーワードで検索した人に、自分たちが見てほしい写真やブログ記事、ウェブサイトを発見してもらえるようになる。

タグはもっと簡単な目的、つまりウェブの整理にも利用できる。我々も本書も執筆するためにデリシャスを活用しており、章ごとにタグを作って、参考になるサイトや記事を整理している（del.icio.us/

thegroundswell)。ブックマークを整理したり、他の人と共有したりしたいなら、タグは最高のツールだ。

コンテンツの消費を加速するテクノロジー：RSSとウィジェット

これまでの説明を読んで、グランズウェルの情報量に圧倒された人もいるかもしれない。これほど多くのコンテンツを消費者は処理できるのだろうか？　グランズウェルの住人は毎日、電子メールとは別にフェイスブックやブログ、ユーチューブの更新情報、さまざまなタグ付きアイテムを受け取る。格付けやレビュー、ウィキペディアの記事など、ウェブを閲覧している間に目にする情報もある。グランズウェルのテクノロジーを活用すればするほど、必要な情報をすばやく見つけ出す方法が必要になる。このニーズを満たしてくれるのがRSSとウィジェットだ。この二つはソーシャルコンテンツの消費と処理を効率化することで、グランズウェルの活動を加速させている。

[概要] RSSはReally Simple Syndicationの略だ。よくわからなければ、「自分のために更新情報を集めてくれるツール」と考えればいい。RSSを使えば、継続的にウォッチしたいサイト（ブログ、ニュースサイト、オークションサイト、SNSなど）をわざわざ見に行かなくても、更新情報のみを受信できるようになる。

たとえるなら、RSSは送信機と受信機の二つの要素を備えたシステムだ。送信機の部分に相当するのがフィードの生成である。「フィード」とは、サイトに新たに追加された情報のリストだ。それはブログの記事かもしれないし、ニュースサイトの記事、フリッカーに投稿された写真、株価、バスケットボールの試合の途中経過、あるいはデリシャスに新たに保存されたURLかもしれない。何であれ、繰り返し更新される情報だ。時間とともに変化するコンテンツがあるなら、どんなサイトでもフィードを提供できる。

RSSフィードを見るには受信機が必要だ。それがRSSリーダーである。RSSリーダーやRSSベースのサービスにはさまざまなものがある（フィードバーナー、ネットバイブス、ページフレークスなど）。フィードの内容はグーグルやヤフーが提供しているパーソナライズホームページや、ファイアフォックス、インターネットエクスプローラなどのウェブブラウザの最新版でも見ることができる。※17 どの方法を使うにせよ、RSSリーダーは複数のサイトの更新情報をまとめて表示してくれる（一画面にまとめる代わりに、タブ形式で表示する場合もある）。人々は更新情報をざっと読み、興味を引かれた記事があればクリックして実際のページを表示する。RSSリーダーの画面は、どんなコンテンツを登録しているかによって違う。RSSフィードに対応しているサイトにはたいてい、オレンジ色の目立つアイコン（電波をイメージした四角い画像）が付いており、そのアイコンをクリックすると、サイトのフィードを自分のRSSリーダーに登録できる。

RSSリーダーと同じように、ウィジェットもネットとつながっているミニアプリケーションだ。しかしRSSと違って、ウィジェットは何らかの機能を備えていることが多い。たとえばデスクトップに天気予報のウィジェットを貼り付けると、指定した地域の最新の天気予報が常に表示されるようになる。ガソリン価格のウィジェットを設置すると、地元のガソリンスタンドから最新の価格情報が届く。ウェブ2・0技術を使えば、非常に双方向性の高いウィジェットを開発できる。ウィジェットにはウィンドウズやマッキントッシュのデスクトップに設置するものと、ウェブページや携帯電話に表示させるものがあるが、多くの人の目に触れるように、ブログやSNSのページに設置するタイプが多い。グーグルのホームページやウィンドウズ・ビスタ用のウィジェットは、特に「ガジェット」と呼ばれる。

【利用状況】 RSSフィードを使っているオンライン消費者は、アメリカでは一二人に一人にも満たない（表2‐5）。しかしRSSの影響力は今後、極めて広い範囲で感じられるようになるだろう。アメリカではオンライン消費者の二三％がパーソナライズホームページを利用している。消費者自身は気づいていなくても、こうしたページにはRSSが使われている。インターネットエクスプローラ7とファイアフォックス3が普及すれば、これらのウェブブラウザに搭載されている「スマートブックマーク」機能も使われるようになるだろう。この機能を使うと、ブックマークの中にRSSの更新情報が表示される。また、ネットのあちこちで見かけるオレンジ色の四角いアイコンのおかげで、五年後にはRSSの認知度も高まっているはずだ。

RSSに比べると、ウィジェットの利用状況は把握しにくい。アメリカのオンライン消費者のうち、ヤフー・ウィジェットやアップルのダッシュボートのようなデスクトップウィジェットを常用している人は約一〇％に過ぎない。それに対して、ウェブベースのウィジェットはマイスペースやブログなど、いたるところで目にする。コムスコアが二〇〇七年六月に発表した調査結果によれば、世界のオンライン消費者の二一％がウェブベースのウィジェットを利用したことがあるという。※18

	アメリカ	イギリス	フランス	ドイツ	日本	韓国
RSSを利用する	8%	3%	5%	4%	0%	1%

頻度は月1回以上とする。
出典：2007 Technographics surveys

表2-5　RSSを利用しているオンライン消費者の割合

【関係の創出方法】RSSはグランズウェルの潤滑油だ。RSSリーダーにフィードを登録すること自体はソーシャルな活動ではないが、ソーシャルな活動を効率化する効果がある。実際、RSSを利用している人はそうでない人よりも多くのブログやSNSページを見ており、他者とのつながりも維持しやすい。

ウィジェットはソーシャルだ。それは、ウィジェットが伝播するからである。ウィジェットをウェブページやSNSのプロフィールページに設置すると、そのページにアクセスした人もウィジェットを目にする。たいていのウィジェットには、「このウィジェットを入手する」というボタンがあり、それを見た人が自分のページに追加できるようになっている。

たとえばスプラッシュキャスト（SplashCast）が開発しているのは、更新情報を取り込むことで常に最新の画像やビデオを表示できるウィジェットだ。これを政治家が、最新の演説やイベント情報を配信するために利用したらどうなるだろうか。支持者たちも、このウィジェットをマイスペースの自分のページやブログに設置し始めるだろう。ウィジェットは支持者の間で広まり、彼らの友人も自分のブログやプロフィールに設置するようになる。これがウィジェットのソーシャル性だ。

【組織にとっての脅威】RSSやウィジェットは、それ自体は脅威ではないが、グランズウェルの他の要素の利用を加速するため、間接的に組織を脅かすことになる。RSSを利用している人は、そうでない人より多くのブログを読むことができるが、その中には企業を批判するブログもあるかもしれない（ブロガー同士のやり取りを見ているうちに、批判的な論調に気づくこともある）。企業に敵意や好意を抱いている人がウィジェットを作り、配布する可能性もある。たとえば、あなたの会社はアジアの労働者を搾取していると考えている人が、「（○○社の商品を）ボイコットしよう」と呼びかけるウィジェットを作って、ばらまいたらどうなるだろうか。

［活用方法］ RSSとウィジェットは、素晴らしいマーケティングツールになり得る。特に定期的に更新されるコンテンツを顧客に届けたいときは最高の手段だ。ブログ、プレスリリース、製品カタログなど、定期的に更新する情報があるならRSSフィードを用意しよう。ほとんどのブログツールはすでにRSSに対応している。

マーケターの間では、ウィジェットの人気が高まっている。UPSは、その名も「ウィジェット」というキャラクターを主役に据えた広告キャンペーンをイギリス、フランス、およびドイツで展開した。このウィジェットをデスクトップにダウンロードすると、さりげないブランディングメッセージとともに、キャラクターが荷物の場所を教えてくれる。[※19] アメリカではディスカバリーチャンネルが人気番組「シャークウィーク」のウィジェットを作成し、番組のファンが自分のブログやプロフィールページに最新のビデオやプロモーション情報を表示できるようにした。[※20] シャークウィークはディスカバリーチャンネルの看板シリーズで、期間中は大量の番組が放映される。ユーチューブのビデオのように、ウェブベースのウィジェットはファンがメールで話題にしたり、SNSのプロフィールページやブログに貼り付けたりすることで、クチコミで広まる可能性がある。

■新しいテクノロジーを評価する方法

グランズウェルは常に進化している。本章で紹介したツールをすべてマスターしたとしても、新しいテクノロジーは次々と登場するだろう。

その良い例がツイッター（Twitter）だ。

ツイッターに登録すると（もちろん無料）、いつでも好きなときにショートメッセージを送信できるようになる。メンバーは「今、何してる？」という質問に対して、ウェブか携帯電話から一四〇文字以内でメッセージ（つぶやき）を入力する。そのメッセージはメンバーの「フォロワー」、つまり、その人に関心を持っているすべての人に送られる。フォロワーは友人の「つぶやき」をウェブページや携帯電話でチェックする。

二〇〇七年三月以降、我々はツイッターに関する質問を頻繁に受けるようになった。いくつかの理由からツイッターには興味があった。一つは、ツイッターがわずか二週間で何万人もの新規ユーザーを獲得し、大ブレイクを果たしたことだ。大統領候補のジョン・エドワーズ議員も、ツイッターを使って遊説先から自分の近況を定期的にアップしていた。もう一つの理由は、ツイッターのメッセージは書くのも読むのも携帯電話でできるため、一気に普及する可能性があったことである。コンピュータが手元にないときも、たいていの人は携帯電話は持っている。

しかし、ツイッターはくだらない方法で使われることもあった。たとえばランチの中身やこれから始まる会議の議題をいちいちツイッターで報告されたら、相手が友だちだったとしてもすぐに飽きられてしまうだろう。

クライアントからツイッターについて聞かれることが増えるにつれて、我々はもっと大きな問いを考えるようになった。グランズウェルに新しいテクノロジーが登場したら、その価値をどう評価すればよいのか？　どのテクノロジーは定着し、どのテクノロジーは消えていくのか？　どのテクノロジーに注目し、どのテクノロジーは無視してもかまわないのか？　この五年間、我々は新しいソーシャルテクノロジーが浸透していく様子を世界中で観察してきた。そこから生まれたのが「グランズウェル・テクノロジー・テスト」だ。

グランズウェル・テクノロジー・テスト

我々は本章の冒頭で、テクノロジーではなく、関係に焦点を合わせるべきだといった。新しいテクノロジーを考えるときも、まず重視しなければならないのは「関係」だ。新しい方法で人と人をつなぐツールは、そうでないツールよりも短期間で広まる。ネットにおける「短期間」とは、年ではなく、週、月単位の変化を指す。

新しいテクノロジーを評価する際は、次のような質問を問いかけてみよう。

□そのテクノロジーは、新しい方法で人と人をつないでいるか？

グランズウェルの肝は関係を作ることにある。より面白く、多様な関係を生み出すツールや、交流の頻度を高めるツールは受け入れられる可能性が高い。それがグランズウェルの求めているものだからだ。しかも、そうしたテクノロジーはクチコミで広がる。既存の参加者が、仲間を誘ってくれるのだ。たとえばフェイスブックは二〇〇六年九月にサービスを一般に開放し（それまでは基本的に大学生のためのSNSだった）、それを機に急成長を遂げた。ユーチューブは誰でも簡単にビデオを配信し、閲覧できるようにすることで、新しい形のコミュニケーションを実現した。ツイッターはブログや携帯メールのように、新しいコミュニケーション媒体を生み出したわけではないが、人々が新しい場所、つまり携帯電話上でたえず情報を発信したり、受信したりできるようにした。

□メンバー登録は簡単か？

グランズウェルのテクノロジーのほとんどは無料だ。しかし新しいテクノロジーが人気を得るためには、既存のテクノロジーと簡単に連携できることが条件になる。たとえばツイッターは無料であるだけでなく、携帯電話やシンプルなウェブインターフェースなど、どこでも手に入る環境でメッセージを読み書きできる。それに対して、最新の携帯端末（スマートフォンなど）を購入し、持ち歩かなければならないようなテクノロジーは、非常に魅力的なものでない限り、定着することはない。人気が出るとしても時間がかかる。少なくとも、そうしたスマートフォンが普及するまで待たなければならない。

□組織ではなく、人々に力を与えるものとなっているか？

企業ばかりを利するテクノロジーが普及する可能性は低い。定着するのは人々に利益をもたらすテクノロジーだ。フェイスブックは人々が企業に監視されることなく、自由に交流することを可能にした。ウィキペディアは専門家の承認を得ることなく、人々が記事を書けるようにした。そしてツイッターは、人々がつながることを可能にした。ツイッターが最初に注目されたのは、音楽とテクノロジーをテーマにしたカンファレンス「SXSW」の会場だ。参加者たちはツイッターを使って、会場のあちこちでメッセージをやり取りした。こうした「つぶやき」は、会場で行われていたイベントから参加者の注意を多少はそらしたかもしれないが、参加者同士のつながりは強まった。

□コミュニティは、活動を維持できるだけのコンテンツを生み出しているか？

ブログからタギングまで、本章で紹介してきたテクノロジーはどれも、人々がコンテンツを手軽に作成し、利用できるようにすることで成功を収めた。ツイッターにも同じことがいえる。ツイッターを使えば、誰でもフォロワーに価値ある情報を提供できる（もちろん、グランズウェルのテクノロジーは〝ゴミ〟を生むこともある。しかし、あなたのつぶやきが退屈だからといって、ツイッターが失敗作だということにはならない。単にあなたがフォロワーを失うだけだ）。

□プラットフォームはオープンで、パートナーシップを促進するものとなっているか？

ある製品が衰退するか繁栄するかは、この点にかかっている。ディグのようなクローズドのプラットフォームは、「ウェブ2・0開発コミュニティ」というイノベーションの泉を利用できないため、急速に進化することはない。[※21] それに対して、フェイスブックのようなオープンなプラットフォームは（フェイスブックは二〇〇七年にAPIを公開した）、自分たちは特に何もしなくても、継続的に新しい機能を追加できる。ツイッターは「どちらの側」からも利用しやすい。つまり他のアプリケーションからつぶやきを投稿することもできれば、ツイッターのつぶやきを他のアプリケーションで表示することもできる。たとえばマサチューセッツ州のオリン・カレッジでは、寮の洗濯機の空き状況を自動的にツイッターに送信するアプリケーションが開発された（つぶやきを携帯電話で受信する設定にしている場合は、携帯にメールが届く）。このアプリケーションのおかげで、寮生はいちいち洗濯場に足を運ばなくても、洗濯機が空いているかどうかを確認できるようになった。※22

もちろん、新しいテクノロジーを分析するには他にも多くの点を考慮しなければならない。たとえば明確なプライバシーポリシーがあるか（安心して利用できるか）、既存のビッグプレイヤー（アップル、グーグル、マイクロソフト、ノキア、コムキャストなど）の支援を得られるか、などだ。しかし一般論としていえば、これらの質問のすべてにイエスと答えられるテクノロジーは市場に受け入れられる可能性が非常に高い。このテストを適用すると、ツイッターはグランズウェルに根を下ろす可能性が高く、注意を払う価値のあるテクノロジーということになる。

グランズウェルは二つのもので構成されている。一つはテクノロジー、もう一つは人間だ。本章ではテクノロジーについて論じたので、次は人間について語ろう。ここでいう人間とは、顧客のことだ。顧客はネット上で何をしているのか（あるいは何をしていないのか）？　この問いへの答えは企業によって異なる。それが、第三章のテーマ「ソーシャル・テクノグラフィックス・プロフィール」を開発した理由だった。

第三章 ソーシャル・テクノグラフィックス・プロフィール

人々はグランズウェルにどのように参加しているのだろうか。三人の「AFOL」の例から考えてみよう。

AFOLとは、「大人のレゴ愛好家（adult fans of Lego）」のことだ。世界中の子どもを魅了している組み立て玩具、レゴブロックのことは誰でも知っているだろう。レゴグループの事業開発担当シニアディレクターのトールモー・アスキルドセンによれば、同社の売上高（五〇〇〇万ドル超）の五～一〇％はAFOL市場から来ているという。子どもと違って、AFOLは成長して標的市場から外れる心配がない。年を重ねるごとにレゴに対する情熱は深まり、購入額は増えていく。今や、成人ファンは同社の重要な市場だ。しかもAFOLはネットに集う傾向があるため、グランズウェルを利用すればリーチできる可能性が高い。しかし一口にAFOLといっても、グランズウェルとの関わり方は人によって違う。

ＡＦＯＬの中でも、特に活動的で創造的なのはエリック・キングスリーだ。彼はＡＦＯＬのサポートフォーラム「レゴ・ユーザーズ・グループ・ネットワーク（ＬＵＧＮＥＴ）」の一八番目のメンバーであり、記事や写真を頻繁に投稿する常連でもある。ＬＵＧＮＥＴでの活動に加えて、エリックは三つのウェブサイトも管理している。特に力を入れているのはレゴトレインのサイトだ（あとの二つは家族のサイトと、ニューイングランド地方のレゴ愛好家のためのサイト）。レゴトレインは彼の情熱であり、サイトにはたくさんの写真とともに、９ボルト・レゴトレインの生産継続を訴えたときのブログ記事が並んでいる。レゴにとってみれば、エリックはレゴ文化の重要な担い手だ。第七章でも取り上げるが、同社はエリックに特別な注意を払っており、レゴに対する彼の情熱をかきたてることで、他のレゴファンにリーチしようとしている。

そうしたファンの一人がジョー・コモーだ。レゴに対する情熱はエリックに引けを取らないが、エリックほどサイトづくりには入れ込んでいない。ジョーの活動の中心は、他者のアイディアに「反応」することだ。彼もＬＵＧＮＥＴフォーラムの常連であり、レゴトレインからブリックウォー（レゴを利用したファンタジー戦争ゲーム）まで、あらゆる話題に参加している。年間約四〇〇〇ドル相当のレゴ玩具を購入する彼は重要な顧客でもある。レゴのネットコミュニティにおけるジョーの貢献はエリックと同じくらい重要だが、質的には違う。「誰かが新しいアイディアを思いついたら、それをふくらませるんです。あっという間に、考えてもみなかったアイディアが出てきますよ」と彼はいう。グランズウェルはジョーのような人々であふれている。その数はエリックのタイプをはるかに上回る。

最後に紹介するのはリンダ・ニーだ。エリックやジョーと比べると、リンダはグループプロジェクトに参加することを好む。レゴの最も複雑なキット「インペリアル・スター・デストロイヤー」の組み立て時間を競うプロジェクトはその一つだ。もっとも、レゴにはまっているという点では他の二人と変わらない。収入の「不健全な割合」（本人談）をレゴキットの購入費用にあてているニーは、「フォーラムで発言することはあまりありませんが、他の人の投稿はほとんど読んでいます」と語る。

エリック・キングスリー、ジョー・コモー、リンダ・ニーの三人はいずれ劣らず、AFOLコミュニティの活発なメンバーだが、コミュニティでの役割はそれぞれ違う。エリックは作り、ジョーは反応し、リンダは読む。この三者の相互作用（エリックが作ったものにジョーが反応し、それが無数のリンダたちに影響を及ぼす）が、レゴのコミュニティに活気をもたらしている。これはすべてのネットコミュニティに共通するルールだ。コミュニティが成功する鍵は、多様なメンバーの交流にある。

グランズウェルを深く理解するためには、グランズウェルのメンバーをいくつかのグループに分類し、それぞれを突き動かしているものを分析する必要がある。人間を十把一絡げに扱う戦略は必ず失敗する。人間は同じではないし、同じように反応するわけでもない。戦略を立てるときは、グループ間の違いを明らかにすることが必要だ。韓国人にとってのグランズウェルと、カナダ人にとってのグランズウェルはどう違うのか？　ターゲットの客とラジオシャックの客はどう違うのか？　どの市場を相手にするにせよ、企業は標的顧客がグランズウェルとどう関わっているのかを分析し、その知識をもとに戦略を立てなければならない。そのために開発されたのが、本章で紹介する「ソーシャル・テクノグラフィックス・プロフィール」だ。

■グランズウェルへの参加度を分析する

第二章では、グランズウェルを構成しているさまざまな活動やアプリケーションを概観した。第二章で使った表を一つにまとめたのが図3－1だ。[※1]

この図にはたくさんの情報が盛り込まれている（多すぎるほどだ）。この図を分析すれば、「ブログで情報を発信する人より、SNSに参加する人のほうがはるかに多い」といったことがわかるだろう。しかし、この図は多くの答えを与えてくれる一方で、新しい疑問も生み出す。たとえば数値は男女で変わるのか？　年代別ではどうか？　結局のところ、この図はどう解釈すればいいのか？

第二章では、テクノロジーよりも、関係に注目すべきだといった。「ソーシャル・テクノグラフィックス・プロフィール」の目的もそこにある。ソーシャルという言葉が付いているのは、グランズウェルの活動はどれも人と人を結ぶものだからだ。テクノグラフィックスはフォレスター・リサーチが開発した顧客分析手法である。これはデモグラフィックス（人口統計学的な分析手法）やサイコグラフィックス（心理学的な分析手法）とも似ているが、テクノロジーに対する態度に焦点を合わせているところが違う。他の二つの手法と同様に、テクノグラフィックスでも二つのグループを比較できる（Y世代とX世代、フォードのオーナーとGM車のオーナーなど）。

ソーシャル・テクノグラフィックス・プロフィールは、どんな活動に参加しているかをもとに、グランズウェルの住人を六つのグループに分ける。一本のはしごを思い浮かべてほしい。はしごの横棒に相当するのが六つのグループと、各グループが従事している活動だ（図3－2）。この図が示しているように、消費者はグランズウェルへの関与度をもとに、六つのグループの一つ、または複数に分類

下記はアメリカの消費者1万人以上を対象に実施したオンライン調査の結果である。
参加の頻度は少なくとも月1回以上とした。

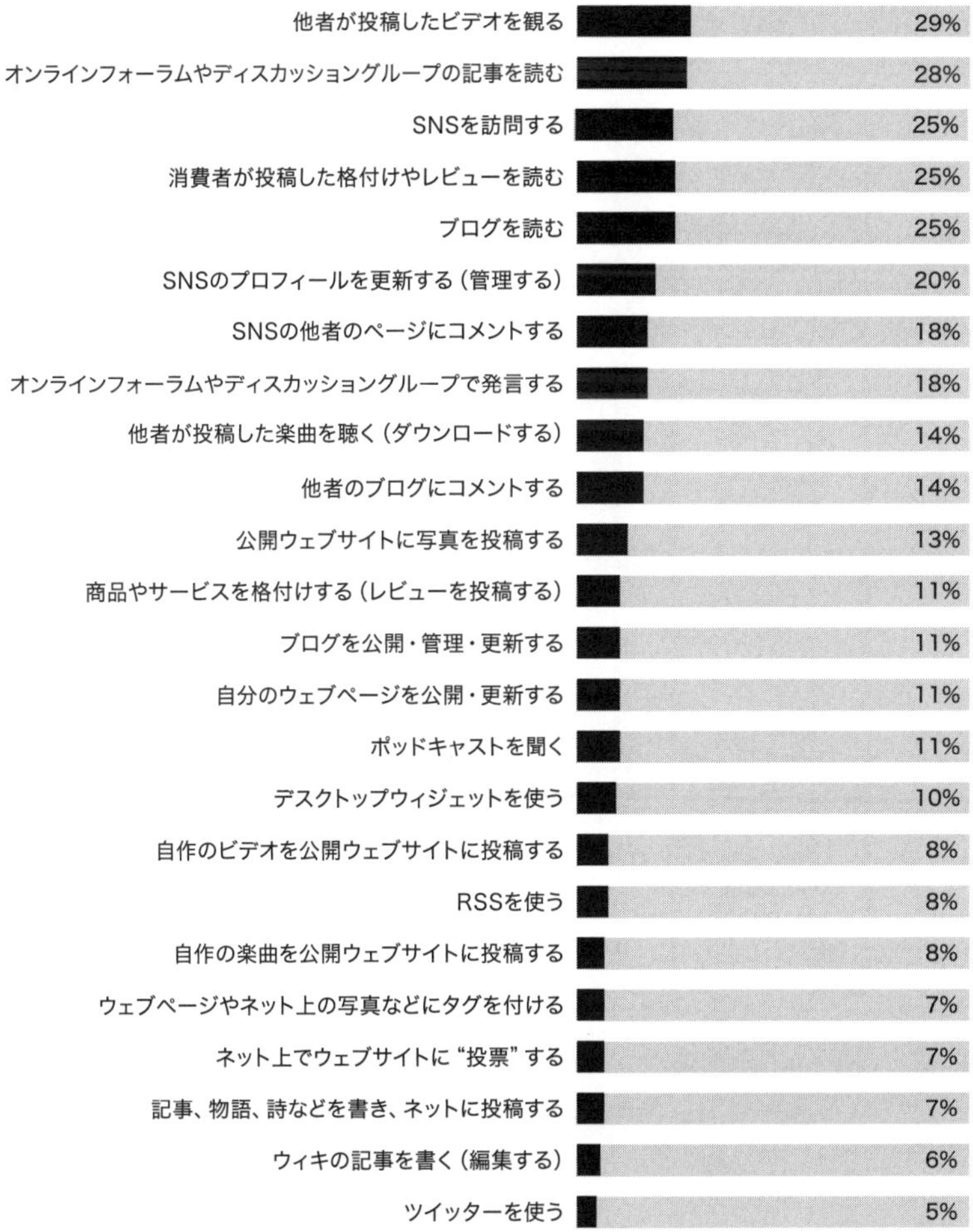

棒グラフ内の数字は、アメリカの成人オンライン消費者（調査に参加した1万人以上の消費者）のうち、各活動に月1回以上参加している消費者の割合。
出典：Forrester's North American Social Technographics Online Survey, Q2 2007

図3-1　グランズウェルの活動への参加状況

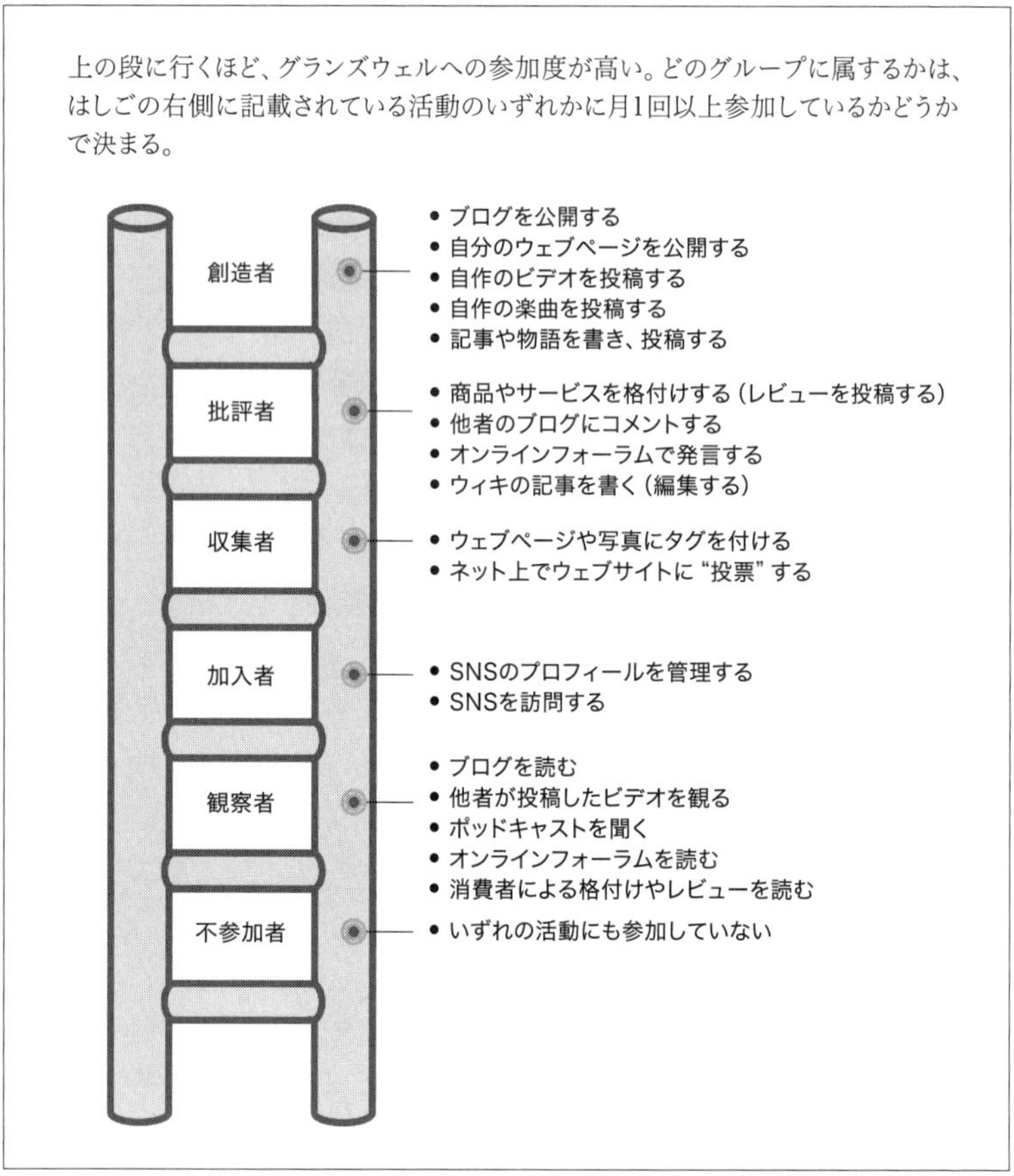

上の段に行くほど、グランズウェルへの参加度が高い。どのグループに属するかは、はしごの右側に記載されている活動のいずれかに月1回以上参加しているかどうかで決まる。

• 自作の楽曲を投稿する
• 記事や物語を書き、投稿する

• ウィキの記事を書く（編集する）

図3-2　ソーシャル・テクノグラフィックスのはしご

される。[※2] 図3-3は、アメリカの成人オンライン消費者に占める各グループの割合だ。ただし分類は重複しており、たとえば「創造者」のほとんどは「観察者」でもある。

ソーシャル・テクノグラフィックス・プロフィールは、消費者を次の六グループに分類する。

□創造者（Creators）

はしごの一番上に位置するのは、月一回以上の頻度でブログを書いたり、ウェブサイトに記事を投稿したり、ウェブページを更新したり、ユーチューブのようなサイトにビデオや音声ファイルを投稿したりしている人々だ。エリック・キングスリーは創造者の好例である。二〇〇七年の調査では、成人オンライン消費者に占める創造者の割合はアメリカが一八％、ヨーロッパが一〇％だった。ブログが盛んな韓国では、創造者は三八％に達した。

□批評者（Critics）

ネット上のコンテンツに反応する人々（ブログやオンラインフォーラムにコメントを付ける、格付けやレビューを投稿する、ウィキを編

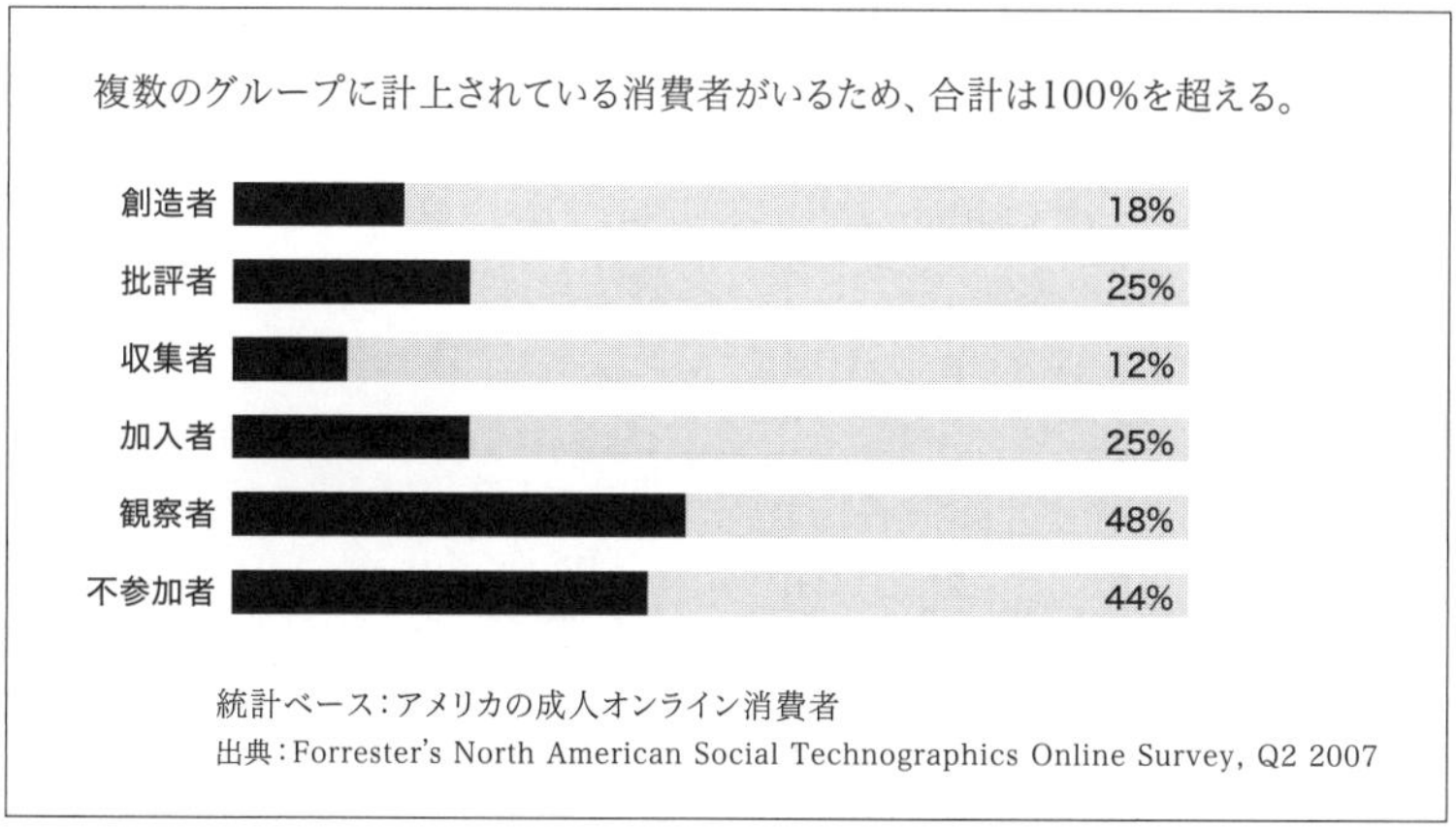

図3-3　アメリカの成人オンライン消費者のソーシャル・テクノグラフィックス・プロフィール

集する、など）。レゴ・コミュニティのジョー・コモーは批評者の典型だ。新しいものを作るより、既存のものに反応するほうが簡単なので、創造者より批評者のほうが多いことは驚くにあたらない。オンライン消費者に占める批評者の割合は、アメリカでは四人に一人、ヨーロッパでは五人に一人、日本では三六％である。

□収集者（Collectors）

ソーシャルブックマークサイトにＵＲＬを保存してタグを付けたり（例：デリシャス）、サイトに投票したり（例：ディグ）、ＲＳＳフィードを使ったり（例：ブログラインズ）する人々。情報を収集し、まとめてくれる収集者は、創造者や批評者が生み出す大量のコンテンツを整理するという、重要な役割を担っている。「マウイのホテル」と検索して出てくるサイトには、デリシャスで「マウイ」「ホテル」というタグが付けられているはずだ。ディグのトップページにアクセスすれば、収集者が選んだトップ記事を読むことができる。収集者は少数精鋭の集団だ。オンライン消費者に占める割合は、アメリカやヨーロッパでは一〇％程度に過ぎない。今後、収集者型の機能を提供するサイトが増えていけば、収集者の数も増えるだろう。この種の活動はアメリカよりもアジア（香港や韓国など）で盛んだが、日本に関してはアメリカを下回っている。日本の成人オンライン消費者に占める収集者の割合はわずか六％に過ぎない。

□加入者（Joiners）

マイスペースなどのＳＮＳに加入し、プロフィールを更新している人々。アメリカではフェイスブックに加入する人が急増していることもあって、成人オンライン消費者に占める加入者の割合は二五％に達している。サイワールドの人気が高い韓国では、加入者の割合は四〇％に迫る。ヨーロッパではソーシャルネットワーキングはまだ本格化しておらず、加入者の割合はアメリカの二分の一に過ぎない。

□観察者（Spectators）

他者のコンテンツ（ブログ、オンラインビデオ、ポッドキャスト、フォーラム、レビューなど）を利用する人々。AFOLコミュニティでいえば、リンダ・ニーが観察者にあたる。グランズウェルの他の活動に比べて、求められる労力がはるかに少ないため、グランズウェルでは最大のグループを形成する。オンライン消費者に占める割合はアメリカでは四八％、ヨーロッパでは三七％、日本や中国（調査対象となった中国の大都市のみ）では三分の二である。

□不参加者（Inactives）

前述した活動のいずれにも参加していない人々。二〇〇七年の調査によれば、アメリカでは四一％、ヨーロッパでは五三％、韓国では三七％のオンライン消費者がグランズウェルの活動にまったく参加していないことがわかった。ただ、これはオンライン消費者の中での割合であり、ネットに接続していない場合は当然、グランズウェルの活動にはすべて参加できない。

ソーシャル・テクノグラフィックス・プロフィールの活用事例

分類も重要だが、ソーシャル・テクノグラフィックス・プロフィールの真価は、任意の集団のソーシャルテクノロジー利用度を把握できる点にある。顧客のプロフィールがわかれば、効果的なソーシャル戦略を立てられるはずだ。

音楽チャンネル「MTV」のマーケティング担当者になったと想像してほしい。あなたの仕事は一八〜二七歳の若者に照準を定めたグランズウェル戦略を立てることだ。性別によって、視聴者の行動に差が出るのかどうかも知りたい。

図3-4は、アメリカのオンライン消費者のうち、Y世代（一八〜二七歳）に属する人々のソーシャル・テクノグラフィックス・プロフィールを示したものである。この図を分析すれば、標的消費者の姿と、この層にリーチするための方法がわかるだろう。

棒グラフの縦の線は、アメリカのオンライン消費者の平均値を表す。右端の指標はY世代の男女と平均の差を数値で示したものだ。値が一〇〇を超えている場合は平均より参加度が高く、一〇〇未満の場合は平均より参加度が低いことを意味する。

この図を見れば、若者は平均的な消費者より、グランズウェルで活発に活動していることがわかるだろう。この世代の若者が身近にいるなら、これは自明のことかもしれない。しかしソーシャル・テクノグラフィックス・プロフィールを使えば、こうした知見を数値で表すことができる。

特に目立つのは加入者の割合の高さだ。ソーシャルネットワークへの参加率は約六〇％に達しているが、これは平均の二倍以上にあたる（指標二〇〇以上）。実際、MTVというキーワードを含むグループはフェイスブックには五〇〇以上、マイスペースには八〇〇以上ある。この二つのSNSでは、M

特記すべきは加入者の割合の高さである。若い男性は若い女性より積極的に創造者、批評者、収集者型の活動に参加しているが、SNSへの参加率は男女間でほとんど差はない。

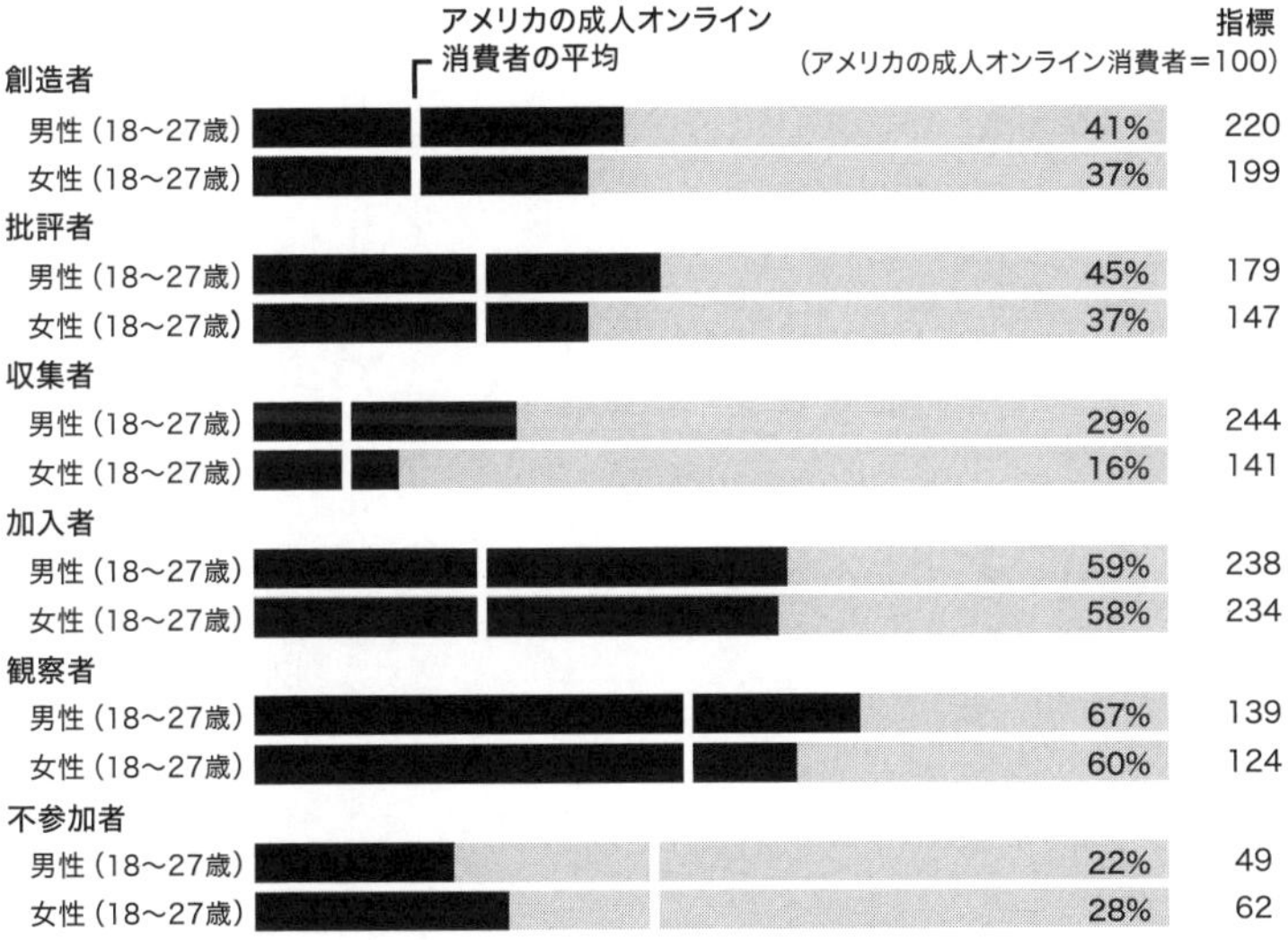

統計ベース:アメリカの成人オンライン消費者
出典:Forrester's North American Social Technographics Online Survey, Q2 2007

図3-4　若年層の男女別ソーシャル・テクノグラフィックス・プロフィール

TVはプレゼンスを確保する必要がありそうだ。

創造者、批評者、および収集者の割合も、Y世代は平均を上回っている。特に男性の割合が高い。これはMTVがブログ、ビデオ、ディスカッションフォーラム、RSSなどを取り入れた場合、女性より男性が参加する可能性が高いことを示している。Y世代の男性ほどではないが、Y世代の女性が参加する確率も、アメリカの平均を大幅に上回っている。

では顧客のプロフィールがわかったら、どう活用すればいいのだろうか？　ソーシャル・テクノグラフィックス・プロフィールを利用することで、新しい顧客層「アルファ・マム」を発見した企業の例を紹介しよう。

■事例　アルファ・マムに狙いを定める

アルファ・マム（Alpha Mom）は、最近台頭してきている新しい消費者セグメントだ。少なくとも本書の執筆時点（二〇〇七年）では、アルファ・マムは企業の熱い視線を集めている。

「アルファ・マム」という呼称はもともと、母親向けビデオ・オン・デマンド・チャンネルの標的市場を表す言葉として、コンスタンス・ヴァン・フランダーンが作ったものだった。アルファ・マムと呼ばれる母親は新しいテクノロジーに抵抗がなく、親業に関心を持ち、平均以上の所得を得ている。『USAトゥデイ』の記事は、この層の女性を次のように表現している。

アルファ・マムは教育水準が高く、テクノロジーを使いこなし、A型行動様式を持つ母親だ。彼女たちには共通の目的がある。それは「卓越した母親になること」である。アルファ・マムはマルチタスクで、子どもを中心にものを考える。彼女たちは行動的だ。働きに出ている場合と、そうでない場合があるが、いずれにしても母業というものを「熱心に研究すれば習得できる仕事」とみなしている。[※3]

この記事によれば、任天堂、キャデラック、キンバリー・クラークといった企業は、アルファ・マム市場に狙いを定めているという。メディアはマーケターのあとを追うものだ。我々も二〇〇七年半ば頃、アルファ・マム向けのSNSを作りたいというメディア企業から相談をもちかけられた。彼らが知りたがっていたのは、アルファ・マムがグランズウェルに求めているものだった。

まずは具体的な調査結果をもとに、アルファ・マムの定義を明確にする必要があった。我々はソーシャル・テクノグラフィックス・プロフィールを使って、アルファ・マムを「テクノロジーに対して楽観的な態度を持ち、家族が重要な動機となっており、[※4]世帯収入は五万五〇〇〇ドル以上で、大学教育を受けている母親」と定義した。この定義に従うと、アルファ・マムはアメリカの成人オンライン消費者の二・五％を占めることがわかった。

アルファ・マムの定義はこれくらいでよいだろう。では、彼女たちのニーズは何か？

図3-5は、アルファ・マムのソーシャル・テクノグラフィックス・プロフィールだ。この図には、アルファ・マム向けのサイトを設計するためのヒントがいくつも含まれている。

まず、アルファ・マムが創造者である可能性は非常に低い。ブログを書く、サイトを管理する、ビデオを投稿するといった活動に従事している女性は、アルファ・マムの一一％に過ぎない。一方、アルファ・マムの四人に一人はコンテンツに反応する傾向がある。批評者の割合も平均より高い。観察者の割合は五〇%を超えている。これはアルファ・マムが、アメリカの成人オンライン消費者の平均よりも高い確率で、グランズウェルのコンテンツを消費していることを意味する。

このプロフィールを見て、クライアント（メディア企業のディレクター）は戦略を修正し、創造者ではなく批評者に焦点を合わせることにした。「新しいサービスにはブログが必須だと思っていましたが、このデータを見て、ブログの話はしばらく保留にしようと考えています」。このクライアントは現在、ブログの代わりにフォーラム、格付け、レビューといった、リアクション型のコンテンツを提供することを検討している。

新しいサービスが成功するかどうかはまだわからない。しかし標的顧客がグランズウェルのどこにいるのかを考える時間を取ったことで、このクライアントは的外れの機能にリソースを割くという、重大

この層の母親（世帯収入5万5000ドル以上、大学以上の学歴、家族志向、テクノロジーに対して楽観的）は批評者型の活動において、アメリカの平均を上回っている。

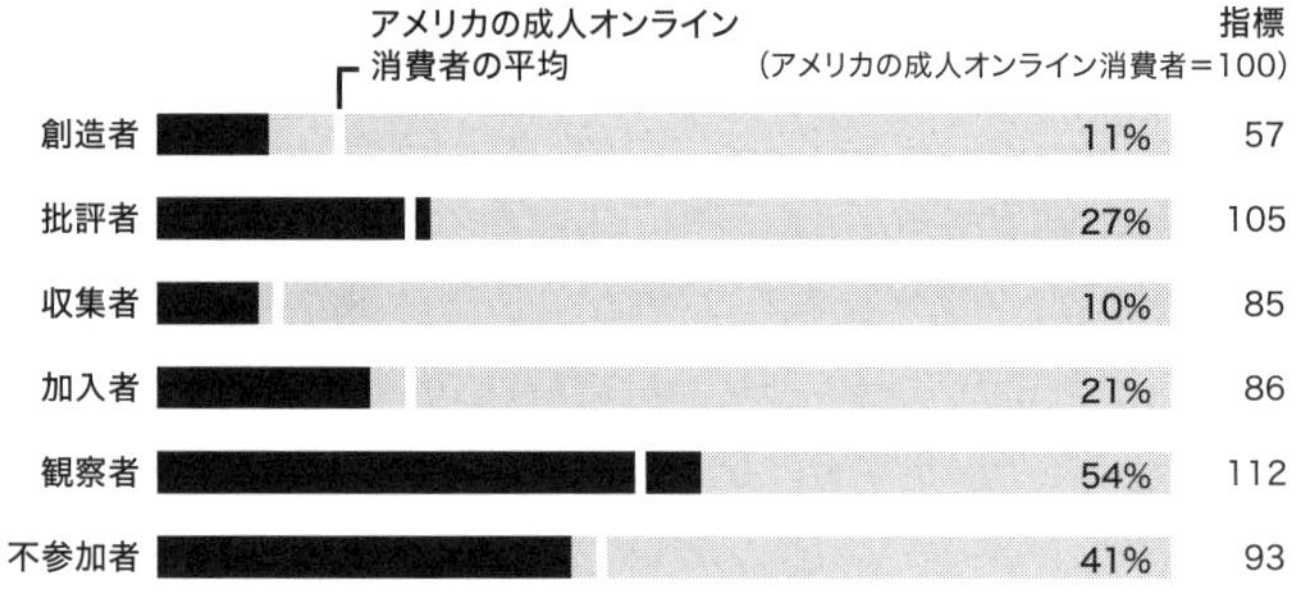

統計ベース：アメリカの成人オンライン消費者

出典：Forrester's North American Social Technographics Online Survey, Q2 2007

図3-5　アルファ・マムのソーシャル・テクノグラフィックス・プロフィール

な過ちを避けることができた。

■ソーシャル・テクノグラフィックス・プロフィールの国際性

世界は完全にはフラットではない。インド人が利用しているSNSは、ドイツ人が使っているSNSとは違う。フランスではユーチューブよりデイリーモーションのほうが人気が高い。しかし人々をグランズウェルにかりたてている基本的な感情、つまり「つながりたい」、「何かを作りたい」、「連絡を絶やさずにいたい」、「助け合いたい」という欲求は世界共通であり、ソーシャル・テクノグラフィックス・プロフィールの各グループの特徴や態度は、どの国にもあてはまる。

表3-1は、アジア太平洋地域の六カ国とヨーロッパの七カ国で、六つのグループの分布がどう違うかを示したものだ（調査手法が異なるため、厳密には地域間の結果を比較したり、各地域の結果とアメリカの結果を比較したりすることはできない。中国とインドに関しては、大都市の富裕層のみを調査対象とした）。

この表を見ると、アジア諸国では思い切ったグランズウェル戦略を展開できることがわかる。この地域では消費者の相当部分がグランズウェルに参加しているからだ。たとえば日本の消費者はグランズウェルへの参加度が非常に高く、オンライン消費者の七〇%は観察者に属し、不参加者は二六%しかいない。韓国もだいたい同じだが、加入者の割合は日本より高い。一つの理由は、SNSのサイワールドが国民的な人気を集めているからだ。中国に関しては全国規模のデータはないが、富裕層の間では創造者型の活動、特にブログの人気が高い。

ヨーロッパの状況はどちらかというとアメリカに似ているが、国によって差がある。スウェーデン

グランズウェルの活動への参加度が世界で最も高いのはアジア諸国である（ヨーロッパではスウェーデン）。

	中国（主要都市）	香港	インド（主要都市）	日本	韓国	オーストラリア
創造者	36%	34%	24%	22%	38%	11%
批評者	44%	46%	24%	36%	27%	23%
収集者	18%	17%	12%	6%	14%	5%
加入者	32%	26%	42%	22%	41%	14%
観察者	71%	67%	39%	70%	39%	38%
不参加者	25%	27%	31%	26%	36%	56%

	フランス	ドイツ	イタリア	スペイン	イギリス	オランダ	スウェーデン
創造者	10%	8%	19%	8%	9%	17%	12%
批評者	18%	22%	19%	18%	16%	17%	19%
収集者	12%	12%	4%	6%	5%	6%	27%
加入者	4%	12%	10%	5%	21%	26%	25%
観察者	38%	44%	39%	41%	37%	41%	45%
不参加者	57%	49%	57%	56%	54%	46%	42%

統計ベース：成人オンライン消費者

出典：Forrester's Asia Pacific Technographics Benchmark Survey, Q1 2007

表3-1　アジアおよびヨーロッパ諸国のソーシャル・テクノグラフィックス・プロフィール

とオランダの消費者はかなり活発だ。ドイツは他のヨーロッパ諸国と比べると批評者の割合が高いので、フォーラムや格付けを導入すれば高い効果を上げるだろう。フランスではSNSへの参加率がかなり低いが、逆に優れたSNSが登場する余地が残されているということもできる。イタリアとスペインでは全般に参加率が低い。これはブロードバンド環境が整備されていないこととも関係がある。

しかし、不特定多数にリーチしようとしているのでもない限り、こうした数字は分析の第一歩に過ぎない。次は、三つの課題（日本市場におけるPC販売、アメリカ大統領選挙、北米地域の小売・ヘルスケア企業のソーシャル戦略）をもとにソーシャル・テクノグラフィックス・プロフィールをビジネスに活用する方法を見ていこう。

日本のPC市場：富士通PCの所有者は、NEC PCの所有者より活発

ソーシャル・テクノグラフィックス・プロフィールをアメリカ以外の市場にも適用できるかを検証するために、日本のPCユーザーに目を向けてみよう。図3-6は日本の大手ブランド、NECと富士通のソーシャル・テクノグラフィックス・プロフィールだ。比較対象はアメリカではなく、日本の成人オンライン消費者の平均である（ちなみにグランズウェルのほぼすべての活動において、日本の消費者はアメリカの消費者より参加度が高い）。

市場シェアの点では、NECが富士通をややリードしている。しかし同社のPCの所有者は、グランズウェルのすべての活動において平均よりも参加率が低い。実際、NECの消費者が創造者である確率は平均より一五％低く、加入者である確率は一七％低い。

それに対して、富士通PCの所有者が創造者である確率は平均より一八％高く、批評者である確率

は二四％高い。富士通はスタイリッシュなノートPCに力を入れており、同社のノートPCブランド「ライフブック」のラインアップには、日本で入手可能なフルスペックPCの中でも、最も小型のものが複数含まれている。広告キャラクターは人気タレントの木村拓也だ。[※5] このプロフィールから判断すると、富士通PCの所有者は比較的若年で、グランズウェルの活動に積極的に参加していることがわかる。

　プロフィールを分析するときは、数値だけでなく、活動そのものの重要性にも留意する必要がある。NEC PCの所有者はグランズウェルの活動にあまり参加していないが、それでも二四％は批

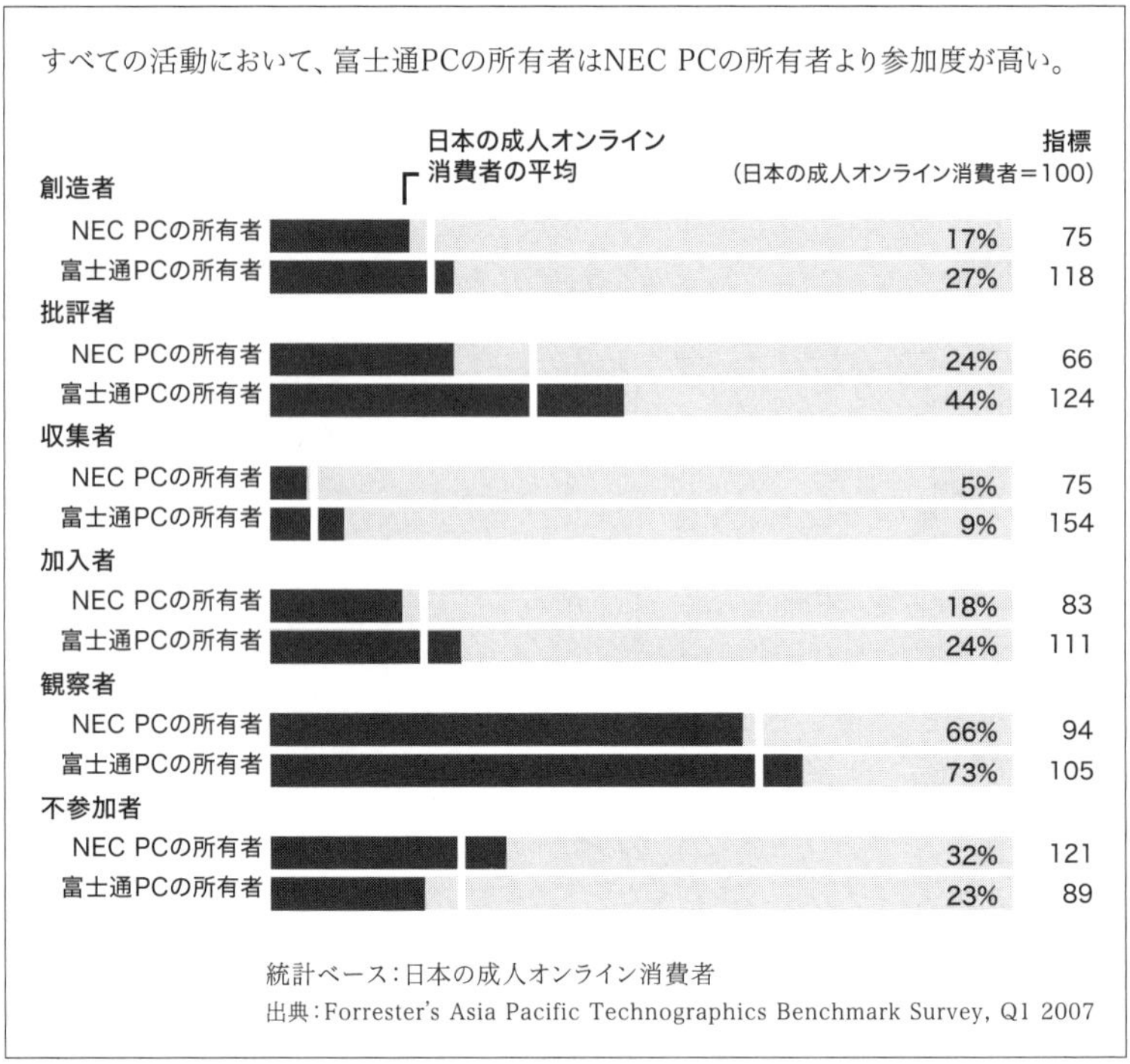

図3-6　日本のPC所有者のソーシャル・テクノグラフィックス・プロフィール

評者であり、六六％は観察者だ。もしＮＥＣの目的がリサーチなら、フォーラムやオンラインレビューやブログを観察する意味はある。同社の顧客の多くは、こうした情報を見ているからだ。一方、もし富士通の目的がマーケティングなら、ブログやフォーラムを立ち上げれば顧客にリーチできるだろう。富士通ＰＣの所有者が収集者である確率は平均より高い（指標一五四）が、全体に占める割合は九％に過ぎないので、多大なリソースを割く価値はないかもしれない。

高齢者：グランズウェルへの参加率は低いが、チャンスはある

グランズウェルに参加していない人々はいるのだろうか？　自社の標的市場が、そのような集団だった場合はどうすればいいのか？

本章の冒頭で、我々はアメリカのＹ世代はグランズウェルへの参加度が極めて高いと指摘した。では、その逆はどうか。つまり、高齢者はグランズウェルに参加していないのだろうか？　そんなことはない。図３‐７を見てほしい。

ご想像のとおり、若年層と比べると、五〇歳以上の男女はグランズウェルでは少数派だ。しかし絶対数でいえば、少ないとはいえない。たとえばアメリカでは、五二〜六二歳のオンライン消費者の三九％と、六三歳以上のオンライン消費者の三〇％は観察者だ。この世代（ベビーブーム世代）が創造者である確率は平均の半分以下だが、少なくとも八％はいる。つまり、五〇歳以上の何百万人もの男女がブログを書き、ウェブサイトを管理しているのだ。

退職者コミュニティに照準を合わせている企業は、グランズウェルをあきらめるべきなのだろうか？　そうとは限らない。すべての退職者にリーチすることはできなくても、一握りの活発な集団に

52歳以上のアメリカ人は、割合は少ないものの、さまざまなグランズウェルの活動に参加している。

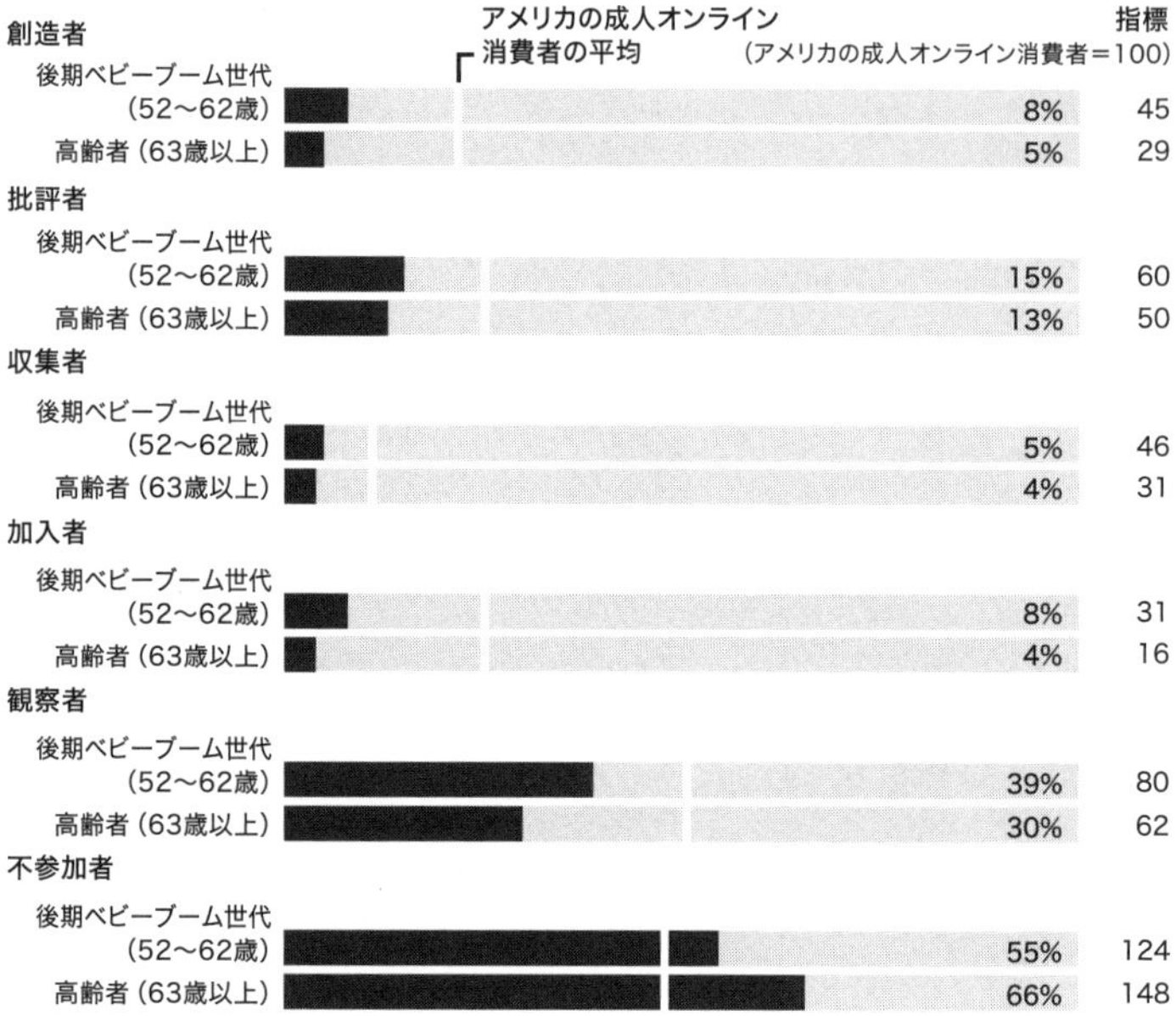

統計ベース：アメリカの成人オンライン消費者

出典：Forrester's North American Social Technographics Online Survey, Q2 2007

図3-7　アメリカの高齢者のソーシャル・テクノグラフィックス・プロフィール

働きかけることはできる。ただしマーケティングが目的なら、グランズウェル戦略にかける予算は控えめにしておくべきだ。参加率が低いことがわかっているのであれば、サイトを新たに立ち上げるより、すでにイオンズ（Eons）やギャザーといった大人用SNSで活動している高齢者にリーチするほうがよいだろう。

アメリカ大統領選挙：民主党支持者のほうが参加率は高いが、共和党も無策ではいられない

大統領候補のウェブ戦略担当者になったと考えてほしい。あなたの目標は明確だ。自分たちのメッセージをより多くの有権者に届け、支持基盤を固めることである。支持者を集めるには、どんなウェブ戦略が効果的なのだろうか？

まずは民主党支持者、共和党支持者、および無党派層のソーシャル・テクノグラフィックス・プロフィールを分析してみよう。結果は図3-8のとおりだ（調査の目的を考えて、普段は民主党候補に投票する無党派層は民主党支持者に、普段は共和党候補に投票する無党派層は共和党支持者に含めた。よって、この図の無党派層は党の選好がまったくない人々である）。

これまでの例と異なり、このプロフィールではすべての指標が平均と近似している。しかし戦略担当者なら、わずかな違いをうまく活用できるはずだ。

まずは民主党支持者から見ていこう。グランズウェルのどの活動においても、民主党支持者の参加率は平均より約一〇％高い。支持者に候補者のメッセージを伝えることが目的なら、支持者の二七％を占める加入者に働きかけよう。これは今回の予備選挙でバラク・オバマ候補が自身のSNS「マイ・バラクオバマ・コム（my.barackobama.com）」で展開した戦略でもある。

どのソーシャル活動においても、民主党支持者の参加度は平均をわずかに上回り、共和党支持者は平均を下回っている。

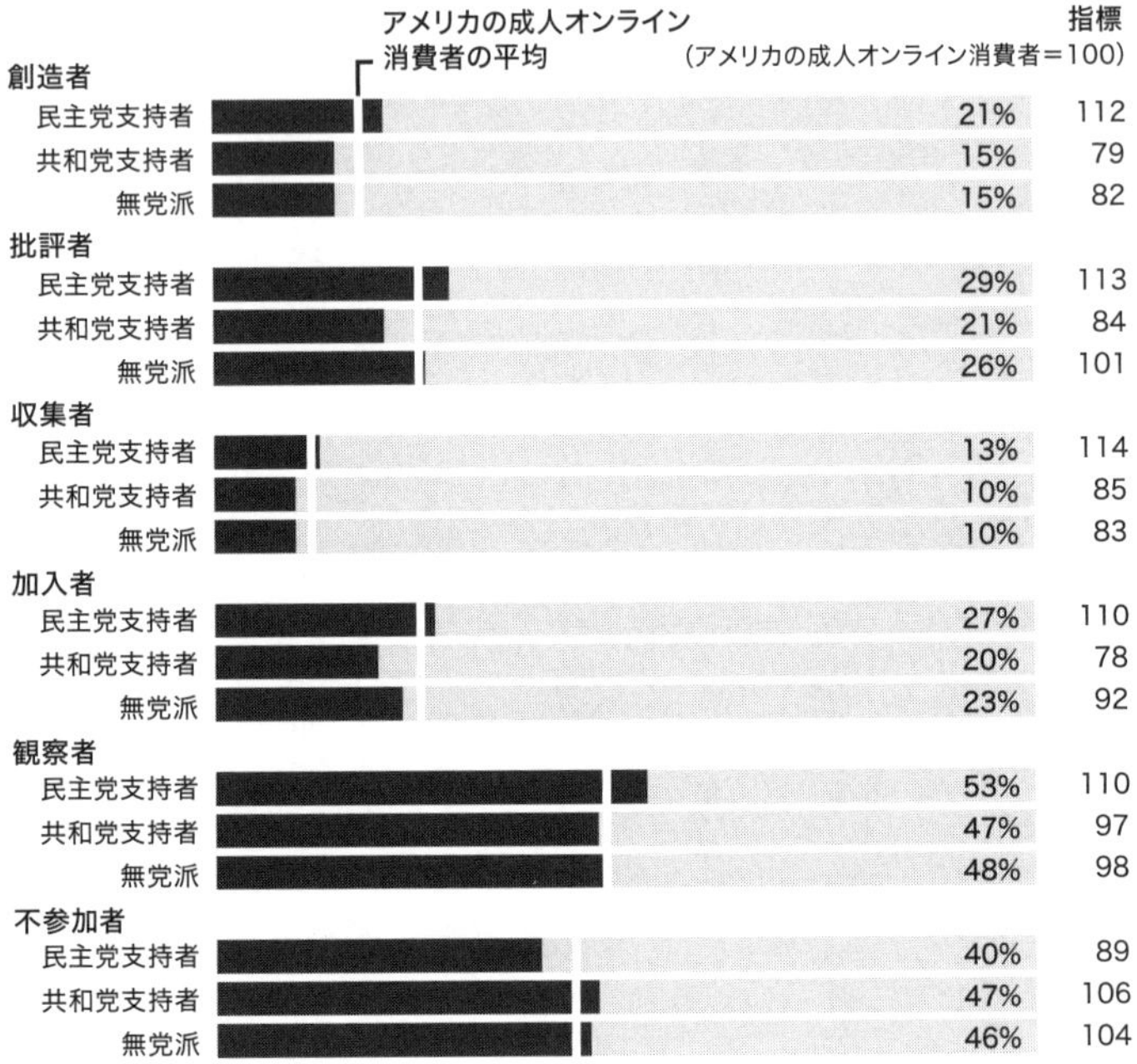

統計ベース：アメリカの成人オンライン消費者

出典：Forrester's North American Social Technographics Online Survey, Q2 2007

図3-8　支持政党別のソーシャル・テクノグラフィックス・プロフィール

一方、共和党支持者はグランズウェルへの参加率が平均より二〇％ほど低い。だからといってグランズウェルを無視していいわけではないが、リソースには限りがある以上、支持者にはグランズウェル以外の方法で働きかけたほうがよい。ただし共和党支持者の約半数は観察者であることに留意してほしい。彼らはブログやユーチューブ、ディスカッショングループの会話に参加してはいないが、閲覧はしている。この一点をとっても、共和党陣営はグランズウェルでのイメージに注意を払うべきだ。ルドルフ・ジュリアーニもついにフェイスブックにプロフィールを載せた。大統領候補には必ず、第五章で紹介するモニタリングテクノロジーも活用してほしい。

しかし図3－8が伝えている最大の教訓は、無党派層に関するものだろう。今回の大統領選挙の行方を決定するのは、おそらく彼らだ。無党派層に占める批評者、加入者、およそ観察者の割合はアメリカの平均に近い。無党派層の多くはグランズウェルの活動に参加しており、そうでない場合もかなりの確率で他者の活動を観察している。グランズウェルに飛び込んで支持基盤に働きかけようとする党は、無党派層の一部も獲得するだろう。グランズウェルではよくあることだが、重要なのは創造者と批評者（大統領候補がレゴセットだとすれば、創造者と批評者はエリックやジョーのような熱烈なファン）にリーチすることであり、彼らに力を与えることで、潜在的な支持者、特に加入者や観察者である可能性の高い無党派層に影響を及ぼすことである。

買い物客：トイザらスとL・L・ビーンは顧客のプロフィールを分析し、接触すべきか？

小売店の場合はどうだろうか。買い物客用のコミュニティを作るべきか？　ブログを始めるべきか？　マイスペースで活動するべきか？　図3-9は玩具会社トイザらスの顧客と、アウトドア用品・衣料販売大手L・L・ビーンの顧客のプロフィールである。L・L・ビーンは売り上げの大部分をカタログ通販とネット通販に依存している。両者の社員はラッキーだ。彼らの顧客はグランズウェルの住人の中でも、飛び抜けて活動的だからである。

小売二七社を対象に実施した調査では、顧客のグランズウェル参加率が最も高かったのはネット専業のアマゾンとイーベイだったが、第三位はトイザらスだった。理由ははっきりしない。しかし現時点では、トイザらスのウェブサイト（toysrus.com）はこの特性をまったく活用できていない。トイザらスの顧客が加入者、批評者、および創造者である確率はアメリカの平均より五〇％近く高い。ウェブサイトには格付けとレビューも取り入れられている。それでも十分に活用されていないのは、オンライン消費者への宣伝が足りないせいだろう。トイザらスはグランズウェルのエネルギーをもっと有効に活用するべきだ。格付けのツールはもっと目立つ場所に移し、ネットで商品を買った人には二、三週間後にメールを送り、レビューを書くように促そう。X世代の親は加入者である可能性が高いので、親用のオンラインコミュニティを作り、子どもや年齢別の玩具や活動を語り合えるようにしてもよい。

L・L・ビーンの場合はどうだろうか。同社ではネット通販が重要な収益源となっており、ウェブサイトも洗練されているが、同社の顧客はトイザらスの顧客ほどグランズウェルに慣れていない。しかし、その慎重な買い物ぶりから判断して、同社の顧客には収集者の資質がありそうだ。実際、L・L・ビーンの顧客の二五％は収集者であり、その割合は調査対象企業の中で最も高かった。収集者の特性を利用するなら、たとえばファミリーキャンプやフィッシングなど、特定のテーマに合わせて必需品をリストアップできるようにしてはどうだろうか？　テーマ別のRSSフィードやウィジェットを用意してもよい（と書いたので、今頃はこの機能が追加されているかもしれない）。さらにキャンプやフィッシングの写真を簡単に投稿できるようにすれば、平均より創造者の割合が高いという特徴も活かせるかもしれない（ディック・スポーティング・グッズがお手本だ）。

我々はウォルマートの買い物客のプロフィールも調べた。ここには載せていないが、同社の顧客のプロフィールは平均値とほぼ同じだった（アメリカ人の半分以上はウォルマートで買い物をしているのだから当然だろう）。この場合は顧客をセグメント化し、セグメントごとにプロフィールを分析することが最善の策となる。ウォルマートはこれまでもそうしてきたはずだ。若年層の間でＳＮＳが流行していることを考えると、ＳＮＳにもプレゼンスを確

トイザらスとL・L・ビーンの顧客は、どちらもグランズウェルで活発に活動しているが、加入者の割合はトイザらスのほうがはるかに高い。

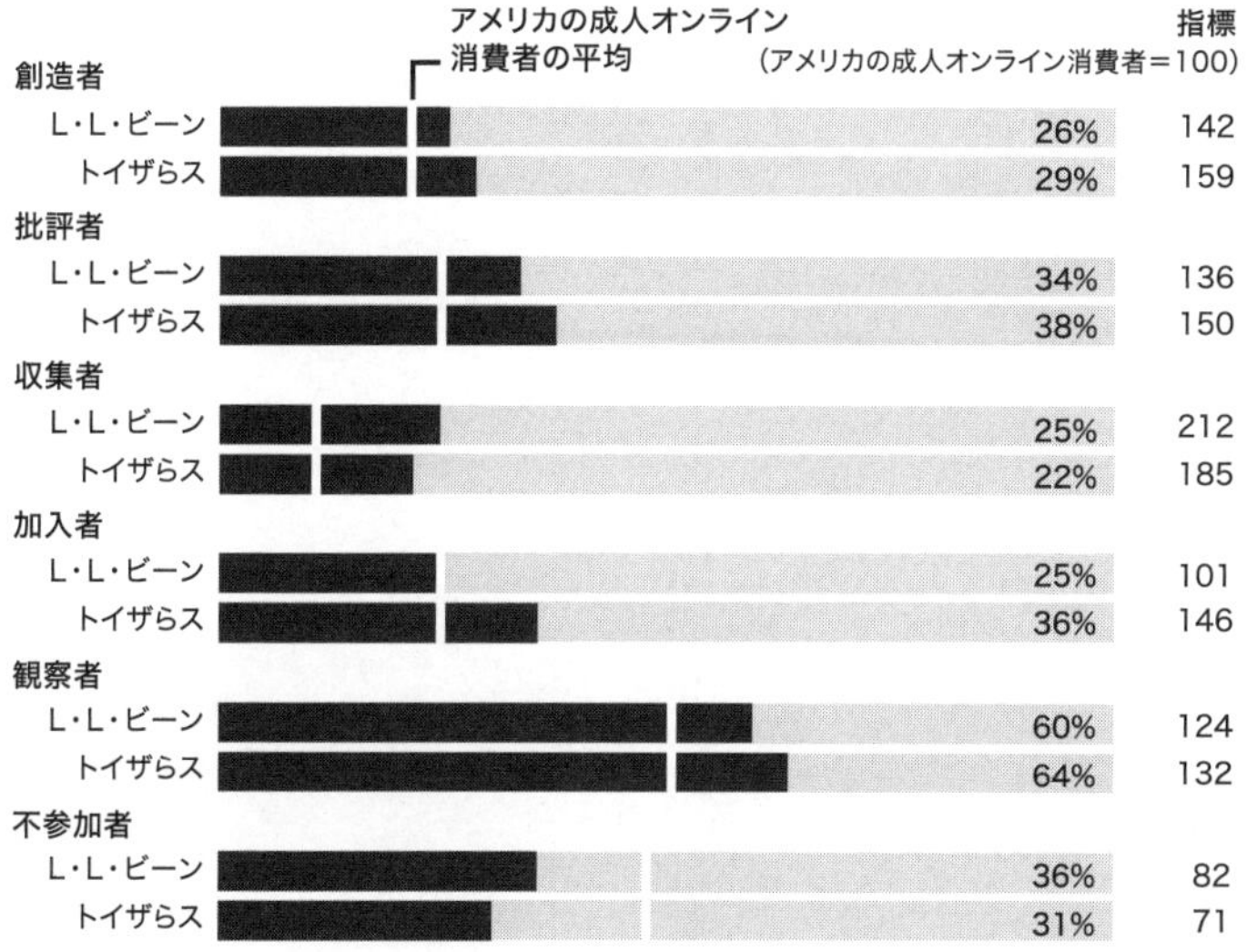

統計ベース：アメリカの成人オンライン消費者

出典：Forrester's North American Social Technographics Online Survey, Q2 2007

図3-9　トイザらスとL・L・ビーンの顧客のソーシャル・テクノグラフィックス・プロフィール

保する必要がある（実際、同社は二〇〇七年にフェイスブックに大学生向けのグループを立ち上げた）。顧客をアルファ・マム、ベビーブーム世代、高齢者などに分類し、セグメントごとに顧客が求めているものを分析することも必須だ。地域ごとの特徴を分析してもよいだろう。カリフォルニアで成功した戦略が、カンザスでもうまくいくとは限らない。

患者：グランズウェルを肥満治療に活かす

ヘルスケア企業がグランズウェルに取り組む場合、大きな課題が二つある。一つは、標的顧客の年齢が概して高めであることだ。グランズウェルに参加している高齢者は多くない（が、すでに見てきたように、いないわけではない）。もう一つは規制が厳しいことである。このため、たいていのメーカーなら実施できる革新的なマーケティング手法がヘルスケア企業では採用しにくい。

健康上の問題を抱えている人は、たとえ高齢でも同じ立場の人に共感し、情報や対処方法を分かち合おうとする。これはコミュニティ、ウィキ、サポートフォーラムにぴったりの用途であるように思われる。では健康上の問題を抱えている人はみな、グランズウェルに向いているのだろうか？　それは問題の種類による。

図3‐10は、「がん」と「肥満」という慢性的な問題を抱えている人々のプロフィールだ。数字を見る限り、がん患者のコミュニティは成功しそうにない。ところが全米がん協会（ACS）が運営する「キャンサー・サバイバーズ・ネットワーク」（www.acscsn.org）は活発な情報交換の場として、全国のがん患者を支えている。つまり、ソーシャル・テクノグラフィックス・プロフィールの数字が低いからといって、必ずしもコミュニティ戦略がうまくいかないとはいえないのだ。全米がん協

年齢の問題から、慢性的な健康問題を抱えている人がグランズウェルに参加する可能性は低い。例外的に、肥満者は批評者か加入者のグループに属していることが多い。

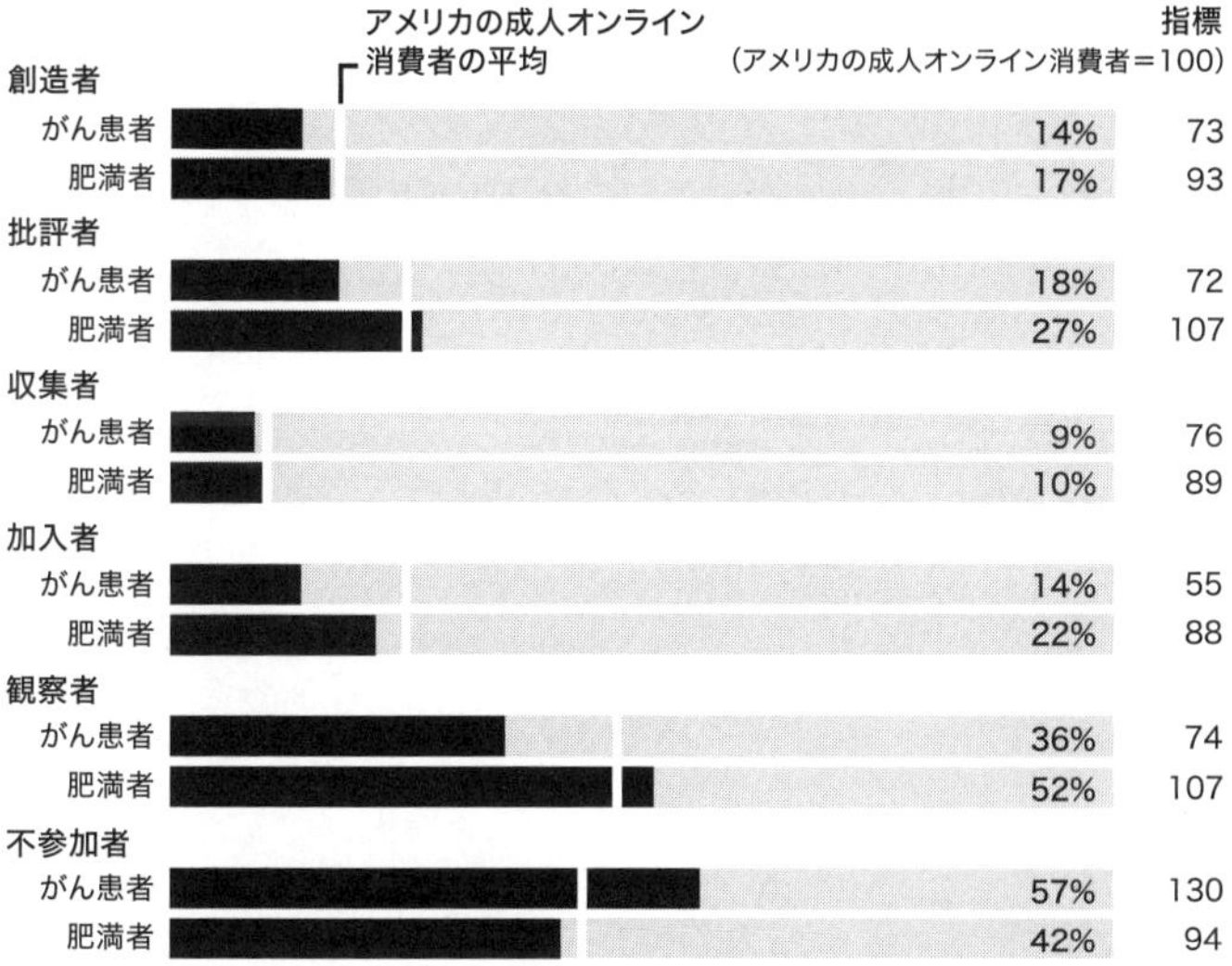

統計ベース：アメリカの成人オンライン消費者

出典：Forrester's North American Social Technographics Online Survey, Q2 2007

図3-10　がん患者と肥満者のソーシャル・テクノグラフィックス・プロフィール

会の目的はサポート、つまり患者同士の助け合いを支援することである。このコミュニティには少数ながらも、熱心ながん患者が参加しており、メンバーも徐々に増えている。コミュニティで交わされている会話は観察者の耳にも届く。観察者は会話には参加していないが、他者の会話から有益な情報を得ているかもしれない。

この図を見る限り、グランズウェルは肥満治療にも活用できそうだ。肥満治療や減量を成功させるためにはサポートが欠かせない。「ウェイト・ウォッチャーズ」や「ジェニー・クレイグ」のようなダイエットグループが存在する理由もそこにある。現在、こうした活動はネットに舞台を移しつつある。グラクソ・スミスクラインが抗肥満薬「アライ（Alli）」を発表したのはサポート、つまり、人々の減量成功率を高めるためだった。同社は専用サイト「マイ・アライ・コム（myalli.com）」を立ち上げた。このサイトの呼び物は栄養士が常駐する掲示板だ。このようなコンテンツは批評者だけでなく、他者の書き込みを読む観察者にも喜ばれる。この種の活動を規制の範囲内で行うのは難しいが、肥満人口の相当部分はグランズウェルに参加していることを考えればマーケティング効果は高い。

プロフィール分析ツール

フォレスター・リサーチの調査報告書などを読めば、自社の顧客について多くを学べるだろう。しかし顧客が参加しているソーシャル活動を推測する方法は他にもある。たとえば自社サイトでアンケートを実施したり、外部の調査会社を使ったりして、どんなテクノロジーを使っているのかを顧客にたずねてもよい。最初の取りかかりとして、フォレスター・リサーチのサイトに無料の分析ツールを用意した（groundswell.forrester.com）。このツールを使えば国名や顧客の年齢層・性別を指定するだけで、任意の集団のソーシャル・テクノグラフィックス・プロフィールを表示できる。

■究極の質問：なぜ人間はグランズウェルに参加するのか？

ここまでを読んで、グランズウェルに参加する度合いは人によって違うことがわかったと思う。しかし、ある根本的な問いがまだ残っている。これは重要な問いだ。その答えが、グランズウェルの未来を決めるからである。

そもそも、人はなぜグランズウェルに参加するのか？ どんな感情が人々を動かしているのか？ グランズウェルに参加することで、人々は何を得ているのか？

この問いが難しいのは、答えが無数にあるからだ。しかも、そのすべてが正しい。たとえばレゴ愛好家のエリック・キングスリーのような創造者が求めているものは、リンダ・ニーのような観察者が求めているものとは違う。同じ人でも場所や日、その時の気分や目的によって、参加する理由は違うかもしれない。それでも人間は何か根本的なものに突き動かされて、ソーシャルな活動に参加する。それは今も、そしてこれからも、すべての人の心をとらえてやまないもの——すなわち、「つながりたい」という欲求である。

我々は企業の担当者と一般消費者の両方に、グランズウェルに参加する理由をたずねた。その結果をまとめたのが次のリストだ。もちろん、これがすべてではない。ある意味では、グランズウェルに参加する理由は人間の数だけあるからだ。しかし、このリストは議論の出発点になるだろう。

□**友人づきあい**：フェイスブックの目的は知り合いとつながることだ。ジルのデートやラフの試験の結果が気になるなら、フェイスブックにログインする。二人はそれぞれのページで、デートや試験の首尾を教えてくれるだろう。あなたが自分を気にかけていることを知っているからだ。

□**友人づくり**：SNSに出会いを求めている人の話はよく聞く。過去一年間にオンラインデートサイトを閲覧または参加した独身オンライン消費者は五人に一人にのぼる。※6 出会いを求めているのは若者だけではない。五〇歳以上の男女を対象としたSNS「イオンズ」などでも、独身者向けのページはにぎわっている。

□**友人からの圧力**：グランズウェルの住人は、友だちにも自分と同じサービスを使ってほしいと願う。自分自身は加入者ではなくても、友だち、娘、あるいは飲み仲間が加入者かもしれない。その人物はあなたにメールを送って、グランズウェルに参加するよう促すだろう。遅かれ早かれ、あなたは根負けするはずだ。

□**先行投資**：便利なサイトを見つけたら、協力する気になるかもしれない。あるサイトのレビューが役に立ったら、そのサイトからレビューの投稿を促すメールが届いたときは試してみるかもしれない。それは感想を書くことかもしれないし、ボタンをクリックして星マークを付けることかもしれないが、どのサイトでもレビューは簡単に追加できる。今後も使いたいサイトなら、今のうちから参加し、他者にも同じようにしてほしいと願うのは不思議ではない。

□**利他心**：献血をするのは、そうすべきだと思うからだ。人は自分の命を危険にさらしてでも、ボランティアの消防士としてコミュニティの役に立とうとする。本書にも、自分が有意義だと感じているソーシャルサイトのために何百時間、ときには何千時間も費やす人が何人も登場する。ウィキペディアはこうした衝動に支えられて、世界最大の百科事典になった。人の集まるサイトでは、利用者の一％がコンテンツに貢献するだけで、すべての訪問者に利益を提供できるようになる。

□好奇心：人間は魅力的だ。セクシーな人、面白い人、あるいは率直にいって、まぬけな人もいる。あらゆる種類の人間が次々と画面に現れ、自分をアピールしていく。その面白さは、たいていのテレビ番組に勝る！

□創造的衝動：プロの写真家、作家、ビデオカメラマンたちにとって、ウェブ（フリッカー、ブログ、ユーチューブ）は自分の作品を披露する格好の場だ。プロでなくても、自分を表現すること（そして、肯定的で建設的なコメントが得られること）は、自分の中の創造性を満たす手段になる。

□他者からの承認：ヤフー・アンサーズ（訳注：日本では「ヤフー知恵袋」）やインテュイットの税ウィキなどに書き込む人々は、知識豊富な専門家と目されたいと願っている。他者からの承認は、ソーシャルネットワークの原動力であり、ブロガーを突き動かしている巨大な力だ。人々は自分を顕示し、コミュニティは彼らに居場所を与える。

□同好者との交流：ネット上に自分が所属するボウリングチームやＰＴＡ、あるいは自分が応援するプロ野球チームのファンが集う場があったらどうだろうか（どんなにニッチな趣味でも、目を付けている新興企業はある）。そこに参加すれば、同じ興味や関心を持つ仲間と交流できる。経験を共有できる人がネット上にいるなら、つながりたいと思うのは当然だ。

グランズウェルに参加する理由はさまざまだ。重要なのは、すべての動機を理解することではなく、顧客や従業員の参加を促す方法を見つけることである。グランズウェルを動かしている力を理解することと、グランズウェルに飛び込んで、この力をうまく活用することはまったく違う。

グランズウェルにおける最大の課題は、テクノロジーを使いこなすことでもなければ、顧客の機嫌を取ることでもない。それは事業目標を達成することであり、成功を測定し、それがグランズウェル戦略の成果だと証明することである。

第二部の目標は、読者がこの課題に取り組めるようにすることだ。グランズウェルに進出する目的は企業によって違う。それはリサーチかもしれないし、マーケティングかもしれないし、売り上げを伸ばすことかもしれない。テクニカルサポートのコストを削減することかもしれないし、顧客を革新のプロセスに巻き込むことかもしれない。

何であれ、目的を達成するためには本章で紹介したようなデータとは別に、何らかの明確な戦略――グランズウェル的思考のフレームワークが必要になる。それが第四章のテーマだ。

第二部
グランズウェルを活用する

第四章　グランズウェル戦略を立てる

二〇〇七年初頭、アメリカの大手小売店の戦略担当者から、一本の電話がかかってきた。チャーリー（と仮に呼ぶことにしよう）は、競合のシアーズが市場調査用のオンラインコミュニティを立ち上げたことを知り、対応策に頭を悩ませていた。その時のやり取りを紹介しよう。

「あら、チャーリー。今日はどうしたの？」

「シアーズがコミュニティを立ち上げたらしい。我が社も、コミュニティを立ち上げるべきかと思ってね」

「なるほど。で、コミュニティの目的は何？」

長い沈黙。チャーリーは言葉につまっている様子だった。

「顧客の声を集めたいの？　それとも、消費行動に影響を与えるのが目的？」
「実は、よくわからないんだ。でもシアーズが始めたことなら、うちも考えなきゃならないのは間違いないからね」
「ビクトリアズ・シークレットの試みは知ってる？　フェイスブックにプロフィールを開設して、メンバーと関係を築こうとしているのよ」
「いや、見たことないね。私はシアーズが何をやろうとしているのかを知りたいだけなんだ」

しばらくの間、会話はこの調子で続いた。このやり取りから、チャーリーは不勉強で、市場の動きにうといのだと思ったかもしれない。しかし実際には、彼の会社はネットでも有数の先進的なコマースサイトを運営している。外からは、この会社はうまくやっているように見える。それにもかかわらず、グランズウェルの話となると、自社がそこにいなければならないことはわかっているが、なぜかはわからないというのだ。

このような会話を、我々は多くのクライアントと繰り返してきた。ファストフード会社のＩＴ戦略担当者は、どうすれば自社が「ソーシャルネットワークの世界の一員」になれるかを知りたがっていた。家具会社のＣＩＯは、ブログを始めるためのベストプラクティスを求めていた。同じような例はいくらでもある。

参加しなければならないことはわかっているが、不安で足を踏み出せない。その姿は、微熱に悩まされている患者のようだ。その数があまりにも多いため、我々はこの病を「グランズウェル接近・回避症候群」と命名した。あなたや同僚にも、次のような症状が出ていないだろうか？

□ブロゴスフィアやフェイスブック、ユーチューブの動向に強い関心（時には異常なまでの関心）を抱いている。このテーマに関する記事を見かけると、すぐ同病者に転送してしまう。
□ニュース記事やマーケティングカンファレンスで他社の成功事例（SNSと提携した、オンラインコミュニティを立ち上げた、など）を見聞きすると、何度も聞いたような話でも、唾液の分泌が止まらなくなる。
□ソーシャルメディアやウェブ2・0に関わる動き、うわさ、思いつき、流行の兆しを一つたりとも見逃すまいと、テッククランチ（TechCrunch）やギガオーエム（GigaOM）などの巨大ブログを日に何度もチェックする。数時間も経つと、ハーフマラソンを走ったあげく、どこにも行きつかなかったような気分になる。
□最近、上司や部下から、自社の「ウェブ2・0時代におけるオンライン戦略」について聞かれるのが苦しい。
□十代の息子や娘に「で、マイスペースとやらは最近どうなんだ？」とたずね、その答えを聞きながら、仕事に使えるアイディアを必死に探す。
□ソーシャルテクノロジーを導入するのは不安だが、乗り遅れることを考えると、同じように不安になる。

思いあたる症状があっても、がっかりする必要はない。同じような人はたくさんいる。症状の原因はわかっており、治療方法もある。最初の一歩は、目的を明確にすることだ。本章には、その方法が書かれている。

チャーリー（と多くのクライアント）の問題は、戦略に逆さまの順番で取り組んでいることだ。彼らはまず、テクノロジーを考える。しかしテクノロジーの変化は激しい。最新のテクノロジーを追いかけるのは、勢いよく回っているメリーゴーランドに飛び乗るようなものだ。結局は目が回って、グランズウェル接近・回避症候群を発症することになる。

しかし治療法はある。一歩退いて、「顧客は、どんなテクノロジーを使う傾向があるのか？」と自問するのだ。次に「自分の目的は何か？」と考える。その答えが出たら、計画を立て始める。

グランズウェル戦略を立てる際は、この二つの質問から始まる四段階のプロセスに従う必要がある。各段階の頭文字を取って、我々はこれを「ＰＯＳＴ」と名付けた。つまり、人間（people）、目的（objectives）、戦略（strategy）、そしてテクノロジー（technology）である。[※1] ＰＯＳＴはグランズウェル的思考の基盤であり、計画を組み立てる際の体系的なフレームワークだ。では、ＰＯＳＴの各段階をもう少し詳しく説明していこう。

□人間：顧客は、どんなテクノロジーを使う傾向があるのか？　この問いに答えるために作られたのが、前章で紹介した「ソーシャル・テクノグラフィックス・プロフィール」だ（前章でも述べたが、読者が顧客のプロフィールを分析できるように、groundswell.forrester.comに無料の分析ツールを用意した）。重要なのは、現在の顧客の行動をもとに、顧客が参加する可能性のある活動を見極めることだ。このステップを踏まずに、あてずっぽうで推測をしたらどうなるか？　読みがあたることもあるかもしれないが、ソーシャルネットワーク戦略を立てたあとで、顧客はソーシャルネットワークに参加するより、レビューを書く傾向があることに気づくかもしれない。

□目的：ゴールは何か？　マーケティング目的でグランズウェルと話をしたいのか？　売り上げを伸ばすために優良顧客を活気づけたいのか？　チームワークを強化するためにグランズウェルのテクノロジーを社内に導入したいのか？　本章では、グランズウェル戦略を成功に導く五つの目的を紹介する。

□戦略：自社と顧客の関係をどう変えたいのか？　顧客にメッセージを広めてもらいたいのか、それとも顧客との距離を縮めたいのか？　この点を明らかにできれば、変化に備えられるだけでなく、戦略の進捗状況も把握できるようになる。社内調整も欠かせない。顧客との関係が変わることを快く思わない人もいるからだ。

□テクノロジー：どんなアプリケーションを構築すべきか？　人間、目的、戦略の三つを定義できたら、それに合ったテクノロジーを選ぼう（第二章で紹介したブログ、ウィキ、ソーシャルネットワークなど）。

■グランズウェル戦略の五つの目的

目的のあいまいな戦略は成功しない。戦略の成否は目的地、つまりグランズウェルに参加する理由にかかっている。

我々はこれまでに何百という企業のグランズウェル戦略を見てきた。その結果、うまくいく戦略の多くは、次の五つのいずれかを目的に掲げていることがわかった。グランズウェル戦略を立てる際は、この中から自社に最も合ったものを選ぼう。

□一　耳を傾ける（傾聴戦略）：リサーチのため、あるいは顧客理解を深めるためにグランズウェルを使う。顧客インサイトをマーケティングや開発に利用したいと考えているなら、この目的が最も適している。
□二　話をする（会話戦略）：自社のメッセージを広めるためにグランズウェルを使う。すでにバナー広告、検索広告、電子メールなどのデジタルマーケティングは活用しているが、もっと双方向的な手段を利用したい場合は、この目的を選ぼう。
□三　活気づける（活性化戦略）：熱心な顧客を見つけ、彼らの影響力（クチコミの力）を最大化するためにグランズウェルを使う。熱烈なファンのいるブランドに適している。
□四　支援する（支援戦略）：グランズウェル的なツールを用意し、顧客が助け合えるようにする。サポートコストが高く、かつ顧客がお互いに親近感を抱いているような企業に効果的。
□五　統合する（統合戦略）：顧客をビジネスプロセスに統合する（例：製品の設計プロセスに顧客の声を取り入れる）。この目的は難易度が高いので、他の四つのいずれかを達成してから選択することが望ましい。

実をいうと、企業はすでにこうした目的に取り組んでいる。しかしグランズウェル戦略のほうが、顧客との関わりは深く、コミュニケーション（特に顧客同士のコミュニケーション）の量も多い。表4-1は五つの目的と、それに対応する部門の関係を示したものだ、

グランズウェルに詳しい人々は、五つの目的を限定的すぎると考えるかもしれない。しかし、それは違う。どの目的も企業に大きな影響を及ぼす可能性がある。明確な目的を持たずにグランズウェルに参入しても失敗するだけだ。たしかにグランズウェル戦略は当初の目的を上回る結果をもたらすこ

とがある。顧客と話をするためにビジネスブログを立ち上げた企業は、耳を傾けることの重要性を学ぶかもしれない。顧客の助け合いを支援するためにコミュニティを立ち上げた企業は、顧客が素晴らしい製品アイディアを持っていることに気づき、顧客をビジネスプロセスに統合するかもしれない。しかし最初の時点では、目的は一つに絞るべきだ。その目的がどれだけ達成されたかをもとに、戦略の投資収益率を算出する。我々の経験では、これが成功に最も近い道だ。

第五章から第九章では五つの目的を一つずつ取り上げ、事例を交えながら、POSTプロセス（人間、目的、戦略、テクノロジー）を推進する方法を紹介する（第一一章では社内グランズウェル、つまり五つの目的を社内で達成する方法を紹介する）。

■B2B企業の場合

グランズウェルを利用しているのは消費者だけではない。我々は消費者企業だけでなく、B2B企業からもグランズウェルに参加する方法をたずねられることが多い。さまざまな意味で、B2B企業はグランズウェル的思考を実践するのが

従来の業務機能	対応するグランズウェルの目的	→	グランズウェルではこうなる
リサーチ	傾聴	→	不定期にアンケート調査やフォーカスグループ調査を行うのではなく、顧客の会話を常時モニタリングできるようになる
マーケティング	会話	→	顧客に一方的にメッセージを伝えるのではなく、顧客との会話に参加し、会話を促進できるようになる
セールス	活性化	→	熱心な顧客を支援することで、他の顧客の購買行動に影響を及ぼせるようになる
サポート	支援	→	顧客同士が助け合えるようになる
開発	統合	→	顧客の活発な意見交換の中から、商品開発のアイディアを引き出せるようになる

表4-1　従来の業務機能をグランズウェルで代替する

難しい。理由は簡単。ロールモデルがほとんどないからである。巷で目にする大規模アプリケーションのほとんどは、消費者を対象としている。

B2B企業には、「ビジネスパーソンも人間である」とアドバイスしたい。これは単純だが重要な事実だ。「企業のためのソーシャルネットワーク」はないし、「ブログにコメントする企業」など聞いたことがない。企業は交流しない。交流するのは人間だ。

たとえばマクドナルドのフランチャイズ店長、電子メールマーケティングサービスを利用している小企業の経営者（第七章参照）、CRM（顧客関係管理）ソフトウェアを使っているビジネスパーソンなどを標的としたアプリケーションを開発し、成功を収めたB2B企業はある。アプリケーションの内容はまったく違うが、どの企業も消費者企業がグランズウェル戦略を立てるときと同じ教訓（とPOSTプロセス）に従っていた。

企業向けのアプリケーションでは、人間の側面がさらに重要になる。この種のアプリケーションが想定しているユーザーは、似たような仕事に従事していることが多い（営業担当者、IT担当者、備品の購買担当者など）。ディスカウントストアの買い物客やペットの飼い主が共通の関心を持っているように、彼らには仕事という共通点がある。

B2B企業が戦略を立てるときも、まずは目的を選ぶ必要がある。相手が消費者でも企業（ビジネスパーソン）でも、耳を傾け、話をし、活気づけ、支援し、統合することはできる。目的があいまいなまグランズウェルに飛び込めば、相手が消費者であろうと企業であろうと、戦略は失敗する。

■戦略を熟考する

我々は先日、ある衣料品会社のグランズウェル参入を支援した。同社の顧客はすでにソーシャルテクノロジーを積極的に活用しており、社内にも斬新な方法で顧客にリーチしようという気運がみなぎっていたが、ソーシャルイニシアティブはほとんど実行されていなかった。グランズウェルに参入し、顧客と交流する必要があることはわかっていたが、どうすればいいのかがわからなかったのだ。

この状況を打破するために、同社は社外から複数のゲストを招いて、数日間の合宿研修を行った。我々の出番は三日目だったが、その頃には参加者たちも「マイスペースにプロフィールを開設しよう」、「ポッドキャストを使ってバイラルキャンペーンを仕掛けよう」といった具合に、新しいテクノロジーを活用する方法を熱く語り合うようになっていた。そこで我々のプレゼンテーションが始まった。参加者たちと話をしていくうちに、我々は彼らが危険な方向に向かっていることに気づいた。グランズウェルの仕組みがわかってくると、行動を起こすために必要なツールと知識はすべて揃ったように感じてしまう。しかし、まだ欠けているものがあった。それは、グランズウェル戦略がもたらす結果を考え抜くことだ。

我々は参加者に二つの課題を与えた。一つは、今後三年間で顧客との関係がどう改善されるかをイメージすること、もう一つは、グランズウェルに参加することで生じる問題を明らかにすることだ。ある事業部の責任者は、「カスタマーレビューを導入する場合、ネガティブな評価でも表示するのか？」とたずねた。そのようなレビューが掲載されたらメーカーはどう反応するだろうか？　従業員はどう反応するだろうか？　一、二年後に、この仕組みをどう発展させるのか？　集めた情報はどう活用するのか？　人々は具体的に考え始めた。「ブログを始めよう」、「格付け機能を取り入れよう」といった小さなアイディアから始まった議論は、やがて「どうやって顧客の参加を促すか？」、「時とともに、顧客との関係はどう変化していくのか？」といった本質的な議論に移行していった。

参加者たちは、正しい視点から問題を考えるようになった。それは、自分たちが構築しようとしている関係に焦点を合わせることだ。人々はPOSTプロセスに沿って戦略を立て始めた。次に必要なのは普遍的なアドバイスに耳を傾けることだ。グランズウェルプロジェクトは企業、マネジャー、テクノロジーベンダー、そして彼らの関係に影響を及ぼす。どの目的を選ぶにせよ、これらのアドバイスは必ず役に立つだろう。

□小さく始める（ただし、拡大の余地は見込んでおく）

一年をかけて壮大な戦略を立てても、計画が完成した頃には時代が変わっている。かといって、新しいテクノロジーに次々と手を出すようなやり方も感心しない。必要なのは大枠を定めることだ。まずは何をやり、その成果をどう評価し、成功した場合はどう展開するか？　そのあとは半年～一年ごとに計画を見直す。グランズウェルに参加することで、会社がどう発展していくかをイメージしよう。ただし、可能性は限定しないように。

□グランズウェル戦略がもたらす影響を考え抜く

先ほど例に挙げた衣料品会社のように、計画を立てるときは必ず、グランズウェルと関わることで会社がどう変わるかを考えよう。グランズウェル戦略が始まれば、顧客との関係は一変する。これからの数年で、グランズウェルは自社のビジネスをどう変えるのだろうか？　マーケティング、広告、広報の仕事はどう変わり、仕入先や販売店はどんな影響を受けるのか？　そのことを誰が彼らに伝えるのか？　コスト構造や販売報酬も変化するのか？　法務面での影響は？　戦略を立てる際は、こうした問題をすべて考慮する必要がある。

□高い地位にいる人物を責任者に据える

グランズウェル戦略は会社と顧客の関係を変える。これがＩＴ部門やマーケティング部門の中堅社員に任せられる仕事だろうか？　このような計画の最終責任は、それなりの地位にいる幹部社員が取るべきだ。それが誰かは戦略の目的による。グランズウェルに耳を傾けることが目的なら、研究開発部門の長かもしれない。グランズウェルと話をすることが目的なら、ＣＭＯ（最高マーケティング責任者）のほうがよいだろう。多くの企業では、ＣＩＯやＩＴ部門の上級社員が技術顧問を務めている。いずれにしても、責任者は顧客との関係がどう変化しているのかを定期的にＣＥＯに報告する必要がある。グランズウェルプロジェクトは、上層部を巻き込みながら進めよう。

□テクノロジーの選択とパートナーの選択は慎重に

ソーシャルアプリケーションを社内で開発できる企業は少ない。そのため、通常は外部の企業と組むことになる。たとえばレバレッジソフトウェア（Leverage Software）のようなコミュニティ専門のテクノロジー企業や、アベニューＡレイザーフィッシュ（Avenue A/Razorfish）のようなアプリケーション開発力を持つ代理店、あるいはヤフーのような、アプリケーションやコミュニティをホストできる大手ポータルだ。何にせよ、パートナーは慎重に選ぶ必要がある。理想的なのは、さまざまなアプリケーションを構築した経験があるだけでなく、クライアントやそのブランドを理解している企業だ。特に重要なのは、クライアントの目的を理解していることである。そうでないなら、なぜAではなくBなのかをたえず説明しなければならない。パートナーを選ぶときは、今できることだけでなく（テクノロジーはすぐに変わる）、彼らが提供しているテクノロジーが一、二年後にはどうなっているかをたずねてみよう。選ぶべきは最低価格を提示する企業ではない。多彩なサービスを提供している企業でさえない。クライアントが達成しようとしていることや、それが変わっていく可能性を理解できる企業だ。そう確信できないなら、そのパートナーとは手を切り、新しいパートナーを探すべきである。

■失敗の原因

ソーシャル戦略の立案や実行が難しいのは、従うべき前例やロールモデルがほとんどないせいだ。そのため企業は常に問題に目を配り、いつでも修正できるようにしておかなければならない。失敗の原因はさまざまだが、たいていはPOSTプロセスの四つの段階と関連している。つまり、「人間」の行動を予測しそこなったか、「目的」があいまいだったか、「戦略」を十分に考え抜いていなかったか、「テクノロジー」の実装がお粗末だったかである。

たとえば参加者が思っていたほど増えない場合は、顧客のプロフィールとアプリケーションが合っていないのかもしれない。これは顧客の能力を考えずに戦略を立てた場合に起きる。たとえば退職金の運用プランを宣伝したいのに、顧客参加型のブログサービスを立ち上げても高齢者は集まらない。第三章でも、アルファ・マムに見当はずれのサービスを提供しようとしていたメディア企業の例を紹介した。このような失敗を避けるためには、顧客のソーシャル・テクノグラフィックス・プロフィールを分析し、自分や同僚が魅力を感じるアプリケーションではなく、顧客が参加したいと思うアプリケーションを選ぶ必要がある。

プロジェクトが難航しているときや方向性が定まらないときは、目的を見直そう。先日、我々はネットコミュニティを運営している小売店から相談を受けた。このコミュニティは大勢の消費者を集めていたが、売り上げにまったく貢献しておらず、担当者はコミュニティを閉鎖したがっていた。膨大なエネルギーをつぎ込んでコミュニティを構築したのに、コミュニティの目的と肝心の事業目標がずれていたのだ。そしてこの誤りを正すために、同社はさらなる投資を迫られていた。ソーシャルテクノロジーを性急に導入しようとする幹部がいたら、ノーと言うべきだ。事業目標と一致した明確な目標があり、かつ関係者の合意が得られるまでは、プロジェクトを先に進めるべきではない。

では顧客の参加は得られたが、自分たちが期待していた形ではなかった場合はどうすればいいのか？　ソーシャルテクノロジーを導入することで顧客との関係がどう変わるかを検討し、必要な措置を講じなかったために、失敗の道をたどるプロジェクトは多い。ウォルマートがフェイスブックで実施した大学生向けのキャンペーンも、その一つだった。メディアの選択は正しかったし（大学生にアプローチするためにフェイスブックを使った）、目的も明確だった（寮の部屋の模様替え）。しかしウォルマートは自分たちのコントロールが及ばない場所、つまりフェイスブックで会話を始めることがもたらす結果を十分に考えていなかった。その結果、ウォルマートがフェイスブックで展開したキャンペーンは、同社のビジネス手法を痛烈に批判するコメントであふれることになった。このようなリスクを最小限に抑えるためには、予想される結果や影響を考え抜くこと、そして雲行きが怪しくなってもすぐに逃げ出したりしないエグゼクティブスポンサーを確保することが必要になる。

テクノロジーの実装に問題があったために、プロジェクトが頓挫することも多い。ユーザビリティが悪いせいで人の寄りつかないサイトなど、閑古鳥の鳴いているコミュニティはいくらでもある。テクノロジーはすぐに変化する。テクノロジーを実装するときは、スピード、単純さ、段階的導入をモットーとし、柔軟性を確保しよう。そして折々に進捗状況を評価し、最もうまくいっているものに注目して、修正を加えていく。

問題は必ず起きる。グランズウェルはコントロールできない。ほとんどの企業にとって、このようなプロジェクトに取り組むのは初めてのはずだ。問題が起きたときはPOSTに立ち返ろう。問題解決の第一歩は、ソーシャルイニシアティブがなぜうまくいっていないのかを分析することから始まる。

■後戻りはできない

今、あなたは会社と顧客の関わり方を根底から変えようとしている。このプロセスを成功裏に完了するには、自分自身が不屈の精神を持つだけでなく、社内調整にも時間をかける必要がある。本章では考えられる落とし穴をいくつか挙げたが、我々が気づいていないものもあるはずだ。ここに来て、あなたはこう考えているかもしれない。「なぜ、こんな面倒なことをしなければならないのか？」

理由はこうだ。

このトレンドは無視できない。「今回は参加を見合わせよう」というわけにはいかないのだ。向こう半年以内に引退するのでもない限り、今から辞めて別の誰かに任せることはできない。グランズウェルのトレンドは止められない。顧客はすでにそこにいる。多少の時期のずれはあっても、前に進まなければならないことに変わりはない。退路はすでに絶たれた。

最後に、グランズウェルに参加するための〝正しい方法〟は一つではないことを指摘しておこう。間違った方法もたくさんある。耳を傾けないこと、顧客をだまそうとすることはその一つだ。一方、効果的な戦略も多い。自社の顧客とビジネス手法に最も適した戦術を選び、テクノロジーの変化に柔軟に対処しよう。他社を真似てもうまくいかない。あなたの会社、顧客、そしてゴールは他の誰とも違うのだから。

今こそ、グランズウェルと関わる時だ。それが、会社の未来を作ることになる。

本章では、グランズウェル戦略を立案するための基本を説明した。まずは五つの目的（耳を傾ける、話をする、活気づける、支援する、統合する）の中から、最も優先したいものを一つ選んでほしい。このあとの五つの章では、グランズウェルを最大限に活用するための事例とツールを紹介する。第五章ではまず、「グランズウェルに耳を傾ける」ことを考えてみよう。

第五章　グランズウェルに耳を傾ける

リン・ペリーはがんだ。しかも、末期のがんが三種類。前立腺がんは骨に転移しており、他にも肺がんと咽頭がんを抱えていた。喉の治療のせいで声はカントリー歌手のようにしわがれ、くぐもっていたが、ハーレーダビッドソンのバイクに乗り、キーボードを弾くペリーには、それも似合いだった。

テキサス州プラノ出身のペリーは（彼はいつも名字で呼ばれていた）、元エンジニアという経歴のためか、ものごとを分析的に考える癖があり、いつも〝田舎の哲学者〟といった雰囲気をただよわせていた。病気のことを思いわずらっている様子はない。がんの発見からすでに六年。今年六六歳になるペリーはこれからも、がんと折り合いをつけながら生きていくだろう。自分より辛い立場にある人々、たとえば治療の待ち時間に出会った子どもたちを思いやる気持ちも忘れていない。闘病生活を湿っぽく語ることはほとんどないが、がんの治療や患者の扱われ方に関しては雄弁だ。その言葉に耳を傾ければ、彼が優れた分析力と鋭い視点の持ち主であることがわかるだろう。

「ＭＤアンダーソンに関しては、いくつか疑問に思っていることがあります」とペリーはいう（ＭＤアンダーソンはヒューストンにある有名ながん専門病院で、ペリーもここで治療を受けている）。「患者は、このような紙きれを渡されます。この病院は時間にうるさいんですよ。私も診察時間には絶対に遅れません。ところが待合室に入っても、なかなか順番が回ってこない。一時間経ち、さらに三〇分経ち、気づけば二時間が過ぎている。こんなのはおかしいでしょう？ 私の時間は、彼らの時間よりも貴重なんですから」（医師の見立てが正しいなら、この時点でペリーの余命はあと半年だった）。[※1]「患者は待ち時間が長いのを嫌いますから、そのような病院には行きません。どんなにすごい先生がいようと、待ち時間のような平凡な理由で患者の足は遠のいてしまうのです。『四時間も待たされた』とこぼし、二度と行かない。病院の名声も、ランキングも（注：『ＵＳニュース＆ワールドレポート』誌の病院ランキング）、この種の患者には何の効果もありません」

ＭＤアンダーソンの自慢は「評判」だ。『ＵＳニュース＆ワールドレポート』誌のランキングでも、ＭＤアンダーソンはアメリカ最高のがん専門病院の一つに選ばれている。[※2] 先日は一億二五〇〇万ドルを投じて、最先端のがん治療施設「陽子線治療センター」を建設した。[※3] 治る可能性のあるがんなら、ＭＤアンダーソンに治せないはずはなかった。

しかしペリーが指摘しているように、もし患者がしびれを切らせて別の病院に行ってしまえば、医師たちの努力も水の泡になる。

しかし今、ＭＤアンダーソンは待ち時間の短縮に全力で取り組んでいる。患者の声に耳を傾けることを決意したのだ。ＭＤアンダーソンは聞くことを優先課題に据えただけでなく、臨床データと同じように、患者の意見をリサーチに取り入れる方法を見つけた。もしペリーがいうように、せっかちな患者はMDアンダーソンより地元の病院を好むとすれば、この判断は正しい。陽子線治療センターの経営を維持するためには、たくさんの患者を集めて治療を行うことが欠かせないからである。

■ブランドは顧客が決める

マーケターはブランドを定義し、管理しているのは自分だという。広告に数百万ドル、時には数億ドルを投じる企業もある。彼らは慎重にブランドを拡張する。たとえばマウスウォッシュの人気ブランド「スコープ」の名前を歯磨きチューブのパッケージに刷り、消費者の反応をうかがう。ブランド名を挙げ、「うちが買った」という。ブランドに「投資している」、ブランドを「所有している」という。

ばかげた話だ。

ブランドとは何かを決めるのは顧客だ。そして顧客同士が会話をするグランズウェルにおいては、ブランドを決めるのは「人々」である。

ブラジルのサンパウロに、サイマス・ブランディングというコンサルティング会社がある。創業者のリカルド・ギマランイスは、我々が知る中でも飛び抜けて聡明なブランド理論家だ。ギマランイスは長年、ブラジルの大手広告代理店を経営していたが、ある斬新な考え方を広めるためにサイマス・ブランディングを設立した。その考えとは、「ブランドは企業ではなく、顧客に属する」というものだ。彼は次のように述べている。[※4]

ブランドの価値は企業ではなく、市場に属する。この意味では、企業はブランドの価値を創出する道具に過ぎない。（中略）ブランドは企業の中ではなく、外で生きているのだ。今日の経営者にはブランドは扱えない。彼らが管理しているのは、企業という閉鎖的な存在だからだ。それに対して、ブランドは開放的な存在である。現代の経営者は、開放的な存在を管理する術を知らない。

ＭＤアンダーソンは、一億二五〇〇万ドルを投じて建設した陽子線治療センターが、「ＭＤアンダーソン」ブランドを象徴していると考えている。一方、リン・ペリーは待ち時間の長さも「ＭＤアンダーソン」ブランドの一部だと考えている。あなたの顧客は、あなたのブランドをどのように捉えているのだろうか？

その答えを知るためには、「聞く」必要がある。

ＭＤアンダーソンのマーケティング責任者なら、ペリーのようながん患者を三〇〇人ほど集め、治療方針の決め方から目下の懸念事項まで、あらゆる質問をいつでもたずねられるようにしたいと思うだろう。賢明な人なら、患者の会話に耳を傾け、患者が何を考えているのかを知ろうとするはずだ。これが、グランズウェルに耳を傾けることである。多くのがんセンターは、この方法を選んだ。彼らはコミュニスペース（Communispace）と契約し、がん患者のプライベートコミュニティを立ち上げた。患者たちは毎日、このコミュニティを訪れ、他のメンバーと意見を交換している。このコミュニティのおかげで、がんセンターは患者のニーズをリアルタイムで把握できるようになった。一回限りではなく、継続的に顧客の声を拾い上げる仕組みを作ること——それが、本章のテーマだ。

■「聞く」ということ

皮肉屋たちは、「企業が客の意見を聞くことはない」という。しかし、それは妄言だ。企業は顧客の声を聞いている。そればかりか細心の注意を払い、大金を費やしている。しかし、こうした活動は「傾聴」ではなく、「市場調査」と呼ばれる。市場調査をすれば、特定の質問への答えを知ることはできるが、顧客インサイトは得られない。

現代の企業は年に一五〇億ドル以上を市場調査につぎ込んでいる。[※5] 二〇〇六年には売れ筋の商品、人気のテレビ番組、音楽、本、ウェブサイトなどを知るために、三七億ドル以上が調査会社のニールセンに支払われた。ヘルスケア企業は同年、二〇億ドル以上をＩＭＳヘルス（IMS Health）に支払っている（ＩＭＳヘルスは症例や医薬品処方に関するデータを提供する企業）。もっともＩＭＳヘルスの報告書には、リン・ペリーが指摘した待ち時間の問題は含まれていなかったはずだ。

企業が欲しがる情報はそれほど違わない（「ヒーローズ」の視聴者数、バイアグラの売上高など）。ニールセンやＩＭＳヘルスのシンジケート調査が利用されているのはそのためだ。こうした調査はトレンドを俯瞰する役には立つが、人々が何を考えているのかを教えてはくれない。

マーケターはカスタム調査にも大金を費やしている。郵便や電話やインターネットを使って一〇〇〇人の消費者を集め、知りたいことをたずねれば、一〇〇〇通りの答えが手に入る。カスタム調査の相場は最低一万ドルだ。専門的な調査、特にがん患者など、参加者を集めにくい調査の場合は一〇万ドルを超えることも珍しくない。うまくやれば、カスタム調査はどんな質問への答えも引き出せるが、考えてもみなかった質問への答えは得られない。そしてビジネスの世界では、考えてもみなかった問いが、最も重要な質問かもしれないのだ。

さらにフォーカスグループがある。七〇〇〇〜一万五〇〇〇ドルもあれば、一〇〜一五人程度の参加者を集め、特定のテーマについて二時間ほど話してもらい、その様子を観察できる。シンジケート調査やカスタム調査と違って、フォーカスグループは人々の自然な反応を引き出せる。グループの中に、幸運にもリン・ペリーのような思慮深い人物がいた場合は、意外な答えを耳にすることもあるかもしれない。

しかし一般論として、アンケート調査やフォーカスグループのメンバーに、標的顧客の中でも、特に思慮深い人々が含まれている可能性は低い。見識の高い人物が含まれている保証もない。いたとしても、これらの調査の目的は質問に対する答えを得ることであって、顧客インサイトを得ることではない。

傾聴を通して顧客インサイトを得る

アンケート調査のバイアスやフォーカスグループの限界を取り払うには、人々が自然に振る舞っている様子を観察する他ない。標的顧客を数千人とはいわないが、数百人ほど集め、普段と同じ環境で自社や競合企業の話をしてもらい、その様子を観察する。もし各自が自分の行動を記録してくれれば、貴重なアイディアを忘れてしまう心配もない。

グランズウェルを使えば、顧客インサイトを得ることができる。グランズウェルの消費者は毎日、時には数時間ごとに、自分の意見の片鱗をネット上に残していく（その中には否定的なものもあれば、好意的なものもある）。買い物客は店舗での経験、品揃え、お気に入りの商品などをブログで語る。テレビや靴、タイヤのユーザーはディスカッションフォーラムで商品の機能や価格、サポートの質を語り合い、長所と短所を分析する。イェルプ（Yelp）やトリップアドバイザーでは消費者が、企業の商品やサービスを格付けしている。その気になれば、企業はこうした声をすべて聞くことができる。

ただし、注意は必要だ。まず、これは全員の声ではない。聞こえてくるのは話をしたがっている人の声だけだ。グランズウェルに耳を傾ければ新しい視点を得られるが、それは消費者の総意とは限らない。

それでもグランズウェルが素晴らしい情報源であることに変わりはない。ただし、情報の多さは諸刃の剣だ。グランズウェルは情報であふれている。それは一〇〇〇のテレビチャンネルを同時に見ているようなものだ。テクノロジーの力を借りなければ、大量の情報を整理し、とりとめのない会話から新しい知見を引き出すことはできない。

ご想像のとおり、多くの新興企業がそのための技術ソリューションを提供している。本章の残りの部分では、こうした企業のサービスを使って、グランズウェルから顧客インサイトを得る方法、つまりグランズウェル的思考をリサーチに適用する方法を紹介しよう。

■二つの傾聴戦略

グランズウェルに耳を傾ける方法はいろいろある。たとえばグーグルの検索ボックスに、商品名と「ひどい」または「すごい」といったキーワードを入力してみる。テクノラティでブログ検索をする。

デリシャスにアクセスし、人々が自社や自社の商品にどんなタグやコメントを付けているのかを調べる。しかしクライアントと仕事をしていくうちに、我々は社内でのモニタリングには限界があると感じるようになった。グランズウェルから顧客インサイトを得るためには、専用のツールを提供している企業と組んだほうがいい。その方法は、主に二つある。

□一　プライベートコミュニティを立ち上げる

ＭＤアンダーソンなどのがんセンターは、この方法でリン・ペリーの意見から学んだ。プライベートコミュニティは、継続的に運用される巨大なフォーカスグループのようなものだ。コミュニティの内部では、メンバーの自然で活発な会話を聞くことができる。プライベートコミュニティを提供する企業としてはコミュニスペースが有名だが、この市場は急成長を遂げており、他にもマーケットツールズ（MarketTools）やネットワークド・インサイツ（Networked Insights）といった企業が同様のサービスを提供している。プライベートコミュニティの仕組みは、最初の事例で取り上げる。

□二　ブランドモニタリングを始める

専門の業者を雇って、人々がブログ、ディスカッションフォーラム、ユーチューブなどで交わしている会話に耳を傾ける。モニタリングの結果は報告書の形で受け取ってもよいし、カスタマーサービスなど、顧客の問題にすぐ対応できる部署に送ってもよい。モニタリングサービスを提供している企業は多いが、大手はニールセンのバズメトリックスとＴＮＳのシンフォニーだ（どちらも今は世界的な調査会社の傘下に入っている）。二番目の事例では自動車会社ミニの例を使って、ブログモニタリングの威力を説明しよう。

事例紹介に入る前に、一つ注意しておきたいことがある。それは、グランズウェルに耳を傾けるだけでは何にもならないということだ。コミュニスペースやバズメトリックスから送られてくる立派なレポートも、棚に放置するだけなら大金をドブに捨てるようなものだ。得た知識を行動につなげて初めて、傾聴は利益を生む。それが、米国総合がんネットワークやミニの事例が教えてくれることであり、彼らの傾聴戦略が成功した理由でもある。

■事例　プライベートコミュニティを使って耳を傾ける：米国総合がんネットワーク

エレン・ソネットは、ニューヨークのスローンケタリング記念がんセンターのマーケティング担当バイスプレジデントだ。顧客のアイディアに全幅の信頼を置いているエレンは、「マーケターにとって、一番大事なのは顧客の気持ちを理解することです」という。いうだけなら誰でもできる。しかし彼女の話を聞けば、これが口先だけの言葉ではないことがわかるだろう。

エレンは以前、ある製薬会社で市販薬のマーケティングを担当していた。ドラッグストアをまわり、買い物客の行動を観察しては、「あの男性はなぜ、うちではなく、他社の点鼻スプレーを手に取ったのか」と考えた。こうした観察を何時間も続けるうちに、広告やパッケージのアイディアが次々と浮かんできた。

この一〇年間はスローンケタリング記念がんセンターのマーケティング責任者として、新しい手法の開発に取り組んでいる。ご想像のとおり、病院ではマーケターの力はそれほど強くない。病院で一番大きな力を持っているのは医師だ。患者と話をするのも、多くの情報を握っているのも、ものごとを決めるのも医師である。スローンケタリング記念がんセンターでは九〇〇〇人が働いているが、マーケティング業務に従事しているのはエレンを含めて三〜四人に過ぎない。

顧客が感じていることを少しでも知るために、エレンは患者に花を届ける役をかって出る。しかし、そうしたふれあいから学べることは限られている。エレンの立場では、患者と深く関わることはできないからだ。二〇〇三年のマーケティングイベントでダイアン・ヘッサンと会ったとき、エレンが彼女と組もうと決意したのはそのためだった。

ダイアン・ヘッサンはグランズウェルでも指折りの成長企業、コミュニスペースのCEOだ。同社はすでに数百のプライベートコミュニティを立ち上げており、クライアントリストには七五を超える企業が名を連ねている。扱っている商品も、ヘアケアから朝食シリアル、金融サービス、ITアドバイスまで多岐にわたる。コミュニスペースのサービスはシンプルだ。まずはクライアントの標的市場に属する人々（ボディスプレー「アックス」の場合は若い男性、グラクソ・スミスクラインの体重調整薬「アライ」の場合は減量希望者）を三〇〇〜五〇〇人ほど集め、彼らが参加するコミュニティを作る。一般的なSNSと同じように、このコミュニティにもプロフィール、ディスカッションフォーラム、オンラインチャット、写真の投稿機能などが備わっている。普通のSNSと違うのは、リサーチを目的としているところだ。メンバー、コミュニスペースのモデレーター、そしてクライアント以外は、このコミュニティに入ることはできない。

コミュニスペースのコミュニティは、いわば顧客インサイトを得るための傾聴マシンだ。「グランズウェルの箱庭」といってもよい。メンバーへの謝礼は、少額のアマゾンのギフト券であることが多い。メンバーは、週に一時間、このコミュニティで過ごすことを義務づけられているが、それ以外は普段どおりに行動できる。コミュニスペースのコミュニティは一般的な双方向型コミュニティとそっくりなので、メンバーも自然に振る舞うことができる。ここでの会話は、フォーカスグループなどで交わされる、一回限りの堅苦しい会話とはまったく違う。

もちろん、予算の問題がなかったわけではない。コミュニスペースでコミュニティを一つ作るには、最初の六カ月で一八万ドル以上、それ以降は一カ月あたり約二万ドルかかる。エレンの予算はわずかだったが、スローンケタリング記念がんセンターが属する米国総合がんネットワーク（NCCN）には、他にも二〇のがんセンターが属していた。知りたいと思う情報は、どのセンターでもそう変わらない。二年をかけて、エレンは複数のセンターを説得し、共同でコミュニスペースのコミュニティを立ち上げることにした。参加者はコミュニスペースと各センターが共同で募り、三〇〇人以上のがん患者が集まった。そして傾聴が始まった。

リサーチデータ対コミュニティのインサイト

通常のリサーチは、「想定の範囲内」で進む。想定外の答えが出ることはまずない。企業は「テレビがあと六インチ大きかったら、消費者は一〇〇ドルを余分に支払うか」を調べ、「ヒスパニック系住民が新しいテレビCMに反応するか」を確認する。

同じように、エレンもまずはコミュニティに質問を投げかけた。しかし、すぐに想定外の答えが返ってきた。NCCNのがんセンターがプライベートコミュニティに投げかけた最初の質問は、「治療を受ける病院をどうやって決めたか」というものだった。がんセンターにとって、これ以上に重要な質問はない。

スローンケタリング記念がんセンターの医師たちは、患者が自分たちの病院を選んだのは「評判」のせいだと考えていた。がんを治したい患者が、スローンケタリング記念がんセンターのような、世界的に名の知られた専門病院を選ぶのは当然だ。したがって、スローンケタリング記念がんセンターが一流の病院であることを周知徹底することが、最も重要なマーケティング戦略である——。

答えは「ノー」だ。

がん患者は、企業が取引先を選ぶように病院を決めるわけではない。想像してほしい。あなたはがんを宣告された。ショックを受け、恐怖を感じている。しかも、病気に関する知識はほとんどない。医師にも会ったばかりだ。それなのに、生死を左右する重大な決定を下さなければならない。その決定とは、「どの病院で治療を受けるか」だ。

これがどんな気分か想像できるだろうか？ 参考までに、コミュニスペースのフォーラムに「トレーシー・D」が書き込んだコメントを紹介しよう。※6

みんなもわかると思うけど、がんと告げられたときは、すごく動揺する。恐怖とか、いろんな感情と戦いながら、必死に情報を集めるの。ネットには本当にお世話になったけど、一番感謝しているのは（主治医が）主導権を握って、どの病院で治療を受けるべきかを指示してくれたことね。病院選びに関しては、ほとんど議論はなかった。そもそも、当時の私には議論できるだけの知識もなかった。

トレーシーのように、がん患者の半数以上は治療を受ける病院を選ぶ際に、「かかりつけ医」の推薦が一番重要だったと答えている。通常、こうした医師は患者を何年も診ており、患者の信頼を得ている。がんと診断され、気持ちがはりつめている時期には、がんセンターがどんなに素晴らしい評判を得ていようと、多くの患者は身近な人の意見に頼る。

エレンのプライベートコミュニティは、すでに効果を発揮していた。スローンケタリング記念がんセンターは、今も患者の高い評価を得ており、マーケティング活動を通して、そのイメージを維持している。しかしエレンの手元には、九〇〇〇人の従業員を抱えるこのがんセンターが、マーケティング手法の転換を迫られていることを示す証拠があった。「患者さんの多くは地域の先生方からの紹介で来院されます。でもこれまでは、地域の先生方との連携は密とはいませんでした」とエレンはいう。この状況を改善するために、エレンは行動に出た。「地域（のかかりつけ医）、泌尿器科医、産婦人科医との関係を改善するためのプログラムを次々と立ち上げたのです」。その結果、状況は変わり始めた。

アンケートに回答する人は、その後の展開をあまり気にかけない。しかし継続的に運営されているコミュニティの参加者は違う。コミュニスペースのコミュニティに参加しているがん患者の七割は、週に一度はコミュニティを訪問する。ギフト券がもらえるからではない。メンバーの三人に二人は、コミュニティからギフト券以上のものを得ていると答えている。たとえば「同じ種類のがんを患っている人と話をすると、がんとうまくつきあっていくための情報が手に入る」という発言は、多くのメンバーから聞かれた。リサーチは一方的だ。しかしコミュニティは（このようなリサーチ目的のコミュニティでさえ)、メンバーに長続きのする価値を提供する。NCCNのコミュニティでは七六のディスカッションが行われたが、モデレーターが主導したのは、そのうちの一八に過ぎない。他のディスカッションはメンバー自身が始めたものだった。

すでに述べたように情報を集めても行動を起こさなければ意味がない。その良い例を紹介しよう。NCCNはがん患者たちに、「診断の結果や治療に関する情報を、どこで入手していますか」とたずねた。八一人のうち七八人は「インターネット」と答えた。一一四人のうち一〇六人は、「インターネットを情報源として他人にも勧める」と答えた。インターネットを利用する人が圧倒的に多いことはわかったが、普通のアンケートでも同じような結果が得られただろう(アンケートに答えてくれるがん患者を見つけるのは難しいかもしれないが)。コミュニティのメンバーはすでにインターネットを利用しているので、ネットへのバイアスも働いたはずだ。

しかしアンケートではなく、プライベートコミュニティを使うことで初めて可能になったこともあった。それは、自分がどんな情報を求めていて、その情報をどのように使ったのかをメンバーが語り合うことだ。次に引用するのは、本章の冒頭で紹介したハーレー乗りの元エンジニア、リン・ペリーが自分のネット活用術を説明した文章の一部である。

質問2:治療方法を調べるために、どんな情報源を使いましたか(あるいは、使っていますか)。

最初はわからないことばかりだったから、ネットを何時間も徘徊した。アメリカがん協会(A

CS）、NCCN、国立がん研究所（NCI）、それから国内の一流病院のサイトを一〇個あまり見たかな。内容はどれも似通っていたが、どの情報も役に立った。今思うと、ACSのサイトが一番、有益だったかも。リソースリンクが充実していて、診断ツールもたくさん載っていたから（中略）MDアンダーソンの治療ガイドラインもダウンロードさせてもらった。

質問3：治療の長期的効果や副作用を調べるために、どんなサイトを見ましたか（あるいは、見ていますか）。

（a）この種の情報の大半は（2）で挙げたサイトにも載っていたが、自分が調べていた薬や化学療法薬のメーカーのサイトを利用するほうが多かった。腫瘍学者向けのサイトや学会誌、ヨーロッパの腫瘍関連のサイトも読んだよ。

質問4：総合的に見て、どの情報源が最も有益でしたか。役に立たなかった情報源も教えてください。

（a）（中略）特に助けになったのは、ACS、NCCN、NCI、MDアンダーソンのウェブサイトの「検索」機能、そしてMDアンダーソンの治療ガイドラインだ。このガイドラインはPDFでダウンロードできる。

普通のアンケート調査では、このような情報（リン・ペリーがネット上でがん情報をどうやって集めたか）は得られない。グランズウェル的思考を調査に取り入れることで、はるかに詳細な情報を引き出せたのだ。

多くの医師は、インターネットを忌み嫌っている。患者がネット上で集めてくる情報の中には、根拠のないものも含まれているからだ（ある患者はネットで見つけた情報を医師に伝えたところ、「ネットを使うのはやめなさい！」と一喝されたという）。しかし最近は、NCCNの医師たちもインターネット戦略の必要性を実感し、コミュニスペースのコミュニティを使って打つべき手を模索している。

エレン・ソネットの目下の目標は、がんセンターのウェブリソースを充実させることだ。エレンはがん患者が最もよく利用しているサイトはACSなどのがん団体のサイトで、その次がウェブMD（WebMD）のような医療情報サイト、その次ががんセンターのサイトであることを知っている。がんに関する情報を検索する際にどんなキーワードが使われているのかもわかっている（コミュニスペースのプライベートコミュニティで質問したので）。たとえば「乳房　がん」といったキーワードで検索する人が多いことは想像できると思うが、「転移」という言葉で検索する人が多いことは意外ではないだろうか。エレンはこうした知識を使って、がんセンターのサイトをがん患者の情報検索の起点と終点にしたいと考えている。そうすればセンターに親近感を持つ患者も増えるだろう。

聞くことの力

エレン・ソネットは、「医師の世界のマーケター」という弱い立場から変革に乗り出した。患者のコミュニティを立ち上げることで、エレンは情報という武器を手に入れた。これには副次的な作用があった。それは、エレンに対する敬意が高まったことだ。

「最初はマーケティングプロジェクトとして始まったものが、今は臨床研究のような雰囲気をただよわせています」と彼女は語る。臨床医や研究者に混じって、医学会議でリサーチ結果のポスターセッションを行ったこともあるという。

プライベートコミュニティの責任者として、院内の意思決定に参加する機会も増えた。ある時、エレンは経口化学療法薬の服用状況調査を計画している看護師と会った。「フォーカスグループを使うつもりだったようですが、予算を獲得し、準備を整え、メンバーを募集していたら、それだけで半年はかかってしまいます。そこでコミュニティを使ったところ、わずか二週間で調査は完了しました。しかも追加支出はゼロです（コミュニスペースのコミュニティ内で調査する分には追加コストはかからない）」。情報の泉を持つ者は、大きな影響力を持つようになる。

こうした変化は珍しくない。むしろ一般的だ。たとえばユニリーバでは、アリソン・ゼレンという女性が北米市場におけるデオドラント商品のマーケティングを担当している。アリソンはボディスプレー「アックス」の標的顧客（若い男性）を研究するために、プライベートコミュニティを立ち上げた。エレンと同じように、アリソンも顧客を知りたい、若い男性の思考回路を理解したいと考えていた。そこでコミュニティのメンバーに自室の写真を投稿してもらい、普段と同じ言葉遣いで、音楽から女の子のことまで、何でも好きなことを語ってもらった。ご想像どおり、話題は異性に集中した。この研究の結果、アックスを「女の子にモテるためのボディスプレー」と位置付け、若い男性が親しみを感じるような言葉遣いと設定で、彼らに語りかける広告を作る必要があることがわかった。アリソンは、この発見をもとに行動した。広告は狙いどおりの効果を上げた。それも当然だ。彼女は今や、若い男性の思考回路を知り尽くしているのだから。

もう一つの効果は、エレン・ソネットの場合と同じように、アリソン自身への注目が高まったことである。『ボストン・グローブ』から『アドバタイジング・エイジ』まで、さまざまなメディアが彼女を取り上げた。『アドバタイジング・エイジ』には「アックスの立役者は男のように考える女性」と題したインタビュー記事が載った。[※7] 顧客の反応が知りたいときに、いつでも利用できるコミュニティがあることは大きな武器になる。

今では多くの企業がプライベートコミュニティを利用している。それは、こうしたコミュニティが単なる情報ではなく、すぐに活用できる知見を与えてくれるからだ。金融サービス会社のチャールズ・シュワブは、プライベートコミュニティを使ってX世代の投資家の発想を探り、この世代の人々が当座預金口座の開設を機に投資を考え始めることを発見した。そこで同社は高利回りの当座預金サービスを作り、サイトのデザインを一新した。その結果、X世代の投資家は前年比三一%も増加した。[※8] 中小企業にドメイン名やウェブデザインソリューションを販売するネットワーク・ソリューションズも、中小企業経営者向けのプライベートコミュニティを立ち上げた。その結果、マーケティングサイトの言葉遣いが、顧客に違和感を与えていることがわかった。同社はウェブデザインツールの柔軟性と使い勝手を大幅に改善したが、その際もコミュニティで事前テストを行った。その結果、複数の指標で顧客満足度が一〇%上昇した。財布の紐の堅い中小企業経営者に月次課金サービスを提供している企業にとって、顧客満足度の上昇は重要な意味を持つ。

このように、自社専用のコミュニティ——聞きたいことを顧客にたずねられる場——を持つことには大きな利点がある。しかし、プライベートコミュニティはグランズウェルに耳を傾けるための一つの方法に過ぎない。もう一つの方法は、グランズウェル全体の会話に耳を傾けることだ。次の事例では、「ブランドモニタリング」という手法を紹介しよう。

■事例　ブランドモニタリングを通して耳を傾ける：ミニUSA

二〇〇六年、トルーディ・ハーディは興味深い課題に直面した。ミニUSA（BMWのミニ・クーパーの米国法人）のマーケティング責任者だった彼は、この愛らしい小型車の魅力を市場に伝える方法を探していた。フォルクスワーゲンやホンダといったライバル企業は、小型車の新モデルを次々と発表していた。自動車業界では、すべてが新モデルを中心に回る。新モデルを報じる記事が出て、それが消費者の間で話題になり、売り上げを生み出す。だが、この年に出たミニの新モデルはなかった。五年前に新型「ミニ」が登場してから、市場シェアは急速に伸びていたものの、現在の成長路線を維持するためには何らかの施策が必要だった。

新型ミニのデビュー以来、ずっと世話役として関わってきたトルーディは、この車に絶対の自信を持っていた。ミニという車を、オーナーたちがいかに愛しているかも知っていた。しかし、オーナーたちはミニの何を気に入っているのか？　どうすれば、彼らの情熱を活用できるのか？　こうした問いに答えるために、トルーディはミニがネット上でどのように語られているのかを観察することにした。人々の会話に耳を傾けることで、二つの利益が得られた。一つは、オーナーの気持ちを理解できるようになったこと、もう一つは、バズ（商品やサービスをめぐるうわさやざわめき）を観察することで、マーケティングの効果を測定できるようになったことだ。

斬新なアイディア――既存顧客を対象としたマーケティング

まずはミニのオーナーが、ネット上の会話に参加する可能性を調べる必要がある。ある程度の母数がなければ、観察する価値のあるバズは発生しない。図5‐1はミニのオーナーと、競合する二つのブランド（ホンダとフォルクスワーゲン）のオーナーのソーシャル・テクノグラフィックス・プロフィールを示したものだ。この図を見ると、これらの車のオーナーはアメリカの成人オンライン消費者の平均より、創造者や批評者型の活動に参加する確率が高いため、耳を傾ける価値は十分にあることがわかる。

ミニと広告代理店のバトラー・シャイン・スターン＆パートナーズが、「ミニ」ブランドに関するバズを観察するために選んだパートナーは、モティーブクエスト（MotiveQuest）だった。ブランドモニタリングサービスを提供している企業は他にもある（ニールセンのバズメトリックス、ＴＮＳのシンフォニーなど）。どのサービスもブログはもちろん、ディスカッショングループ、フォーラム、マイスペースなどを自動で監視し、特定のブランドに関するネット上の会話を追跡する。料金は企業によって違う。モティーブクエストは最も高い部類に入り、プロジェクトあたりの料金は平均七万ドルだ。競合他社も何千ものコメントやブログ記事を分析し、好意的な書き込みと否定的な書き込みを判定するサービスを提供しているが、モティーブクエストはそのさらに先をいっており、人々の反応を「ひらめき」「怒り」「憎しみ」「リラックス」「興奮」など、五〇〇種類の感情表現に分類する。これは同社がノースウェスタン大学ケロッグ経営大学院のマーケティング研究者たちと共同で開発した手法だ。

モティーブクエストによる分析は二〇〇六年半ばに始まった。当初、モニタリング対象ブランドの中で最も多くの話題を生み出していたのはフォルクスワーゲンの「ジェッタ」で、ミニは次点だった。

ミニに関するコメントが好意的である可能性は、否定的である可能性より四倍高かった。さらに分析を進めていくと、ある重大な事実が判明した。ミニのオーナーは、平均よりコミュニティ活動（写真を共有する、地元のクラブに参加する、など）に参加する可能性が大幅に高かったのだ。ミニのオーナーの典型的なコメントを紹介しよう。[※9]

僕自身は、他のカー・カルチャーの経験はない。でも別の車にはまっている友人によれば、ミニのオーナーには同じようなカルチャーを感じるが（どちらも自分の車に夢中）、まったく違うところもあるという。ミニのカルチャーは「車」という枠を越えているように見えるそうだ。たしかにミニのオーナーは、個人的にもすごく仲良くなることが多い。

3社の車のオーナーは、アメリカの平均よりも創造者型および批評者型の活動に参加する可能性が高い。3社のオーナーを合算しているのは、ミニのオーナーのサンプルが少なく、単独では有意な結論を出せなかったためである。またホンダとフォルクスワーゲンはミニ自身が競合とみなしている。

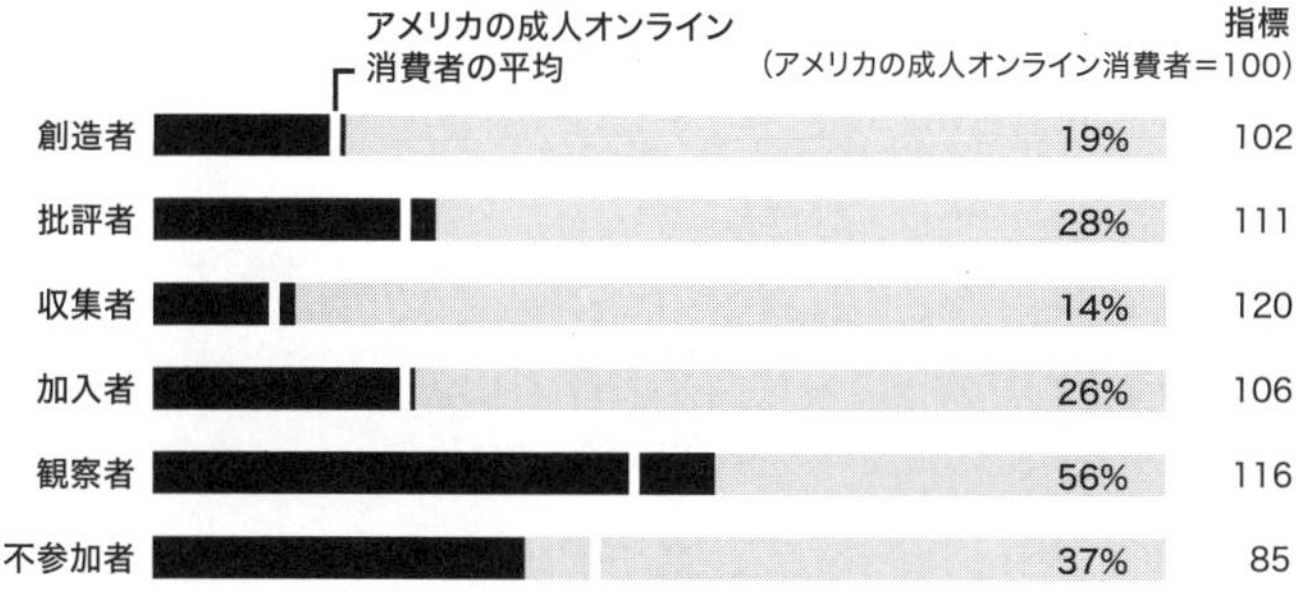

統計ベース：アメリカの成人オンライン消費者

出典：Forrester's North American Social Technographics Online Survey, Q2 2007

図5-1　ミニ、ホンダ、フォルクスワーゲンのオーナーのソーシャル・テクノグラフィックス・プロフィール

カマロのオーナーが馬力を語り、レクサスのオーナーが優雅なスタイリングを語るように、ミニのオーナーは自分たちを同じ会員制クラブのメンバーとみなす。この風変わりな小型車の初代オーナーたちは、「ミニのオーナー」という共通点で固く結ばれていた。

ミニをクライスラーのPTクルーザーやフォルクスワーゲンのビートルのような、数年はもてはやされても、すぐに忘れ去られてしまう車にしないためには、コミュニティを強化し、オーナーをブランドの伝道師に変える必要があった（この手法を「活性化」と呼ぶ。詳細は第七章を参照）。JDパワー＆アソシエイツが二〇〇六年に実施した自動車の顧客満足度調査では、「自分の車を他者に推薦する」という項目において、ミニは並みいるブランドを押さえて首位に立った。※10

この情報を踏まえ、トルーディとミニの広告代理店は思い切った判断を下した。それは、「潜在顧客ではなく、既存顧客に働きかける」というものだ。考えてみてほしい。世界の自動車会社はどこも、新車を買ってもらうためにマーケティング予算を使っている。すでに車を購入した客は利益を生み出さない。サービス保証を消費し、コストを生み出すだけだ。そんな存在に金を投じるのは勇気がいるが、既存顧客に働きかけてクチコミの伝播を狙うというのは、極めてグランズウェル的な思考でもあった。

トルーディは次のように述べている。「（ミニでは）勇気を出して、新しいことに挑戦できました。（以前に勤めていた）ジャガーでは、このようなことは難しかった。他の社員を説得し、新しいことに挑戦してもらうことはできませんでしたし、前例のないアプローチを支持してもらうことも不可能でした」。ミニが始めた斬新な広告キャンペーンは広告業界を当惑させたものの、オーナーたちの心はつかんだ。ミニはオーナーに「暗号解読キット」を郵送し、続いて、そのキットを使わなければ読むことのできない、暗号化メッセージを載せた広告を打った。そしてオーナーだけが参加できるラリー「ミニのアメリカ横断(Mini Takes the States)」を全国で開催した。キャンペーンは成功した。少なくとも、バズを起こすという意味では成功だった。一年間に三万八〇〇〇台のミニが売れ、三〇〇〇人以上のオーナーが関連イベントに参加し、フリッカーには二一〇〇枚以上の写真が掲載され、ユーチューブには八本のビデオが投稿された。ミニが既存顧客に送った暗号解読キットについて、あるオーナーは次のように述べている。

なるほど(笑)。これは頭を使わないと、理解できないな！　でもミニのオーナーは頭のいい人が多いから問題ないか……(笑)。情報ありがとう。助かったよ！

モティーブクエストによるバズ測定の結果、既存顧客へのマーケティングは効果を上げていることがわかった。オーナーたちは会話を始めた。しかし、こうした会話は売り上げにつながったのだろうか？

バズと売り上げの関係

どの業界でも、ネット上の会話と売り上げの相関関係を示す証拠は(まだ)ない。しかしモティーブクエストなどの企業や研究者たちは、適切な測定手法を使えば、ネット上のクチコミが売り上げの先行指標になることを証明しつつある。

モティーブクエストのCEOデビッド・ラブジョンズは携帯電話メーカーと仕事をした際、携帯電話の市場シェアが伸びるときは、その一、二カ月前から、その機種に関する好意的なコメントが増えることに気づいた。そしてノースウェスタン大学のジャクリン・トーマス教授のチームと組み、複数の業界を対象に、両者の相関関係を明らかにする研究に乗り出した。

ミニの月次売上データにも、同じパターンが現れていた。モティーブクエストとノースウェスタン大学のチームは新指標「オンライン・プロモーター・スコア（OPS）」を作った。OPSは、ネット上の会話が「推薦」につながる可能性を示している。ミニの二〇〇六年二月から八月の売上データからは、オンライン・プロモーター活動が盛んになると、翌月の売り上げは増え、活動が減ると、売り上げは下がるというパターンがはっきりと見て取れた。

八月を過ぎると、この動きに変化が出てきた。一つの理由は、その前に実施した既存顧客向けのマーケティングが効き、ミニに関するクチコミが急増したことだ。時を同じくして、ミニの新モデルがまもなく出るといううわさが流れた。こうしたうわさは新モデルを待つ雰囲気を作り、直近の売り上げを冷え込ませる恐れがあったが、二〇〇六年のミニの総売上高は前年比四％減にとどまった。わずかに減少したのは生産管理上の問題だとターディは考えている。新モデルのない年にしては、素晴らしい数字だ。ミニは何とか二〇〇六年を乗り越えた。既存顧客に働きかけ、グランズウェルの反応に耳を傾けたことが、その一助となったことは間違いない。

■グランズウェルに耳を傾ける理由

聞くこと（傾聴）ほど、ビジネスに不可欠でありながら、無視されてきた能力はないだろう。一つの原因は、そのための簡便な方法がなかったことだ。そのため、企業は「市場調査」という極めて限定的な形でしか、顧客の声を拾ってこなかった。しかしグランズウェル時代においては、聞くことはたやすい。聞かないことは、今や罪ですらある。

プライベートコミュニティを立ち上げるにせよ、ブランドモニタリングサービスを利用するにせよ、社内のリソースと簡単なツールを使って、初歩的な傾聴を行うにせよ、重要なのは聞き始めることだ。なぜか？　理由は六つある。

□一　ブランドが象徴しているものを知る

企業が伝えたいメッセージと、人々が話している内容は一致していないかもしれない。ミニUSAにとって、「ミニ」ブランドは「モータリング」という経験を実現するためのスマートで粋な方法だった。この認識は正しかったが、ブランドモニタリングによって、初めてわかったこともあった。それは、ミニというブランドが「コミュニティ」を象徴していたことだ。ブラジルのブランド理論家リカルド・ギマランイスの言葉を信じるなら、ブランドとは何かを決めるのは消費者だ。人々は何といっているのだろうか。これは従来型のメディアだけでなく、グランズウェルに語りかける方法にもあてはまる（このテーマに関しては第六章を参照）。

□二　バズの変化を捉える

傾聴を始めると、ベースラインができる。さらに傾聴を続けていくと、会話の変化に気づく。競合企業が人々の話題をさらうこともあれば、製品のスタイルより、価格の高さが話題になることもある。アンケート調査では、こうした変化はぼんやりとしか捉えられないが、グランズウェルに耳を傾けていれば鮮明な図を描くことができる。しかも週ごと、時には日ごとの変化を追えるのだ。バズが売り上げの先行指標になることが証明されつつあることを考えると、バズの変化には注意を払ったほうがよい。そうすれば問題を抱えている顧客を見つけ、問題の解決を手伝うこともできる。たとえばデルはビジブルテクノロジーズ（Visible Technologies）と組んで、ブログとフォーラムをサポートに活用している。グランズウェルを顧客サポートに活用する方法は第八章を参照してほしい。

□三　コストを抑えながら、リサーチの精度を高める

アンケート調査を定期的に実施するためには、かなりの予算が必要になる。リサーチ予算があるなら、その一部は傾聴に回すべきだ。コミュニスペースなどが提供するプライベートコミュニティは、一度立ち上げてしまえばカスタム調査よりずっと早く調査結果を集められる。プライベートコミュニティでは、「理由」をたずねることも可能だ（通常のアンケート調査では、答えが決まっていない質問はしにくい）。ブランドモニタリングは従来のリサーチに取って代わるものではないが、リサーチによって明らかになった傾向を、さらに詳しく分析することができる。

□四　インフルエンサーを特定する

誰が製品の話をしているのか？　影響力を持っているのはブロガーか、ディスカッションフォーラムか、ユーチューブのビデオを閲覧している数千人の人々か？　マイスペースに開設したプロフィールに注目したのは誰か？　バズロジック（BuzzLogic）などのモニタリング会社を使えば、大き

な影響力を持つ人物（インフルエンサー）を特定できる。インフルエンサーが見つかったら、働きかける。これを、グランズウェルを「活気づける」という（第七章参照）。

□五　広報上の危機に対応する

グランズウェルに耳を傾けていれば、たとえグランズウェルに攻撃されることになっても（例：ユーチューブに批判ビデオが投稿される、否定的なブログ記事があふれる、フォーラムで悪評が立つ）、その動きを事前に察知できる。ブランドモニタリングが早期警戒システムの役割を果たし、収拾のつかない事態に発展する前に手を打てるようになる。危機的状況ではスピードが命だ。

□六　新しい製品やマーケティングのアイディアを得る

企業の製品やサービスを日常的に使っている。顧客は、製品やサービスを改善するためのアイディアを豊富に持っており、そうしたアイディアを企業に無償で提供してくれる。リン・ペリーのように、サービスを効率化する方法を教えてくれる顧客もいれば、新しい機能やパッケージを提案してくれるブロガーもいる。ディスカッショングループでは消費者が、効果的なマーケティングメッセージや店舗のアイディアを語っているかもしれない。耳を傾けるだけで、企業はこうしたアイディアのすべてにアクセスできるのだ。顧客の力を製品開発やマーケティングに活用する方法は第九章で詳述する。

■傾聴計画を立てる

グランズウェルに耳を傾けることを決意したら、まずは何をすべきか？　我々の経験では、傾聴はリサーチ部門かマーケティング部門から始まり、やがて組織全体に広がっていくことが多いようだ（事例は第一〇章を参照）。ここでは傾聴戦略を成功させるための具体的なアドバイスをいくつか挙げよう。

□顧客のソーシャル・テクノグラフィックス・プロフィールを調べる

顧客がすでにグランズウェルにいるなら、傾聴は特に高い効果を上げる。まずは顧客の中に創造者と批評者がどのくらい含まれているかを調べよう。その数が多ければ（一五％以上）、ブランドモニタリングは市場の声を聞くための有効な手段になる（ほとんどの自動車ブランドは、このグループに入る）。創造者と批評者の数が非常に多い場合は（三〇％以上）、ブランドモニタリングは必須だ（ほとんどのテクノロジー製品やサービスは、このグループに入る）。創造者と批評者の割合が一五％未満の場合は（顧客の平均年齢が高い場合など）、ブランドモニタリングをしても一部の顧客の声しか聞くことはできない。そうした情報も有益ではあるが、主流の意見でないことは肝に銘じておこう。この場合はブランドモニタリングよりも、プライベートコミュニティを利用したほうがいいかもしれない。

□小さく始めて、大きく考える

多くのブランドを持つ大企業の場合、全ブランドを網羅したモニタリングプログラムを実施しようとすると、あっという間に数百万ドル規模の予算が必要になる。まずは一つのブランドを選ぼう。

特定のブランドや顧客セグメントを分析する場合は、プライベートコミュニティも役に立つ。ユニリーバのアリソン・ゼレンは、デオドラントブランドのマーケティング戦略を立てるために若い男性のコミュニティを作った。問題は、こうしたプログラムが役に立つことがわかると、すぐにプログラムを拡張しようとする企業が出てくることだ。傾聴プログラムの費用や複雑さが急に五～一〇倍になったらどうなるかを考えてほしい。そんな大規模なプログラムを誰が、どうやって管理するのか？　ベンダーは対応できるのか？　プログラムの規模を拡大するなら、まずはこうした問題を考え抜く必要がある。

□経験豊富な専任チームをつけてもらう

モニタリングやコミュニティサービスを提供している企業はベンチャーであることが多いため、サービスを売り込んでくるのはCEO本人か、マーケティングやセールスの責任者であることが多い。彼らは切れ者だ。しかし、他のスタッフもそうだろうか？　「自社を担当するチームと担当アナリストの質に注意すべき」と指摘するのは、フォレスター・リサーチのアナリストで、ブランドモニタリングに詳しいピーター・キムだ。[※11]企業にとって、グランズウェルは初めて経験する新しい世界だ。経験豊富なチームの助けがなければ、情報を適切に提供・管理し、結果を正しく理解することは難しい。

□集めた情報を解釈し、他のデータと統合する仕事は上級社員に担当させる

数十万ドルをかけてコミュニティを作り、モニタリングサービスを利用しても、集めた情報を活

用できないなら意味がない。それは自家用ジェットを買ったのに、どこに停めたかを忘れてしまうようなものだ。グランズウェルに耳を傾ければ顧客インサイトを得られるが、それは向こうから勝手にやってくるものではない。集めた情報は適切に管理する必要がある。分析レポートを読み、ベンダーと交渉し、どんな情報を集めるべきかを的確に判断するためには、少なくとも一人の専任スタッフがいる。このスタッフは傾聴を通して得られた情報を、他のシンジケート調査、アンケート調査、フォーカスグループの結果などと統合し、市場の全体像を描き出す。マーケティング部門や製品開発部門、その他のブランドの関係者とも早晩、連携しなければならなくなるだろう。その結果、スローンケタリング記念がんセンターのエレン・ソネットと同じように、このスタッフは一目置かれる存在になる。

■傾聴が組織を変える

グランズウェルに耳を傾けることで組織は賢くなっていくが、同時に何らかの変化も経験することになる。ひとたびグランズウェルに耳を傾け、そこから得た情報をもとに行動するようになれば、どんな組織も以前と同じではいられない。

まずは組織内の権力構造が変わる。マーケターや開発チームの情報源となってきた市場調査部門は脇に追いやられ、リサーチ部門であれ、マーケティング部門であれ、傾聴を担当している部署が組織の意思決定を左右するようになる。スローンケタリング記念がんセンターのエレン・ソネットが経験したように、マーケティング部門やリサーチ部門が製品開発に大きな影響を及ぼし始める。当然、こうした変化は製品開発を担ってきたグループとのあつれきを生み出す。傾聴の結果を、他部門が理解できる形にまとめる必要があるのはそのためだ。得た知識を伝えること、つまり知見を具体的な変化につなげることが傾聴担当者の仕事になる。

二番目の変化は、顧客からすぐに情報を引き出せるようになると、それがやみつきになってしまうことだ。テレビ局や小売業者も視聴率やＰＯＳデータを通して、消費者の反応をほぼリアルタイムで得てきた。こうした企業は短期的なデータと長期戦略のバランスを取る方法を学んできたが、グランズウェルから得られる情報は単なる数字ではない。対象となる業界もずっと広い。傾聴が社内で果たす役割が大きくなってきたら、集めた情報は経営に活用しよう。たとえば小売業者なら、仕入や商品に関する意思決定に傾聴担当者を関わらせ、ブランド企業なら、広告戦略の検討会議に傾聴担当者を出席させるようにする。

三番目の変化は「愚行」が一掃されることだ。どの企業にも、ばかげた製品、無意味な方針、奇妙な習慣といったものがある。こうした愚行は、なかなかなくならない。重役がそれを擁護していたり、社内のプロセスやシステムの一部になっていたり、それが伝統だったりするからだ。たとえば、何もかんでもリーガルチェックをかけるので、取引がいつも一日遅れになる企業がある。この二年間、リーガルチェックで問題が見つかったことは一度もなくても、この企業はこの習慣を捨てられない。サービス担当者が四時間以内に出張対応するという約束が、七五％しか守られていない企業もある。グランズウェルに耳を傾けていると、こうした愚行は容赦なく暴かれる。企業のやり方に対して、顧客が痛烈だが的を射た文句をいえるようになれば、しかもそうした文句を測定し、定量的に分析できるようになれば、問題を無視することは難しくなる。顧客の批判の前では、愚かな方針や製品の支持者たちも姿を消す他ない。

グランズウェルと関わる方法の中では、傾聴が一番簡単だと思うかもしれない。聞くことはリスクが少ない。会話に参加する必要もない。しかし聞くことは会話の一部だ。そして会話には必ず、話すことが含まれる。グランズウェルに耳を傾けたあとで、従来のメディアや広告を通して話をしようとすることは、友だちがささやいた秘密にメガホンで答えるようなものだ。企業の声を聞いた人々は当然、グランズウェルの中で返答しようとする。それはブログを書くことかもしれないし、ユーザー生成コンテンツを投稿することかもしれないし、コミュニティを立ち上げることかもしれない。つまり、グランズウェルに耳を傾けたら最後、グランズウェルと話をする日はそう遠くないのだ。

次章では会話のもう一つの側面――「話をすること」を取り上げ、聞き手としてだけでなく、話し手としてグランズウェルに参加する方法を解説する。

第六章　グランズウェルと話をする

経営コンサルタントのスティーブ・オグボーンは、十代の三人の子どもたちとシカゴ郊外で暮らしている。ガジェット情報が充実している「エンガジェット（Engadget）」は、お気に入りのブログの一つだ。二〇〇七年の夏、いつものようにエンガジェットを読んでいた彼は、ぎょっとするものを目にした。

アップルから発売されたばかりの大人気ガジェット「iPhone（アイフォーン）」をブレンダー（料理用ミキサー）につっこんでいる馬鹿者がいたのだ。※1 エンガジェットに載っていたビデオには、白衣を着て、保護ゴーグルをかけたオタク風の男が映っていた。ブレンダーの中のiPhoneは、一分も経たないうちに大量の粉（男によれば「アイスモーク」）と化した。

その後、スティーブは二つのことをした。

まずはビデオで紹介されていたサイト「ウィル・イット・ブレンド」(willitblend.com)にアクセスし、ホッケーのパックや模造ダイヤなど、およそキッチンには似つかわしくないものがブレンダーで粉砕される様子をビデオで観た。

次に、あるアイディアが頭に浮かんだ。子どもたちはスムージーが大好きだ。「あの子たちは、果物で生きているようなものです」とスティーブはいう。今使っているブレンダーは粉砕力が今一つだったので、彼はビデオで使われていたブレンダーの詳細を「ウィル・イット・ブレンド」で調べた。iPhoneを粉砕したブレンダーは三九九ドルだった。「最初は高すぎると思いました」とスティーブはいう。ところがネットをくまなく検索しても、ブレンドテック(Blendtec)のブレンダーを三九九ドル以下で売っているところはなかった。スティーブは結局、果物好きの子どもたちのために、過去に買ったどのブレンダーよりも高いブレンダーを注文することにした。

同じことを考えた人間は他にも大勢いたようだ。ブレンドテックのビデオシリーズ「ブレンドできるかな?(Will It Blend?)」がユーチューブなどの動画サイトに登場してから、同社の売り上げは二〇%も増えた。どんな天才が、このマーケティング計画を考えたのだろうか?

男の名前はジョージ・ライト。ブレンドテックのマーケティングディレクターだ。といっても同社に入るまでは消費者マーケティングはおろか、ビデオの経験さえなかったのだから、グランズウェルのヒーローにはとても見えない。

ある時、ジョージは会社の検査室の床におがくずが散乱しているのを見た。ブレンダーの強度を試すために、技師が角材を粉砕していたのだ。ジョージは目を見張った。「これはすごい。他の人にも見せなければ」。ブレンダーで思いもよらないものを粉砕し、そのビデオをネットで公開するというアイディアを思いついたのは、その翌日のことだった。最初の五本のビデオの制作費は合わせて五〇ドルだった。ビデオがブレンドテックのウェブサイトに掲載されると、ウェブに詳しいレイ・ハンセンがURLをディグに投稿した。このちょっとした宣伝のおかげで、ブレンドテックのビデオは大きな注目を集め、わずか一週間で六〇〇万回も再生されることになった（ビデオに登場するオタク風の男性はCEOのトム・ディクソンだ。ビデオがユーチューブで大人気を博しているとジョージから聞いたとき、トムは「何チューブだって?」と聞き返したという。彼はビデオが自社のサイトに載ることは知っていたが、ユーチューブというビデオ共有サイトの存在はまったく知らなかった）。ビデオの話題は、すぐに音楽専門チャンネルVH1と朝のニュース番組「ザ・トゥデイズ・ショウ」で取り上げられた。CEOのトムは、ジェイ・レノの人気トーク番組「ザ・トゥナイト・ショウ」にも出演した（粉砕された熊手を見て、司会のジェイは「毎日の食事に繊維が足りない方は、ぜひお試しください」と冗談をいったという）。[※2] ビデオの再生回数は、またたく間に六〇〇〇万回に達した。

ジョージ・ライトとブレンドテックは一台のビデオカメラと数ドルの商品を使って、一つの消費者ブランドを作り上げた（iPhoneには多少コストがかかったかもしれないが、テレビCMを撮り、広告枠を購入する費用に比べれば何でもない）。ブレンドテックはグランズウェルのバイラル効果を利用して、マーケティングメッセージを市場に伝えることに成功した。ジョージは自分なりのやり方で、グランズウェルと話をする方法を発見したのだ。

■マーケティングと会話の違い

もちろん企業はこれまでも、あらゆる方法で人々に語りかけようとしてきた。これはマーケティング部門の仕事だ。代表的な方法は広告と広報だが、これは最も高額な方法でもある。

プライスウォーターハウスクーパースの調査によると、二〇〇六年の広告支出は世界全体で四〇〇〇億ドルを超えていた。※3 その大部分はテレビCMへの支出だ。テレビCMというのは一方的に叫ぶことであって、話をすることではない。広告は繰り返すことで効果を上げる。二大指標はリーチ（到達率＝叫び声を聞いた人の総数）とフリークエンシー（到達回数＝一人の人が叫び声を聞いた回数）だ。そして対象はマス、つまり一般大衆である。「今回は主に男性にリーチしたいから、フットボールの試合に広告を出そう」——広告ではせいぜい、この程度の絞り込みしかできない。

一方、広報の目標は自社の話題をメディアに無料で取り上げてもらうことだ。広告会社は（何と今も！）クライアントの取引や業績に関するプレスリリースを、こうした情報を記事にしてくれそうな記者や「インフルエンサー」に配信している（「マクドナルドはトランス脂肪の削減に取り組んでいます」、「トヨタの売上高が三％上昇しました」など）。そして『ウォールストリート・ジャーナル』やCNNの番組、業界誌などが、こうした事実を取り上げてくれることを期待している。

このプロセスには何かが欠けている。それを示したのが図6-1だ。消費者が商品を認知し、購入し、忠実な顧客となるまでのプロセスは、古くから「マーケティング・ファネル」という比喩で表現されてきた（「ファネル」はじょうごの意）。企業は大声で叫ぶこと、つまり広告を打つことで人々をファネルの入り口（大きく開いているほうの口）に集める。人々がファネルの中に入ったら、購入の段階まで進んでもらえるよう働きかける。うまくいけば、人々はファネルの反対側の口から顧客となって出てくる。

市場に商品があふれ、企業が人々の関心を奪い合っている現在では、大声で叫んでもほとんど効果はない。しかもファネルの中にいる人には、叫び声はまったく届かないのだ。フォレスター・リサーチのマーケティングアナリスト、ブライアン・ヘイヴンはこの問題を分析し、二〇〇七年にレポートを発表した。このレポートで彼は次のように述べている。「ファネルの比喩はもう通用しない。現実を直視しよう。消費者を導き、会話をリードしているのは、もはやマーケターではない」[※4]。ある商品の存在を認知した消費者は、これまでとは違う行動を取る。そう、お互いから学び始めるのだ。ソーシャルテクノロジーはクチコミの力を強化した。その結果、普通の人々が大きな影響力を持つようになり、従来型のマーケティングは価値を失いつつある。二〇〇六年末にフォレスター・リサーチがオンライン消費者を対象に実施した調査では、回答者の八三％が友人や知人の推薦を信じると答えた。見ず知らずの人のオンラインレビューを信頼すると答えた人も半数以上に上った。一方、広告に対する信頼は急降下を続けている。[※5]

ファネルの中の人々はブログで、ディスカッションフォーラムで、SNSで会話をしている。こうした場に企業が参加することは不可能ではないが、大声で叫んでも人々を振り向かせることはできない。人々の耳を捉えるものは会

伝統的なマーケティング理論では、消費者は広告などの認知度向上策によって、ファネルの大きく開いているほうの口に集められる。ファネルに入った消費者は、さまざまな段階（検討、選好、行動など）を経て、ファネルの反対側の口から顧客となって出てくる。マーケターはファネルの中間段階で起きることにほとんど影響を及ぼせないが、グランズウェルの影響を最も受けるのはこの部分である。

図6-1　マーケティング・ファネル

話だ。フェイスブックなどのＳＮＳにプロフィールを開設すれば、人々はコメントを寄せ、企業からの返信を期待するだろう。ブログを立ち上げれば、読者はコメントを投稿し、企業が自分のコメントに注意を払ってくれると考えるだろう。こうした会話は手間がかかるが、ファネルの中の人々（コメントをした本人だけでなく、コメントはしないが、他者のコメントは読んでいる人々）に影響を及ぼすことができる。

ブレンドテックはこの点を理解していた。ジョージ・ライトは「ウィル・イット・ブログ」で実演会の場所と時間を告知し、ブレンダーで粉砕してほしい物のリクエストを受け付けている（ｉＰｈｏｎｅも読者のアイディアだった）。ジョージは一方的に叫んでいるわけではない。人々と話をし、人々の反応に耳を傾けている。

■グランズウェルと話をする方法

グランズウェルと話をする方法はたくさんある。ここでは話をシンプルにするために、最も一般的で効果的な方法を四つ紹介しよう（各方法の詳細は後述）。

□一　バイラルビデオを投稿する

ネットにビデオを投稿し、公開する。ブレンドテックが使ったのは、この方法だ。

□二　ＳＮＳやユーザー生成コンテンツサイトに参加する

マイスペースのようなＳＮＳに参加すれば、ブランドのリーチを簡単に拡張できる。もっとも、それを会話につなげるにはもうひと工夫が必要だ。

□三　ブロゴスフィアに参加する

幹部や一般社員にブログを書いてもらう。この戦略を実行するときは必ず、ブロゴスフィアの他のブログにも耳を傾け、反応するようにする。ブログとプレスリリースは違う。本章ではブログの活用事例として、HPの事例を紹介する。

□四　コミュニティを作る

コミュニティは顧客と交流し、顧客に価値を提供するための強力な手段だ。一方的に叫ぶのではなく、人々の言葉にも耳を傾けるなら、コミュニティを通してマーケティングメッセージを伝えることもできる。プロクター&ギャンブルの少女向けコミュニティ「ビーイングガール」の事例を紹介する。

■バイラルビデオが会話を生み出す

ジョージ・ライトとブレンドテックがビデオ「ブレンドできるかな?」シリーズを作ったのは認知度向上のためだった。要するに、広告キャンペーンの代わりだ。このビデオの目的はファネルの入り口に人々を集めることだった。

バイラルビデオは消費財だけでなく、企業向け製品の認知度向上にも役立つ。たとえばティブコ(Tibco)は、自社のサービス指向アーキテクチャ(SOA)ソリューションの認知度を高めるために、「グレッグ・ザ・アーキテクト(Greg the Architect)」というチープな雰囲気のビデオシリーズを作った。※6 SOAソリューションに興味を持つのは、アプリケーションの統合を進めているIT担当者くらいだ。

しかしティブコは、このビデオをユーチューブに投稿した。主人公の若きソフトウェアアーキテクト、グレッグを演じるのは生身の人間ではなく、フィギュアだ。グレッグはＣＩＯや専門用語をまくしたてるテクノロジーベンダーに対応しながら、テクノロジー戦略を理解しようと奮闘する（グレッグ以外の登場人物も、バービーなどのフィギュアが演じている）。面白いビデオだが、興味を持つ人はごくわずかだ。ユーチューブでの再生回数も六万回程度で、「ブレンドできるかな？」シリーズとは比較にならない。

しかしティブコのワールドワイド・ダイレクトマーケティングを統括するダン・ザイマンによれば、このビデオの目的は全員にリーチすることではなく、大口ＩＴ顧客との接点を作ることだという。ＳＯＡソリューションは成約すれば五〇万ドル以上の売り上げをもたらす。商談は半年以上に及ぶことも多い。そこでダンは売り上げではなく、関係に焦点を当てることにした。「グレッグ・ザ・アーキテクト」の公開後、ティブコが配信しているＳＯＡニュースレターの登録者数は四倍に増え、見込み客との関係作りに貢献している。ティブコは認知度の低さに加え、資金力のあるライバル（ＩＢＭやオラクル）にも苦しめられていたが、クライアントを人間として捉え、そのニーズを風刺を交えながらも共感的に描き出すことで、コストをかけずに標的顧客の関心を引くことに成功した。

バイラルビデオ戦略を推進するときは、目標を見失わないようにしよう。ブレンドテックやティブコのようなビデオを作れば、人々の関心を引きつけることはできる。問題は、その関心を使って何をするかだ。

ブレンドテックはウェブサイト「ウィル・イット・ブレンド」を立ち上げ、ビデオを観た人がブレンダーの詳細を簡単に調べ、購入できるようにした。ティブコのビデオはニュースレターを通して、見込み客との関係を作り出している。もしユーチューブに投稿したビデオが関係の萌芽さえ生み出していないとすれば、それは形が違うだけで、一方的に叫んでいるのと変わらない。ビデオの効果を最大化するには、人的交流を生み出す必要がある。ビデオを観た人をSNSやブログ、コミュニティに誘導し、他者や企業とさらなる関係を築けるようにするのだ。ファネルの中の人々を支援するには、こうした仕組みが欠かせない。その例をいくつか紹介していこう。

■事例　ソーシャルネットワークを利用した会話：アーンスト&ヤング

SNSの人気は高い。北米では成人オンライン消費者の二五%、ヨーロッパでは二一%、韓国では三五%がSNSに参加している。あなたの顧客もSNSに参加しているはずだ。では、あなたはどうだろうか？

アーンスト&ヤング（E&Y）の例を考えてみよう。世界的な会計事務所のE&Yは、クライアントのニーズに応えるために毎年三五〇〇人もの新卒学生を採用している。大学生の七四%は加入者グループに属するため、[※7]同社は学生のいる場所、すなわちSNSに進出した。米州地域の新卒採用を担当するダン・ブラックは次のように述べている。「フェイスブックの存在は抜きんでていました。（E&Yがフェイスブックに参加したときは）アメリカの大学生の八五%がフェイスブックにプロフィールを開設していたのです」

二〇〇七年に我々が確認した時点では、フェイスブックのE&Yキャリアグループには八四六九人のメンバーが参加し、そのうちの六八人はその日に登録したメンバーだった。[※8]特筆すべきは、ここで行われている「会話」である。グランズウェル的思考の持ち主であるダンは、学生同士の交流を促進することで、ＳＮＳというメディアを最大限に活用している。「この世代の若者は仲間の意見やアドバイス、指示を重視します」と彼はいう。これはフェイスブックを採用活動に利用することを経営陣に認めてもらうために、彼自身が使った議論でもあった。朝から晩まで採用の仕事で走り回っているダンだが、Ｅ＆Ｙページの「ウォール」に書き込まれた質問に答える時間は確保している。自分の返信を、大勢の候補者が読んでいることを知っているからだ。候補者との典型的なやり取りを一つ紹介しよう。

ＤＪ：現在、マサチューセッツ大学ボストン校で会計と財務の二科目を専攻しています。今度の夏にＭＢＡを取る予定ですが、インターンに応募するのと、エントリーレベルの正社員枠に応募するのと、どちらがいいと思いますか？（中略）アドバイス、よろしくお願いします。ＤＪ

ダン：（中略）フェイスブックからジュリア・デ・ウルフ宛に直接メッセージを送ってください。（中略）ジュリアはＥ＆Ｙのボストン地区の採用を担当しているので、ＤＪさんが応募できる仕事を教えてくれるでしょう。

ＤＪ：ありがとうございました。もう一つ聞きたいのですが、募集は地域ごとなのでしょうか。ポジションに空きがあれば、別の地域の仕事にも応募できますか？

ダン：その点は面接の段階で意向をお伺いしています。面接の結果が良ければ、もちろん別の地域での採用もあり得ますが、結果が悪ければ別の地域の担当に紹介することはできません。Ｅ＆Ｙでは面接官が誰でも、最初の面接では同じ情報をお聞きするようにしているからです。

これをファネルにあてはめてみよう。E&Yはターゲット層（大学生）に自社を認知してもらうために、大学の構内とフェイスブック上で広告を展開している。フェイスブックのキャリアページには、会社情報やビデオなどの一般的な広告素材も掲載されている。しかし、フェイスブックに参加したのは認知度を高めるためだけではない。学生が自分のペースで採用プロセスに参加し、E&Yに質問できるようにするためだ。E&Yは一方的に叫ぶのではなく、候補者と話をしている。学生に個別に対応するのは手間だと思うかもしれないが、やり取りの結果はキャリアページを訪れるすべてのメンバーに公開されていることを忘れないでほしい。E&Yのキャリアページと（まるで人間のように）「友だち」になった学生は、ページの更新情報を受け取る。他の学生と交流することも可能だ。最初の就職先という重大な決定を下すときは、このようなつながりが大きな意味を持つ。E&Yに入社した学生はいずれ、監査や税務の専門家として数百万ドル以上の利益をE&Yにもたらす。そう考えれば、キャリアページに投資する価値は十分にある。

戦略の結果を活用・測定する方法

SNS戦略を成功させるためには、自社のメッセージをメンバーが広められるようにすることと、結果を測定することが欠かせない。

具体例として、アディダスと同社の代理店（アイソバー／カラット）が実施したサッカーシューズのキャンペーンを見てみよう。マイスペースの「アディダス・サッカー」（www.myspace.com/adidassoccer）ページにアクセスした人は、二種類のプレースタイルとシューズの中から、一つを選ぶよう促される。

たとえばチーム指向の緻密なプレーを好む人は「プレデター」を選び、ショーマンシップを重視する人は「F50チューニット」を選ぶ。アディダスはオーディエンスと彼らの情熱を理解している。「アディダス・サッカー」と友だちになったメンバーは五万人に上るが、プレデター派とF50チューニット派の割合はほぼ半々だった。サイトには両者が意見を戦わせる場がふんだんにあり、メンバーが自分のプロフィールで使える壁紙や画像も用意されている。訪問者の参加を促すことで、アディダスは単にマーケティングメッセージを叫ぶよりも、はるかに濃密な交流を実現した。

エンゲージメントは報われる。コンサルティング会社のマーケットエボリューション（Market Evolution）は、マイスペースとカラットの依頼でアディダスのキャンペーンを分析し、二〇〇七年に「ネバー・エンディング・フレンディング（Never Ending Friending）」※9と題された報告書を発表した。同社によれば、マイスペースのアディダスページを見たことで、広告支出一〇万ドルあたり、二万六〇〇〇人の購入可能性が高まった。その多くはアディダスの話を友だちにもしたため、さらに何千ものページにアディダス・サッカーの画像が掲載されることになり、さらに一万八〇〇〇人の購入可能性が高まった。これらのページでは、さらに四〇〇万人以上がアディダスブランドを目にした。これがSNSの威力だ（顧客の活性化については第七章で詳述する）。

韓国の事例はさらに強烈だ。韓国では「サイワールド」というSNSが圧倒的な人気を集めている。ピザハットはイタリア風ピザの発売に合わせて、消費者をサイワールドの「ミニホムピィ（ミニ・ホームページ）」に誘導する広告キャンペーンを展開した。わずか八週間で、キャンペーンのトップページへのアクセス数は五〇〇万に達し、五万人がピザハットと「友だち」になり、五万枚以上のピザがミニホムピィ経由で注文された。他のブランドもサイワールドで同様の成功を収めている。モトローラのページでは六万一〇〇〇人がピンク色の薄型携帯電話「RAZR（レーザー）」の画像をダウンロードし、自分のページに貼り付けた。韓国映画「タイフーン」（南北関係の緊張をテーマにしたアクションスリラー）もサイワールドにページを設け、五〇万人近くが映画の画像をダウンロードした。

ブランドはSNSを利用すべきか

これらの事例はたしかに魅力的だが、すべての企業がSNSでのブランディングに向いているわけではない。SNSはファネルの中にいる見込み客に接触するための、一つの方法に過ぎない。ではどうすれば、SNSを使うべきか否かを見極められるのか？ 我々のアドバイスはこうだ。

□ソーシャル・テクノグラフィックス・プロフィールを使って、顧客がSNSに参加しているかどうかを調べる：顧客の半分が加入者なら、SNSをマーケティングに活用する価値はある。年齢は重要な指標だ。一三〜二三歳の若者を標的としているなら、SNSへの参加は必須である。この層の消費者はすでにSNSに参加しているからだ。二四〜三五歳の男女を標的としている場合も、SNS戦略が成功する可能性は高い。今後、フェイスブックなどのSNSが高齢層にも広がっていけば、SNS戦略を利用できるブランドは増えていくだろう。

□ブランドに熱狂的なファンがいる場合はSNSを使う：ビクトリアズ・シークレット、アディダス、ジープ、ターゲット、アップルなどのブランドには、彼らと「友だち」になりたいと願う忠実なファンがいる。一方、熱烈な信奉者のいない企業、たとえばシアーズなどは多少の工夫が必要だ。シアーズの場合は工具ブランド「クラフツマン」に焦点を合わせることで、SNS戦略を展開できるかもしれない。

□既存のグループに目を向ける：人気の高いブランドであれば、ブランドを所有する企業がSNSに参加する前に、すでに非公式の友だちページやネットワークが作られているはずだ。たとえばマイスペースには飲料「マウンテンデュー」の非公式グループがあり、五〇〇〇人近いメンバーを集めている。すでにグループがあるからといって、参入を思いとどまる必要はない。既存のグループと友だちになれば、新しいグループを軌道に乗せやすくなる。たとえばマイスペースにはジョー・アンソニーというメンバーが立ち上げたバラク・オバマの非公式プロフィールがあり、三万人の友だちを集めていた。ところがオバマの選挙事務局は、ジョーと協力する道を探る代わりに非公式プロフィールの閉鎖を求めた。これは失策だったと我々は考えている。[※10]

□メンバーの交流を促進する：あなたのファンは、マイスペースやフェイスブックであなたとつながりたいと願っている。その希望をどうかなえるか？　ウォールの書き込みにどう反応するか？　ブランドやブランドのメッセージをメンバーに広めてもらうために、どんな双方向アイテム（壁紙、バッジ、ウィジェットなど）を用意するか？　ブランドのページを訪れる人は、そのブランドとすでに何らかの関係を持っている。どうすれば人々はファネルの中を進み、他者に影響を及ぼすようになるのか？　企業ウェブサイトと同じように、SNSのプロフィールにもプログラムを開発したり、コメントに回答したりするスタッフを置くべきだ。そしてターゲット層に向けてささやかな広告を打ち、自社のメッセージが広まっていく様子を観察する。

しかし企業のメッセージの中には、フェイスブックやマイスペースのようなSNSでは伝えにくいものも多い。顧客と長期的に関わっていく覚悟があるなら(特に自社のブランドが映画「タイフーン」の予告編のようにわかりやすいものでないなら)、SNS以外の方法でグランズウェルと話をしたほうがよいかもしれない。それが、ブログだ。

■事例　ブログを使って顧客と話をする：HP

HPのマーケティングは難しい。商品が多すぎるのだ。何十種類ものプリンタ、カメラ、薄型テレビ。あらゆる種類のコンピュータ(消費者向けの低価格ノートPCから企業向けの大型サーバーまで)。無数のソフトウェアと数十億ドル規模のサービス群。HPはこれらの製品を世界中の大企業、中小企業、そして無数の個人に販売している。

HP製品の多くは複雑なので、見込み客は誰かの助けがなければファネルの中を進むことができない。この種の製品を売るために必要なものは、広告でもなければプレスリリースでもない。それは製品の詳細であり、製品の検討を助けてくれる誰かだ。このニーズに応えるために、HPはブログを立ち上げた。

HPはGMの「ファストレーン」のように企業ブログを一つだけ立ち上げるのではなく、複数のブログを用意し、さまざまな部署の社員が執筆できるようにした。しかし熱心なブロガーが増えれば、それだけ混乱が生じる可能性も増す。誰かが社内ブロガーを統括する必要があった。その任を託されたのは、ＨＰの巨大な企業ウェブサイトの編集長アリソン・ワターソンだった。アリソンは簡潔で明快なブログポリシーを定め、経験の浅い書き手でもガイドラインの範囲内でブログを書けるようにした。ＨＰのブログポリシーには常識的だが忘れてしまいがちなルール、たとえば「(ブログとコメントには)名前と肩書きを明記し、一人称で書く」といった金言も含まれている。また「ブロガーは財務情報の開示に関する法律、規制、および要件に従わなければならない」というルールは、ＨＰの弁護士たちを喜ばせた。

皮肉だが、こうしたルールができたことでブログを書く社員が増えた。ブログを書くことを会社が公に認めたからだ。しばらくすると、ブログはＨＰに利益をもたらし始めた。

ブログがもたらす利益

現在、ＨＰには上級社員が執筆するブログが五〇近くあり、テーマはストレージからモビリティ、スモールビジネスまで多岐にわたっている。特定の商品や市場に興味がある場合も、必ず自分の関心に合ったブログを見つけられるだろう。

ブログはトラフィックを生み出すが、ブログの最大のメリットは認知度の向上ではない。ファネルの中の顧客に反応できるようになることだ。ブログは頻繁に更新される。読者とのやり取りも密で多彩だ。ブロガーは顧客の声や読者のコメントに回答する。顔の見えるブログは信頼感の醸成にも役立つ。ＨＰのブログはブロゴスフィアの一員として、社外のブロガーや消費者の議論も促進している。今やＨＰのブログは大勢の顧客に影響を及ぼしている。ＨＰの顧客の多くは観察者であり、さまざまなブログを読んでいるからだ（図6-2）。

典型的な例として、マイクロソフトからウィンドウズ・ビスタが発売されたときのできごとを紹介しよう。ビスタが発売されると、多くの顧客が印刷トラブルを経験するようになった。ビスタのプリンタドライバーがうまく動作しないという情報がネット上を駆けめぐった。HPのバイスプレジデントで、プリンタ「レーザージェット」のワールドワイド・マーケティングを統括するビンス・フェラーロは、この問題を解決する方法を自分のブログに載せた。[※11] これが、コミュニケーションの始まりだった。二六人の読者がコメントや質問を投稿した（「この方法はインクジェットプリンタにも使えるのか？」など）。フェラーロはこうしたコメントにコメント欄や元記事で答え、次の記事でさらに詳しい情報を伝えた。多くのブログがフェラーロの記事にリンクを張り始め、「HP ビスタ プリンタ 問題」というキーワードで検索すると、この記事が検索結果のトップに表示されるようになった。つまりフェラーロのブログのおかげで、

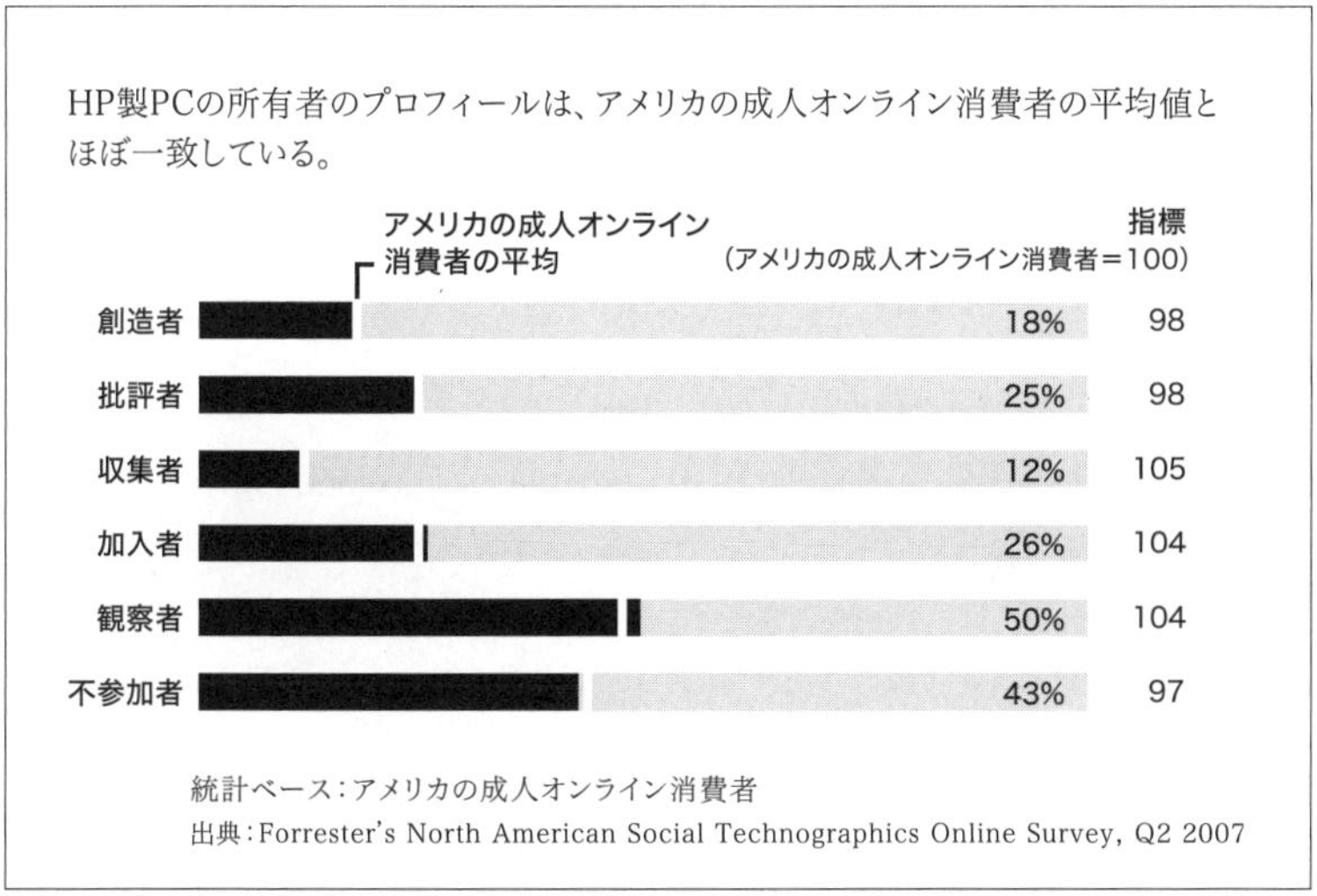

HP製PCの所有者のプロフィールは、アメリカの成人オンライン消費者の平均値とほぼ一致している。

図6-2　HP製PCの所有者のソーシャル・テクノグラフィックス・プロフィール

顧客サポートにかかってくる電話や苦情が何百件も未然に防がれたのだ。ビスタを搭載したパソコンでHPのプリンタが快適に動くようになれば、インクやトナーといった消耗品も売れる。数人の顧客に語りかけることで、フェラーロは同じような問題を抱えている何千もの顧客に対応したのである。

HPのマーケティング担当バイスプレジデント、エリック・キンツもブログを書いている。『ブランドウィーク』誌から「次世代のトップマーケター一〇人」に選ばれたこともある三八歳のエリックは、ブログの価値を次のように説明する。「HPがこの新しい空間をどのくらい〝ものにできているか〟――この点に、大勢の顧客が注目しています。新しい世界への適応を迫られているフォーチュン五〇〇企業は、この変容を助けてくれるテクノロジーパートナーを求めています。こうした大手企業の意思決定者を一人でもうならせることができれば、数百万ドル規模のコンサルティング案件やITサービス契約を獲得できるかもしれません」

ブログがあれば、ブロゴスフィアにも的確に対処できる。たとえば二〇〇六年八月にサン・マイクロシステムズ（以下サン）がHPの創業者の等身大パネルを買い取ったとき、同社のCEOジョナサン・シュワルツのブログに次のような記事が掲載された。※12

聞くところによると、HPは創業者のビル・ヒューレットとデビッド・パッカードの像を買い取る栄誉を辞退したそうだ。サンノゼのオフィスデポのプリンタインクコーナーから、はるばるやってきたというのに。そこで我が社の賢明なるマーケティングチームは、HPの大いなる遺産に敬意を表し、この像を買い取ることにした。ビルとデビッドはサンの社員も尊敬してやまない伝説の偉人だ。このような機会を得られたことを誠に光栄に思っている。（中略）

ダウンロードされたソラリスの二五％近くはＨＰのサーバーにインストールされている。ＨＰの顧客が弊社とのパートナーシップを切望していることは間違いない。弊社としても、その期待にはぜひお応えしたいと思っている。

ソラリス（Solaris）はサンのＯＳだ。記事にはＨＰの創業者の像が「サン ソラリス」のＴシャツをはおっている写真が添えられていた。たわいもない冗談だが、ＨＰにとっては問題だった。この記事にＨＰはどう反応すべきなのか？ ＣＥＯがコメントを出せば、心が狭いと思われる。プレスリリースを出せば、過剰反応だと批判される。しかし意地の悪いうわさ話がうずまくシリコンバレーでは、記事を完全に無視するわけにはいかなかった。そこでＨＰのマーケティング担当バイスプレジデントのエリック・キンツは、次のような記事を自身のブログに載せた。[※13]

我々は、弊社のつつましいルーツと革新的な創業者たちのビジョンを大切にしています。会社のロビーにはビルとデビッドの肖像がかかっていますし、二人のオフィスは当時のままに残され、ＨＰの社員なら誰でも入れるようになっています（研究所の中にあります）。ここ数年はＨＰとシリコンバレーの発祥の地、アディソン街のガレージを保存する大型プロジェクトに取り組んできました。私自身は、ビルとデビッドに会ったことはありません。しかし二人が生きていたなら、自分たちの像に数千ドルも出すことを認めたりはしなかったでしょう。

ＨＰ-ＵＸの件に関しては（中略）、こちらの実績をご覧いただければと思います（「実績」の部分からは、ＨＰ-ＵＸの優位性を紹介するページへのリンクが張られていた。ＨＰ-ＵＸは、サンのソラリスと競合するＨＰのＯＳ）。

これ以降、メディアの記事にはエリックのコメントも引用されるようになり、報道はバランスの取れたものとなった。サンのささやかな挑発は、大規模な舌戦に発展することなく収束した。エリックが何の反応もせずにいれば、企業の意思決定者（ソラリスとHP‐UXのどちらを選ぶかを決定する人）はサンのCEOのブログだけを読み、HPは優位性を失ったと結論していたかもしれない。エリックは顧客に語りかけることによって、別の見方を示したのである。

我々は企業からブログのROI（投資利益率）をたずねられることが多い。そこで長年のブログ研究をもとに、ブログのROIモデルを策定した（表6‐1）[※14]。このモデルが想定しているのは、第一章の最後で紹介したGMの「ファストレーン」のような、大企業の幹部が執筆する本格的なブログだ。この種のブログでは、最大のコスト要因はテクノロジーではなく、幹部の教育と時間である。相当数の読者が付くまでは、ブログが利益を生むことはない。しかしブログは会社の認知度を高め、顧客の質問に回答し、広報上の危機を未然に防ぎ、コメントやフィードバックから顧客インサイトを得る機会を与えてくれる。総合的に見ればブログのROIは高い。

ブログを始めるべきか

グランズウェルのテクノロジーの中でも、我々が最も質問を受けることが多いのはブログだ。これはアメリカに限った話ではなく、先日ブラジルに出張に行ったときも面会したCEOのほぼ全員からブログについてたずねられた。どんな事業を、どこで、誰に対して行っていようと、ブロガーはあなたの製品を語っている。HPが経験したように、競合企業がブログを運営していることもある（今は

ここではGMの「ファストレーン」のような、大企業の幹部が執筆するブログを想定した。費用にはテクノロジー、トレーニング、およびコンテンツが含まれる。コンテンツとトレーニングの費用は幹部が費やす時間をもとに算出した。数字は大企業を前提としているため、知名度の低い中小企業ではもっと低くなるだろう。

初期費	費用
設計・構築	25,000ドル
執筆担当幹部のトレーニング	10,000ドル
運営費（年間）	
ブログプラットフォーム	25,000ドル
ブランドモニタリングサービス	50,000ドル
ITサポート	3,000ドル
コンテンツの制作（幹部の時間を含む）	150,000ドル
レビューと修正	20,000ドル
総費用（初年度）	283,000ドル

便益も大企業のブログを想定している。( ) 内の数字はファストレーンからの推測値。ブログの便益は、読者が商品を購入するという形で発生するわけではない。

便益分析（年間）	便益値
広告価値：ビシビリティ／トラフィック（広告が目に留まる確率）（1日あたりのPV=7500、CPM=2ドル50セント）	7,000ドル
広報価値：ブログの内容に直接または間接に起因する報道（記事数=24本、1本あたりの価値=1万ドル）	240,000ドル
クチコミ価値：他メディアや有名ブログでの言及（記事数=370本、1本あたりの価値=100ドル）	37,000ドル
サポート価値：ブログで情報を提供することによって削減されたサポート電話の本数（削減数=1日あたり50本、1本あたりの価値=5ドル50セント）	69,000ドル
リサーチ価値：コメントやフィードバックから得られる顧客インサイト（顧客のコメントとフィードバックを5回のフォーカスグループ調査に相当するものとして計算。1回の調査の価値=8000ドル）	40,000ドル
総便益（初年度）	393,000ドル

表6-1　幹部ブログのROI

なくても、これから立ち上げようとしているかもしれない）。しかも第一章で述べたように、ブログの話題はすぐに主流メディアに飛び火する可能性がある。

しかしブロゴスフィアに飛び込む前に、まず「本当にブログを始めたいのか？」と自問してほしい。

先日、我々はマーケティングプロセスの自動化ソフトウェア／サービスを提供するユニカ（Unica）のCMO、キャロル・マイヤーズと話をした。ユニカは二〇〇六年八月にブログを立ち上げた。キャロルはこのブログに大きな期待をかけており、会社も力を入れていた。さまざまな企業のマーケティング担当者にリーチするために、キャロルは社内外から多彩なゲストライターやモデレーターを招いた。当時の様子を彼女は次のように語る。「ブログのテーマは月ごとに変えていました。どれもマーケティングに関するものです。ちょっとした編集カレンダーまでありました」。ところが月が変わるたびにブログの仕組みを新しい書き手に説明しなければならず、「毎月誰かがパニックになった」（キャロル）。ユニカのブログには一貫した「声」がなかった。それが、多くの読者を獲得できなかった理由だと我々は考えている。一貫性のなさは、管理の煩雑さにもつながった。最初の記事が投稿されてから一年と少しがたった頃、ユニカはブログを閉鎖した。キャロルは最後の記事の中で、ブログを維持していくだけの成果を上げられなかったことを率直に認めている。※15

このエピソードを別のB2Bブログと比べてみよう。製造業向けの自動化システムを開発しているエマソン・プロセス・マネジメントもブログを運営している（www.emersonprocessxperts.com）。チーフブロガーはマーケティングコミュニケーション部門のジム・ケーヒルだ。工場経営者か、自動化製品の購入を検討している人でもない限り、ジムの記事を面白いと思うことはないだろう。しかしプロセス自動化製品の購買担当者にとっては、プロセス自動化の第一線にいるジムの記事は「前線からの手紙」であり、共感を持って読めるだけでなく、同社が業界を熟知していることも示している。社内の専門家に記事を書いてもらうことも多いが、それでもブログの執筆はジムの仕事の相当部分を占めており、週に二、三本の記事を書くために仕事時間の三割を費やしている。しかし、ジムの努力は実を結びつつある。このブログを通して、週に三〜五件の問い合わせが入る。こうした問い合わせは数百万ドルの売り上げにつながる可能性がある。問い合わせを機に、営業担当者がプロセス自動化システムの大型契約を獲得するかもしれないからだ。

二つの物語の違いはどこにあるのだろうか？　第一に、ジムはブログを書き、注目を集めることを楽しんでいたが、キャロルはゲストブロガーの管理に追われていた。ゲストブロガーはあくまでもゲストであって、ブログの主人ではない。こうしたオーナーシップの欠如が透けて見えていたのだ。B2B企業のブログであっても読者は人間だ。人間はみな他者とのつながりを求めている。

もう一つのポイントは、ジムがオーディエンスを理解していたことである。ジムのオーディエンスはプロセス自動化システムを購買し、利用する人々だ。それに対して、キャロルのオーディエンスは「マーケター」だった。これは標的としては、あいまいすぎたかもしれない。ユニカの主力製品の一つはマーケティング分析ソリューションである。この分野に照準を定めたブログを作れば、今度はユニカも成功を収めることができるかもしれない。

企業ブロガーへの一〇のアドバイス

ブログを始めるときは、まず顧客と会話がしたいという気持ちが必要だ。自分の考えを伝えたくてうずうずしているCEOや重役は、有望なブロガー候補になるだろう。本書の序文に登場したソニーのリック・クランシーのように、彼らは不安を感じることはあっても、会話には意欲的だ。誰かに無理矢理ブログを書かせることはできない。ブログを書くというのは、極めて個人的な行為であり、多くの労力を必要とする。いやいや書いているブログは魅力に欠け、すぐにそれとわかる。そのようなブログなら、ないほうがましだ。

ブロゴスフィアへの参入を真剣に考えているなら、まずは「人間」と「目的」から始めよう（第四章で紹介したPOSTメソッドのPとO）。リーチしたい相手や達成したいことが明確になれば、成功率はぐんと上がる。あとは目的を達成するために必要な戦略とテクノロジーを実装するだけだ。これまでの経験をもとに、顧客と会話を始める際の注意点をまとめたのが次の「一〇のアドバイス」である。

□一　**まずは耳を傾ける：**カクテルパーティの席で数人が輪になって話をしている。あなたなら、その輪にいきなり割って入るだろうか？　まずは会話に耳を傾け、話に加わるきっかけを探るのではないか？　ブロゴスフィアも同じだ。飛び込む前に、そこで話されていることに耳を傾けよう。業界関係者のブログや、競合企業、専門家、インフルエンサーのブログを観察する。状況を包括的に捉えたいなら、ニールセンのバズメトリックスやTNSのシンフォニーなどのブランドモニタリングサービスを利用してもよい（第五章参照）。

□二　**ブログのゴールを設定する：**ブログの目的は新製品の告知だろうか、既存顧客のサポートだろうか、ニュース記事への対応だろうか、それとも経営陣をもっと人間らしく見せることだろうか？ゴールを選べば、ブログの方向性がはっきりしてくる。

□三　**ＲＯＩを見積もる**：表６‐１のようなスプレッドシートを使って、ブログの費用と便益を分析する。社内の支持を得たいときや自分の考えをまとめたいときは、ＲＯＩ分析が特に役立つ。

□四　**計画を立てる**：サン・マイクロシステムズの「ジョナサン・シュワルツのブログ」のように、作者が一人しかいないブログもあれば、ＧＭの「ファストレーン」のように、複数の書き手がいるブログもある（一人ではブログを毎週更新する時間やネタを確保できない場合は後者を選ぶとよい）。また、ブレンドテックのようにブログを一つだけ立ち上げるか、あるいはＨＰのようにガイドラインを定めて複数の人間がさまざまなブログを書けるようにするかも決めておこう。

□五　**練習する**：ブログを公開する前に、記事を五〜一〇本書いてみよう。これはスポーツの春季トレーニングのようなもので、この期間にブログを書くという行為を体験する。さまざまなテーマを試してみるのもよい。練習用の記事を五本でさえ書けないなら、一軍に入る準備はまだできていないと考えるべきだ。

□六　**編集プロセスを構築する**：公開前に記事をチェックする場合は、担当者を決めておく（法務顧問、ＣＭＯ、編集担当者など）。担当者が不在だった場合の代理も決めておこう。ただし不測の事態やニュースに迅速に対応できるように、編集プロセスはシンプルにすること。

□七　ブログをデザインし、企業ウェブサイトとの関係をはっきりさせる：ブログを自社のホームページでどう宣伝するかを決める（「まったく宣伝しない」という選択もあり得る）。ブログと会社のイメージの関係を考えよう。ブログのデザインや、企業ウェブサイトからのリンクの張り方が、ブログで語られている意見が会社の公式見解なのかどうかを伝える指標になる。

□八　マーケティング計画を立て、ブログの認知度を高める：まずは伝統的な方法を使う。業界紙の編集部にプレスリリースを送る。顧客にメールを送り、URLを告知する。検索エンジンの検索キーワードを買ってもよい。いずれにしても、ブロゴスフィアは会話の場であることを忘れないこと。あなたは人々と話をするのであって、一方的に叫ぶわけではない。最初のアドバイス「まずは耳を傾ける」で発見した人気ブログのトラフィックを利用してもよい（記事に人気ブログへのリンクを含めたり、人気ブログにコメントを投稿したりすることで、人気ブログの読者を自分のブログに誘導する）。文章を工夫する（社名や商品名をタイトルや本文に使うなど）だけでも、検索結果に表示されやすくなる。

□九　ブログを書くことは、単に文章を書くことではないと肝に銘じる：ブログを成功させたいなら、まずはブロゴスフィアを観察し、他者のブログに反応する。ブログは単独で存在するわけではない。ブログには必ずコメント機能を付けよう。そうすることで初めて会話が生まれ、自社の製品について何らかの意思決定を下そうとしている人々と話ができるようになる。そもそもブログの価値はそこにあるのだ。多くの企業はブログにモデレーション機能を取り入れ、投稿されたコメントをチェックし、記事の内容に関係のない攻撃的なコメントは排除するようにしている。これも時間のかかる作業だが、行うべきだ。他のブログの観察、コメントへの返信、モデレーションといった作業は、必ずしもブロガー自身が行う必要はないが、誰かがやらなければならない。そうでなければ、いつまで経っても会話に参加することはできない。

□一〇 **正直であれ**：ブログには書き手の率直な意見がつづられていると読者は考えている。自社を肯定的に語るなというわけではないが、あくまでも自分自身の声で語ること。善良な人や会社にも悪いことは起きる。たとえばデルは、自社のノートPCのバッテリが炎上するという事態に見舞われた。デルはブログでこの件に触れたとき、「炎上するノートPC」の写真にリンクを張り、率直に「出火原因はまだわかっていません」と告白した。※16 バッテルのリコールが決定すると、すぐにブログを更新し、問題のバッテリを交換する方法を説明した。誠実に対応するなら、たとえ難局にあっても企業に対する信頼は深まる。

今はブログに注目が集まっているが、ブログはグランズウェルと話をするための唯一の方法ではないし、最高の方法というわけでもない。たとえばブレンドテックのジョージ・ライトは別の方法を見つけた。また次の事例で取り上げるように、プロクター&ギャンブル（P&G）はコミュニティを使って、手強い消費者に語りかけることに成功した。

■事例　コミュニティを使って顧客と話をする：P&Gの「ビーイングガール」

タンポンの話をしよう。

何だって？　タンポンの話などしたくない？　そう思った人には、P&Gのボブ・アーノルドの苦労がわかるだろう。

ボブはフェムケア製品（生理用品などの女性向け製品）のマーケティングチームに属している。このチームのターゲットは「少女」だ。ボブは三〇歳で、転職経験はない。このチームに配属される前は、P&Gの掃除用品を女性に宣伝するサイトを担当していた。しかしフェムケア製品の難しさは掃除用品とは比べ物にならなかった。

特にボブのチームが標的としている若い女の子は、この種の製品に関するメッセージを断固として拒否する（あなたがタンポンについて話したくない以上に、一一歳の少女はタンポンの話をしたがらない。同じ部屋に兄弟がいるときは、タンポンのCMが流れることさえ嫌悪する）。少女のまわりには、企業が娘にマーケティングメッセージを送ってくることを嫌う親がいる。事実、少女とその親はP&Gがまったく関与できない場で商品の購買決定を下すことも多い。しかもフェムケア製品の場合、女性は最初に選んだ製品を長期にわたって使い続ける傾向がある。

ボブ・アーノルドとP&Gのフェムケア製品チームは、少女に語りかける新しい方法を必要としていた。従来の広告には問題があった。消費者が耳にするのも恥ずかしいと考えているテーマを叫んでもうまくいくはずがない。そこでボブとチームはアプローチを変えた。商品を売り込むのではなく、少女の問題を解決することにしたのだ。これが、「ビーイングガール」の始まりだった。

ビーイングガールとは

ビーイングガール（Beinggirl.com）は、タンポンをテーマにしたコミュニティサイトではない（そんなサイトを訪れる人がいるだろうか?）。ビーイングガールのテーマは、少女に関わるすべてのことだ。一二〜一五歳の少女の約半数はコミュニティを愛する加入者であり、一〇人に三人はディスカッションフォーラムなどのコンテンツに反応する批評者である（図6-3）。そこでボブは商品を売り込むサイトではなく、少女が興味を持つコンテンツを提供するサイトを作ろうと考えた。「思春期の少女はデリケートな問題をいくつも抱えています」と彼はいう。「我々が目指したのは、この時期特有の問題を扱うコミュニティを作ることでした」

このコミュニティでは、少女たちはどんなに恥ずかしい経験も仲間と共有できる。たとえば、こんなふうに。[※17]

創造者、批評者、加入者、観察者グループも多くの少女が属しているが、割合では若年人口（12〜18歳）の平均をわずかに下回った。

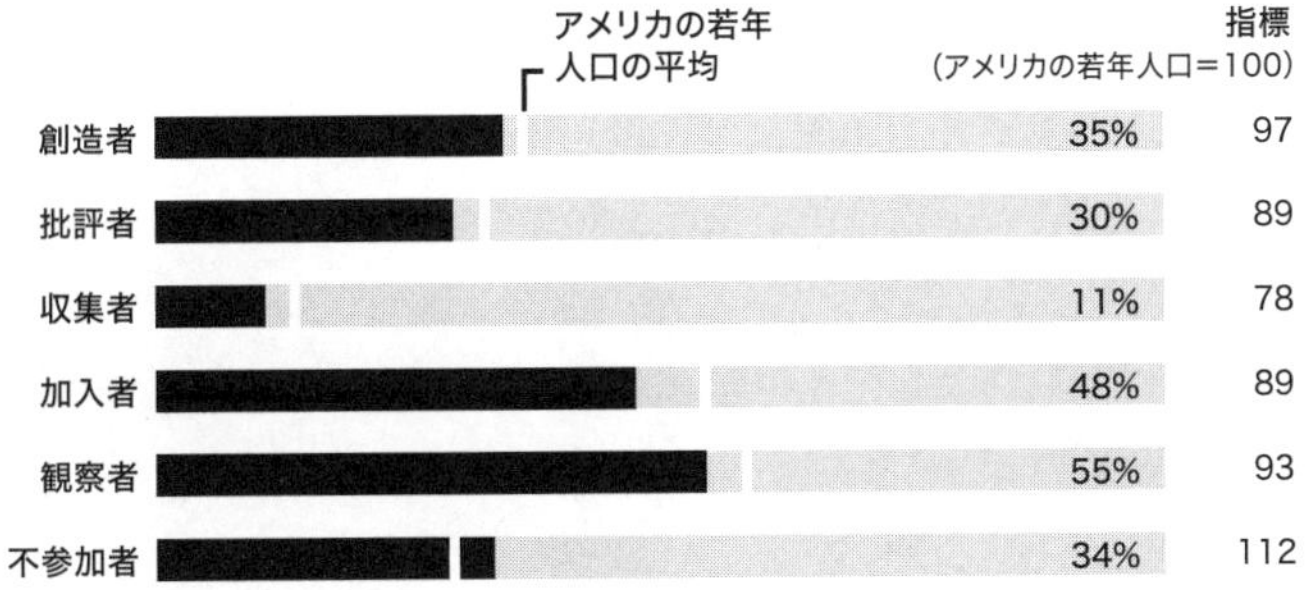

統計ベース：アメリカの若年人口
出典：Forrester's North American Social Technographics Retail and Marketing Online Youth Survey, Q4 2007

図6-3　12〜18歳の少女のソーシャル・テクノグラフィックス・プロフィール

「やったことある?」

この前、片思いの彼と散歩をしたの。いろんな話をしたわ。そのうち、彼がスポーツの話を始めたんだけど、彼をチェックするのに忙しくて、ろくに聞いていなかった。そしたら、彼がこんなふうにいうのが聞こえたの。「やったことある?」。もちろん、こう答えたわ。「ううん、まだよ。まずは自分にぴったりの人を見つけて、恋人同士にならなくちゃ」。そうしたら彼が私を見て、こういったの。「スノーボードの話だよ。聞いてるの?!」。私ったら、セックスの経験があるかと聞かれたと思ったのよ!

この話が、タンポンと何の関係があるかって? 何もない。では、少女と何の関係があるかって? 何もかもだ! ちなみに、この書き込みは他の少女たちから一万九三三一票を獲得し、「笑える話」部門の第一位に輝いている。

「ビーイングガール」のもう一つの人気コーナーは、精神分析医のアイリス・プラガー先生の相談室だ。アイリス先生は読者から寄せられる、どんな恥ずかしい質問にも答えてくれる。「教えて、アイリス先生」コーナーから、代表的な質問と回答を紹介しよう。[※18]

初めての生理、どう反応すればいい?

こんにちは、アイリス。

初めての生理が来たら、どんなふうに反応すればいいの?

ジョディ

ジョディへ

ぜひお祝いをしてもらいたいわ。（中略）これはあなたの人生にとって、とても大きな「節目のできごと」なの。まずはママに伝えて、雰囲気を作ってもらってはどうかしら。これは本当に大切なできごとだから、その日のことは大人になってもきっと忘れないでしょう。生理ってどんな感じかを知りたいなら、ぜひ「ここ」をクリックしてみてね。

応援しているわ。

アイリス――ビーイングガールは、パッド&パンティライナーの「オールウェイズ」と、タンポンの「タンパックス」の提供でお送りしています。

何というさりげないブランディングだろう。あふれんばかりの心づかいと、ちょっとした情報と、さりげないブランドメッセージ。これが、顧客と話をするということだ。

アイリスのコーナーでは、他にも「生理中に海で泳いだら、サメに襲われる？」（回答：念のためにタンポンを付けましょう）や、「ママと仲良くするにはどうすればいい？」（回答：言い負かそうとしないこと）といった記事が人気を集めている。思春期や健康に関する質問もあれば、まったく関係のない質問もある。しかし記事の最後には必ず、ブランドのメッセージがさりげなく添えられている。

ボブと彼のチームは自分たちの市場を理解している。現在はソニーBMGと提携し、音楽コンテンツも配信中だ（両社間で金銭のやり取りは発生していない。ソニーはビーイングガールのオーディエンスを獲得し、P&Gはソニーのコンテンツを獲得している）。少女たちはビーイングガールで仲間と情報を交換し、ゲームで遊ぶ。どちらも、この年頃の女の子たちが魅力を感じる活動だ。少女たちの安全を確保するために、電話番号や実名、メールアドレスの交換は禁止され、慎重に監視されている。もちろん、生理やフェムケア製品に関する情報も用意されており、少女たちが「タンポンのサイト」に足を運ぶことなく、この種の製品をチェックできるようになっている。

では、ビーイングガールは効果を上げているのだろうか？　ボブによればビーイングガールには毎月、世界中から二〇〇万人以上が訪れているという。二〇〇七年のトラフィックは前年比で一五〇％以上増えた。メディアサイトもうらやむような数字だが、これは消費財メーカーのサイトなのだ！

ビーイングガールは、どうやってこれだけの人気を獲得したのだろうか？　サイトの宣伝は控えめだが的を射た方法で行われている。P＆Gは全国の学校で開催されている「保健教室」（女子生徒だけを集めて、生理の仕組みを説明する授業）で生理用品のサンプルセットを配布しているが、その中にビーイングガールの案内を載せた。その結果、多くの少女がこのサイトの存在を知ることになった。少女がサイトにアクセスし、メンバー登録をしたら、週に一度電子メールを送り、サイトの存在をリマインドし、再訪を促す。さらに無料サンプルの請求ページを用意し、いくつかの質問に答えた少女たちには、必要な製品をみつくろって郵送する。

P＆Gがしたことをまとめてみよう。少女たちは生理用品に関するメッセージを頑として受け入れなかったため、P＆Gのマーケティング担当者はファネルの中になかなか入れずにいた。そこで少女たちの会話に参加するためにソーシャルネットワークを構築した。このサイトはP＆Gではなく、少女の問題を解決するものだったので、彼女たちは喜んで参加した。ブランドメッセージをさりげなく伝え、無料サンプルを配布することで、P&Gはかつては締め出されていた会話に参加できるようになった。

成果を測定する

メディアの価値をP&Gほど理解している企業はない。P&Gは「ソープオペラ」の生みの親であり、今も全世界で年間七九〇億ドルを製品の広告に費やしている。[※19] しかし、メディアとコミュニティは別物だ。もっというなら、コミュニティのほうが優れている。

P&Gの試算によれば、標的消費者にリーチできる確率は、広告よりビーイングガールのほうが四倍高い。P&Gがビーイングガールをヨーロッパ、アジア、南米の二九カ国に拡大したのはそのためだ。「世界は小さくなりつつあります」とボブ・アーノルドはいう。「住む地域は違っても、少女たちには違うところより、似ているところのほうが多い。アメリカの少女をわくわくさせるものは、中国や日本の少女をわくわくさせるものとさほど変わりません」

ビーイングガールの価値を計算してみよう。

ビーイングガールの目的の一つは、P&Gの製品を知ってもらうことだ。女性は最初に使ったブランドを長く使い続ける傾向があるため、今の段階で少女を顧客にできれば、今後四〇年前後にわたって、P&Gのフェムケア製品に月五ドルを払う顧客を獲得できることになる。生涯を通じた購入額は一人二四〇〇ドル。利益率を二〇%とすれば、タンパックスとオールウェイズを選んだ少女の生涯価値は一人四八〇ドルとなる。

我々の試算では、ビーイングガールのような世界規模のサイトを運用するコストは年間で約三〇〇万ドルだが、六二五〇人の少女にP&G製品を使ってもらうことができれば収支は合う。顧客転換率が一%だったとしても、損益分岐点の三倍は高い。

ビーイングガールは現在、「ハーバルエッセンス」（シャンプー）や「ビーナス」（カミソリ）といったブランドのメッセージもさりげなく伝えるようになっている。少女の役に立つものなら、今後も新しいパーソナルケア商品が加わるだろう。しかし現在の控えめなアプローチを続けている限り、トラフィックが減る心配はない。

ビーイングガールの成功は、「逆メンタリングプログラム」という副産物ももたらした。P&Gでは現在、ネットに詳しいボブ・アーノルドのような社員が教師となって、グランズウェルがブランドに及ぼす影響を幹部職員に教えている。歴史ある大企業の若手社員にしては、悪くないポジションではないだろうか。

コミュニティを使うべきか

P&Gはビーイングガールを立ち上げるというリスクを取って、大きな利益を手にした。他の企業もP&Gに続くべきだろうか？　結論を出す前に、利益とリスクを分析してみよう。

まずは自社の市場がコミュニティを形成しているか（または、形成する可能性があるか）を分析する。ソーシャル・テクノグラフィックス・プロフィールを使って、ターゲット層のコミュニティ参加度を調べてみよう。結果が平均より高ければ、コミュニティが成功する可能性は高い。その場合は第二段階に進み、自社の「顧客」のコミュニティ適性を考える。

車を愛するミニのオーナーたちは、嬉々としてコミュニティに参加した（第五章参照）。患者（第五章のがん患者のコミュニティ）や大人のレゴ愛好家（第七章参照）のように、助け合いを求めている人々もコミュニティに興味を持つ可能性が高い。スポーツチームのファンもコミュニティを形成している。それに対して、定番食材の購入者やケーブルテレビの契約者がコミュニティを形成することはまずない。連帯する理由がないからだ。もっと広い枠組みからコミュニティを捉える企業もあるだろう。たとえばP＆Gはフェムケア製品のサイトではなく、「少女」のためのコミュニティを作った。いずれにしても、重要なのは顧客の情熱や悩みに焦点を合わせた、信頼できるコミュニティを定義することだ。

顧客が加入者グループに属していたとしても、すでに別のコミュニティに参加しているかもしれない。実際、P＆Gのビーイングガールはピクゾやフリップ・コムといった既存の少女向けSNSと競合している。コミュニティを新たに立ち上げるより、既存のサイトのスポンサーになるほうがコストはかからない（ただし、サイトはコントロールできない）。ビーイングガールが成功したのは、少女の興味を引くテーマ、つまり「大人になること」をコミュニティの柱に据えたからだ。もしビーイングガールがこれといった特徴のない、どこにでもある少女向けのコミュニティであれば、ピクゾやバービーガールズ（Barbie Girls）といった既存の人気サイトと競合し、負けていただろう。

コミュニティを形成できることがわかり、テーマも決まったら、「このコミュニティから何が得られるのか」、「コミュニティに語りかけることで、どんな利益が得られるのか」を自問する。P＆Gの場合は少女を顧客に転換できたら、一人あたり約二四〇〇ドルの売り上げが見込めた。試算をしても好ましい結果が得られないなら、コミュニティを立ち上げても手間とコストに見合う利益は得られないかもしれない。

最後のアドバイスはこうだ。長期的に取り組む覚悟がないなら、コミュニティ戦略には手を出さないこと。コミュニティを作るだけなら大したコストはかからない。たとえばニング・コム（ning.com）では無料でコミュニティを作成できる。しかし活気あるコミュニティを作りたいなら、サポートやメンテナンスは欠かせない。コンテンツを管理し、新しい機能を追加し、デザインを変更することができないなら、コミュニティを新鮮で活気にあふれた場所に保つことはできない。利益が上がらないかといって、いきなり閉鎖すれば、人々に悪い印象を与えるだけだ。求めている利益が得られると確信できるまでは、コミュニティ戦略にゴーサインを出すべきではない。

■なぜグランズウェルと話をするのか

本章ではグランズウェルと話をする方法として、四つの方法（バイラルビデオ、SNS、ブログ、コミュニティ）を取り上げた。自社に一番適しているのは、どの方法だろうか？

それは、あなたの会社がどんなコミュニケーション問題を抱えているのかによる。それを決めるのはファネルの中の顧客の行動だ。

それは「認知度」の問題かもしれないし（標的顧客に認知されていない）、「クチコミ」の問題かもしれないし（顧客が会話をしていない）、「複雑さ」の問題かもしれない（伝えたいメッセージが複雑すぎる）。顧客がファネルの奥にいて、まったくリーチできない場合は「アクセシビリティ」の問題があることになる。

これらの問題はそれぞれ、本章で紹介した四つの方法で解決できる。

たとえばバイラルビデオは世間を騒がせることで、認知度の問題に突破口を開く。ブレンドテックのような無名の会社にはぴったりの方法だが、人々をあっといわせるアイディアが必要だ。好んでC

Mを観る人はいないが、「ブレンドできるかな?」や「ジョージ・ザ・アーキテクト」のようなビデオなら観たいと思うだろう（そして他の人にも勧めるはずだ）。バイラルビデオを使うときは、(成功した場合は)何十万という人たちと話をすることになる。バイラルビデオを観た人は、ビデオの最後に表示されるURLにアクセスする（あなたも、ビデオの最後に表示されたURLを覚えているだろう）。この種のビデオは見込み客をファネルの入り口に誘導してくれるが、ブレンドテックがそうしたように、バイラルビデオが生み出した関心を具体的な行動や購買検討につなげる方法は考えておかなければならない。

クチコミの問題を解決するにはSNSが最適だ。衣料品、映画、テレビ番組といったファッション製品ではクチコミが重要な役割を果たす。自動車のマーケティングでもクチコミは不可欠だ。人々の注目を集め、バズを生み出したいなら、マイスペースやフェイスブックを活用しよう。そしてクチコミを促すようなアイテムを用意し、ファンに提供する。E&Yやアディダスの事例が示しているように、SNSは若者や大学に関するものには何でも向いている。重要なのは、そこにいること――顧客の言葉に反応し、人々がファネルを通過できるよう支援することである。

一方、大企業やテクノロジー企業などは複雑さの問題を抱えている。顧客の幅が広すぎる、製品やサービスが複雑すぎて、検討に時間がかかるといった問題を解決するにはブログが役立つ。ファネルの中では、複雑さが深刻な問題になる。見込み客が商品の購入を検討している段階では、こうした複雑さが購買意欲をそぐ可能性があるからだ。特に金融サービス、テクノロジー、自動車、家の改築修繕、ファッションといった分野では、人々は複雑な選択肢を検討する。ブログはこのプロセスを支援するだけでなく、購入時はもちろん、その前後においても人々に安心感を与えることができる。またブログの記事は大手のメディアで取り上げられたり、検索結果に表示されたりすることも多いので、複雑な製品の認知度向上にも役立つ。

顧客の中には企業のメッセージを頑として拒否し、あくまでも顧客同士で助け合おうする人もいる。このような顧客にリーチするにはどうすればいいのか？　顧客が自分たちで問題を解決したがっているなら、企業にできる最善のことは、そのための環境を用意することだ。それがコミュニティである。新しいコミュニティを作ってもいいし、顧客が作ったコミュニティに参加してもいいが、コミュニティでは長期的な関与が必要になることを忘れないでほしい。

■会話がマーケティングを変える

一方的に叫ぶモデルから会話モデルへの転換は、企業のマーケティング部門に大きな課題を突きつける。マーケティングに対する態度を根本的に改める必要があるからだ。

これまでのマーケティングは、まず叫び、その反響に耳を傾けるというものだった。これは認知度を高めるための戦術であり、ファネルの入り口に人々を集めたい場合は有効だ。認知度は今も極めて重要な問題であり、これがグランズウェルの登場によって変わることはない。

マーケターが備える必要があるのは、その次に起きること――つまり会話である。ファネルの中に入った人々は検討のプロセスに入る。これは人間、コメント、フィードバックが錯綜する混乱したプロセスであり、一回叫べば解決する類のものではない。

マーケティング部門はグランズウェルに耳を傾け、人々の声に反応するスキルを身につける必要がある。こうしたスキルを企業はすでに持っているが、これまではコンサルティング販売や顧客サポートなど、限られた部分でしか使われてこなかった。これからはマーケターも、顧客に個人として対応する方法を学ぶ必要がある。このスキルを身につけたマーケターは「会話のモデレーター」として、SNSに投稿された記事、ブログに寄せられたコメント、コミュニティの活動、ユーザー生成サイトに投稿されたビデオなどに対応していくことになる。

こうしたスタッフにはコストがかかるが、反応の結果はネット上に長く残ることを忘れてはならない。スタッフの回答は質問者だけでなく、多くの人の目に触れる。E&Yのダン・ブラックが職就希望者に与えた回答や、HPのエリック・キンツが投稿したサーバーソフトウェアに関する記事や、少女に対するアイリス先生のアドバイスは今後、何百人もの潜在顧客に読まれるだろう。これが、グランズウェルと話をすることのメリットだ。

会話とは聞くだけでなく、相手の言葉に反応することでもある。必要なのは一度限りの「ビッグバン」ではない。ブログやコミュニティ、SNSを通して継続的に反応していくことだ。HPのビンス・フェラーロは、顧客の印刷トラブルを解決するためには二本目の記事を投稿する必要があることを理解していた。このような思考を、ぜひ身につけてほしい。キャンペーンは始まったら終わるが、会話は永遠に続いていく。

マーケターと広告代理店の関係も変わる。

従来の広告代理店は、一方的に叫ぶタイプの広告を得意としている。あるチームが広告を作り、別のチームがそれをメディアに提供する。そして広告の結果を測定し、標的顧客に良い影響を与えられたかどうかを確認する。

広告代理店はまだ会話に慣れていないが、中には学習を始めたところもある。たとえばカラット／

アイソバーはSNSでキャンペーンを実施し、その成果を測定することに成功した。エデルマンのミー2レボリューション（Me2Revolution）はソーシャルテクノロジーに照準を定めている。初期にはヘマもしたが、広告代理店もいずれは成長し、クライアントのプロジェクトを効果的に支援できるようになるだろう。広告代理店を選ぶ時は、ファネルの中の人々を対象としたソーシャルキャンペーンを実施し、その成果を測定した経験があるかを確認しよう。

結果を測定しない限り、キャンペーンが成功したかどうかはわからない。現代のマーケターと広告代理店が測定しなければならないのはリーチやフリークエンシーではない。そのはるか先にある「エンゲージメント」だ。つまり、見込み客がファネルをどこまで進んだかである。エンゲージメントを測定するのは難しいが、サイト上のナビゲーションパスやブログへのコメントを追跡したり、製品に関するバズや顧客感情を測定したりすること（第五章参照）は判断の助けになるだろう。

グランズウェルと話をすることについて、一つ頭に入れておいてほしいのは、「会話は進化し続ける」ということだ。個々のテクノロジーは変わっても、グランズウェルのテクノロジーが会話的な性質を失うことはない。話をし、耳を傾け、反応することを学んだ企業は、ファネルの内部を制するだろう。

本章で紹介したマーケティング手法は、どれもクチコミの力を利用している。グランズウェルと話をすることは、会話を促進することに等しい。グランズウェルではクチコミが大きな力を発揮する。クチコミをうまく使えば、売り上げを伸ばすことさえ不可能ではない。これが第七章のテーマだ。次

章ではグランズウェルを使って、熱心な顧客をセールスマンに変える方法を紹介する。

第七章　グランズウェルを活気づける

ジム・ノーブルはジョージア州出身のコンピュータセキュリティエンジニアだ。仕事で世界中を飛び回っている彼は、普段は冷静な現実主義者だが、かばんの話になると急に熱くなる。

飛行機に乗れば、一九〇センチ、一三六キロの巨体をシートに沈めるやいなや、自分のノートPCバッグのことを隣の乗客に語り始める。ジムいわく、これは「即興のデモ」だ。まずは「吐いたカボチャ色」（本人談）の内装のおかげで、こまごまとしたアクセサリ類も出し忘れる心配がないことを指摘する。そして「このバッグには一センチ四方たりとも無駄なスペースはないんです」と断言し、相手がさえぎるまで延々と語り続ける。

なぜ、ジムはかばんのエバンジェリストになったのか？　それはネットストアの「eバッグス（eBags）」が、顧客を活性化する方法を見つけたからだ。

ことの次第を説明しよう。丸一カ月間、出張であちこちを飛び回っていたジムは、ニューヨークのセキュリティカンファレンスに向かっていたとき、ノートPCバッグのファスナーが壊れていることに気づいた。販売元のeバッグスに問い合わせたところ、翌日にはファスナーを交換してくれた。しかしバッグの故障に腹を立てていたジムが、一転してeバッグスのファンになったのはそのせいではない。ジムの心をつかんだのは、彼のレビューを読んだeバッグスのスタッフが彼に連絡を取り、香港の工場に指示して、ジムのようなヘビーユーザーが酷使してもファスナーが壊れないよう商品のデザインを変えたことだった。

仕事柄、正確さを重んじるジムはeバッグスが顧客の意見を聞き、問題点の改善に努めていることを知ると、同社の忠実な顧客となり、周囲にもeバッグスの商品を勧めるようになった。

eバッグスは顧客の声に耳を傾け、顧客と話をしているだけでなく、顧客を活気づけている。熱心な顧客を見つけ、クチコミの発信器に変えている。もっとも、普通の客はジムと違ってかばんのことを熱く語ったりはしない。そこで同社はもっと控えめなアプローチを使う。eバッグスのサイトにレビューを書くよう勧めるのだ。これがグランズウェル的思考の第三段階、「活性化」である。

■活性化とは何か

ある年齢以上の人なら、一九七〇年代末に流れた「ファベルジェ・オーガニックス」シャンプーのCMを覚えているだろう。女優のヘザー・ロックリア（そう、彼女だった）が画面の中からこう語りかける。「（ファベルジェのシャンプーがあまりにも素晴らしいので）二人の友だちに伝えたところ、彼女たちがまた二人の友だちに伝え、その友だちがまた二人に伝え、その友だちがまた……」

これぞ、マーケターの夢だ。

政治家は支持者を熱狂させることで、自分の主張を広める。これは政治家と支持者だけでなく、企業と顧客の関係にもあてはまる。顧客を活気づけることは、グランズウェルをビジネスに活用するための強力な手段だ。

活気づけられ、活性化された顧客はバイラルマーケティングの担い手となり、ブランドの価値を無償で周囲の人に広めるようになる。その良い例がeバッグスのエバンジェリストとなったジム・ノーブルだ。もちろん、一人の消費者にマスメディア並みのリーチを期待することはできない。しかしクチコミはブランドマーケティングの強力な増幅器となって、メディアキャンペーンでは達成し得ない成果を生み出す。それは、クチコミに次のような特徴があるからだ。

□**信頼性が高い**：顧客の証言は、メディアの情報よりもはるかに信頼される。
□**自己強化的である**：一人から聞けば興味をそそられるだけの話も、五～一〇人から聞くと、相手が見知らぬ人でも本当の話だと思えてくる。
□**自己増殖する**：ヘザー・ロックリアのセリフではないが、優れた製品であれば、クチコミはさらなるクチコミを呼び、爆発的に広がっていく。

アメリカのクチコミマーケティング協会（WOMMA）によれば、クチコミとは「自らの経験を家族、友人、仲間と分かち合いたいという人間の自然な欲求に根ざした、最も正直な形のマーケティング」

だ。[※1] クチコミをねつ造することはできないが、促進することはできる。ＷＯＭＭＡのサミットに毎年五〇〇人以上のマーケターが集まる理由も、そこにある。

第五章と第六章で述べたように、グランズウェルに耳を傾ければ顧客インサイトを得られる。グランズウェルに語りかけるのも効果的だ。しかしマーケターはその先、つまりグランズウェルの活性化にも目を向けなければならない。ｅバッグスがノートＰＣバッグのデザインを変えることでジム・ノーブルの心をつかんだように、熱心な顧客を刺激し、発奮させることで、企業はクチコミの力をビジネスに活用することができる。

顧客の活性化とソーシャル・テクノグラフィックス

第三章で紹介したソーシャル・テクノグラフィックスの「はしご」を思い出してほしい。すでに述べたようにアメリカのオンライン消費者の一八％は創造者だ。つまり顧客が六人いれば、一人以上はブログを書いたり、ビデオを投稿したり、ウェブサイトを更新したりしていることになる。顧客は商品の話をしているのだろうか？　気に入っている商品があるなら、その可能性はある。いずれにしても、人々が話をしていることは間違いない。

しかし、グランズウェルを構成しているのは創造者だけではない。たとえばアメリカでは、オンライン消費者の四人に一人が批評者だ。彼らはブログにコメントを付け、格付けし、レビューを投稿している。一方、オンライン消費者の約半数を占める観察者は、創造者が作ったブログを読んだり、閲覧したりしている。

もし創造者グループに属する顧客に働きかけ、商品に関する記事を書いたり、ビデオを投稿したり

友人の意見を信頼すると回答した人は、新聞、雑誌、およびテレビで見たレビューを信頼すると回答した人より多かった。また消費者の60%は、小売サイトに掲載されている見ず知らずの人のレビューを信頼すると答えている。

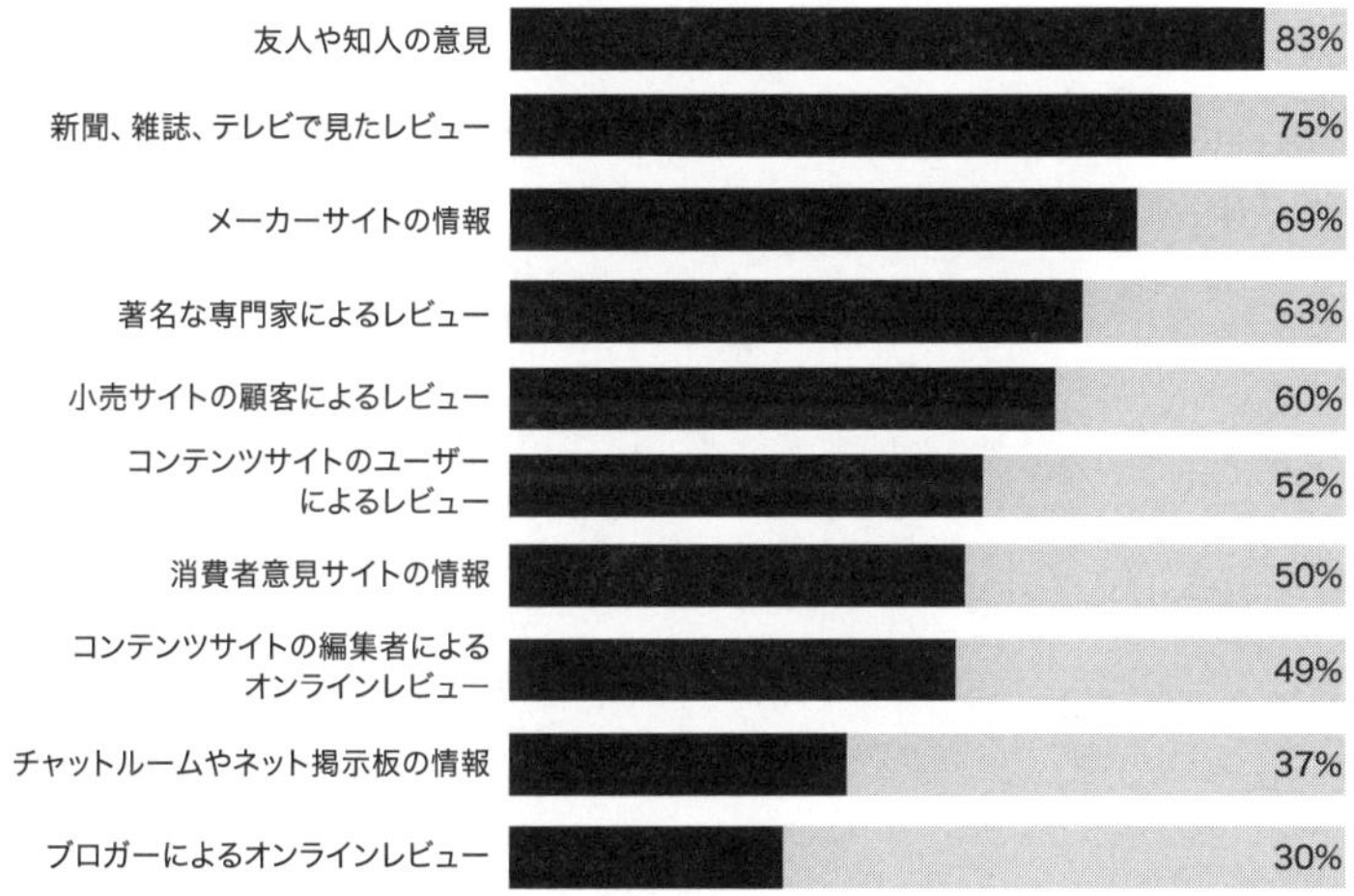

1（信頼しない）から5（完全に信頼する）までの5段階評価で4または5をつけた回答者の割合。

統計ベース：北米のオンライン消費者

出典：Forrester' s NACTAS Q3 2006 Media & Marketing Online Survey

図7-1　北米の消費者が信頼する情報源

してもらうことができれば、はしごの下のほうにいる人々にも、その商品を知ってもらうことができる。つまり、ちょっとした工夫が大きな影響を生む可能性があるのだ。しかも図7-1が示しているように、人々はメディアの情報より仲間の意見を信頼する傾向があるため、その影響はさらに大きくなる。

顧客を活気づけるメリット

すでに述べたように、本書はグランズウェル戦略のROIにも注目している。では、活性化戦略を実行することで、企業はどのくらいの利益を見込めるだろうか？

フレッド・ライクヘルドの著書『顧客ロイヤルティを知る「究極の質問」』[※2]（ランダムハウス講談社）には、その答えがはっきりと示されている（本書は、ここ数年に出たビジネス書の中でも特に重要な一冊である）。本書のいう「究極の質問」とは、「○○○［会社名／商品名］を友人や同僚に勧める可能性は、どのくらいありますか？」というものだ。顧客はこの質問に○～一〇の指標で答える。推奨者（九～一〇をつけた人）から批判者（○～六をつけた人）を引いた値が「推奨者の正味比率（NPS：Net Promoter Score）」となる。徹底的な調査の結果、NPSは多くの業界で持続的な成長と関連していることがわかった。

推奨者の良い例がeバッグスの顧客のジム・ノーブルだ。ジムのような推奨者には、どのくらいの価値があるのだろうか？　それは企業のビジネスにクチコミがどれくらいの役割を果たしているかによる。たとえばデルの新規顧客の二五％は、デルを選んだ理由に既存顧客からの紹介を挙げている。デルの顧客の価値は一人平均二一〇ドルだ。この数字をもとに、フレッドは推奨者の肯定的なクチコミの価値を四二ドルと見積もる。[※3]もし顧客が肯定的なクチコミを伝える相手が倍になれば、利益も倍になる。これが、顧客を活気づけるメリットだ。

ただし、注意点が一つある。フレッドが我々に語ったように、「新規顧客の獲得に評判や紹介が大きな役割を果たしている場合と、（中略）広告が大きな役割を果たしている場合とでは、推奨者の価値は違う」。しかし活性化された顧客がいるかどうかは、ビジネスの健全性や成長力を判断する重要な指標になるとフレッドは断言する。顧客を活気づけ、クチコミを生み出すことができれば、紹介客は増え、平均購入額は上昇し、業績は必ず向上する。

クチコミが有効であることは、クチコミを〝販売〟している企業があることからもわかる。マサチューセッツに本社を置くバズエージェント（BzzAgent）は、クライアントにクチコミプログラムを販売している。[※4] 三〇万人の「ボランティア・ブランドエバンジェリスト」を抱える同社は、クライアントの製品や購入割引券を「バズエージェント」と呼ばれるボランティアたちに送っている。製品が気に入らなければ、バズエージェントたちは何もいわない。もし気に入ったら、その製品を話題にする。

ソーシャル・テクノグラフィックスのはしごでいえば、彼らは批評者だ。コーヒーの無料券や新製品を試すわくわく感と引き換えに、バズエージェントたちはクライアントの製品を試す。そしてキャンペーンごとに、平均六〇人に語りかける。

費用は、一万人のバズエージェントを使う場合で二八万ドル。同社の手法を問題視する声もあるが、効果はあるようだ（同社は二〇〇五年から二〇〇七年の間に三〇〇件以上のキャンペーンを手がけた）。費用から逆算すると、消費者を活性化するコストは一人あたり二八ドルとなる。

悪くはない。しかし自社の顧客を活気づけることができれば、バズエージェントと組むよりも、さらに大きな効果を得られる可能性がある。バズエージェントは依頼されたものしかレビューしないが、顧客は自分が気に入った商品であれば、自発的に評価するからだ。しかも一度限りではなく、何年にもわたって語り続ける。ここに、顧客を活性化する価値がある。

■熱心な顧客を活気づける方法

フレッド・ライクヘルドの著作を読み、バズエージェントのビジネスモデルを検討した結果、熱心な顧客（つまり自社の「ジム・ノーブル」たち）の情熱を活用することを決めたとしよう。では顧客が自社の製品を話題にしたり、自分の知識を周囲に伝えたりできるようにするためには、どうすればいいのだろうか？

顧客の活性化に成功した企業に話を聞いた結果、ブランドがファンとつながる方法は主に次の三つに絞られることがわかった。

□一　**格付けやレビューを導入し、顧客の情熱を活用する**：小売企業や直販型の企業に適した方法。具体的な方法は最初の事例（eバッグスの事例）を参照してほしい。

□二　**コミュニティを作り、顧客を活気づける**：熱烈なファンがいる企業や、顧客同士が親近感を抱いている企業に最適（特にB2B企業）。二つ目の事例では、メールマーケティングサービスを提供するコンスタントコンタクトの例を紹介する。

□三　**ファンが作ったネットコミュニティに参加し、メンバーを活気づける**：三つ目の事例では、レゴが熱心な成人ファンを活気づけた時の方法を考察する。

■事例　格付けやレビューを使って顧客を活気づける：eバッグス

eバッグスのマーケティング担当シニアバイスプレジデントのピーター・コブは、熱意の塊のような人物だ。数年前にがんを克服し、今はかばんのセールスに全力を注いでいる。eバッグスのビジネスが成功を収めていることは間違いない。旅行かばん、バックパック、ハンドバッグなどをネットで売り始めてから八年になるが、同社は今も年三〇％の成長を続けている。しかしeバッグスの特筆すべき点は、顧客との関係にある。同社は顧客を極めて強力な資産に変えた。これは、ピーターのお気に入りの話題でもある。「カスタマーレビューを導入したときは、その詳細さに驚かされました」とピーターはいう。現在ではサイトのトップページの目立つ場所に、カスタマーレビューと格付けへのリンクが設置されている。

たとえば今度のヨーロッパ旅行のために、バックパックとしても利用できる機内持ち込み用のキャリーバッグを買うことにしたとしよう。五〇ドル、一〇〇ドル、中には二〇〇ドルのものもあるが、問題は値段ではない。バッグの使い勝手が悪ければ、異国の地で痛みとストレスにさいなまれることになるのだから、絶対に良い買い物をしなければならない。

eバッグスのトップページにアクセスすると、三、四クリックで「ウィークエンダー・コンバーチブル」のページにたどり着く。ページの説明を読むと、バッグの値段は五九ドル九九セント。eバッグスでも指折りの売れ筋商品であるだけでなく、「一一八五人中、一一五一人が、この製品をもう一度買ってもよいと考えている」という。[※5] 素晴らしい！　ほめるにせよけなすにせよ、一〇〇〇人以上がこの商品を評価する時間を取ったのだ。しかも、九七％は良い評価を与えている。その上、外観、堅牢性、コストパフォーマンスの指標では一〇段階評価で九以上の評価を得ているのだから、かなり安心だ。

では、どんな人がレビューを書いているのか？　オレゴン州ポートランドの女性は、普段はあまり旅行には出かけないが、今回はバカンス先でこのバッグを使ったという。

最初にこのバッグを買ったのは夫でした。それがとても良かったので、自分用にも買ったんです。他の人のレビューにもありましたが、ヨーロッパの街を歩くなら、このタイプが一番ですね。ヨーロッパの道は石畳なので、キャスター付きのものは使い物になりません。先日の旅行では、キャスター付きの普通のキャリーバッグは預けて、このバッグを機内持ち込みにしました。キャスターがなく、素材もやわらかいので、機内の荷物棚にもきれいに収まります。最近は手荷物の重量制限が厳しくなっていますから、機内持ち込み用のバッグはサイズ違いを二つ持っておくのがいいでしょう（大型のバッグは荷物を入れると重量オーバーになる可能性があるので）。特に二つ目のバッグを探している方にはお勧めです。

どこの誰かは知らないが、ありがとう。石畳のくだりは鋭い指摘だ。考えてもみなかった人もいるに違いない。機内持ち込み用のバッグを二つ用意するというのも、良いアイディアだ。しかも、夫が同じものを買ったあとで買ったというのだから、ますます安心できる。では低い評価を付けた人は、どんな意見なのだろうか？　カスタマーレビューは評価順に簡単に並べ替えられる。マサチューセッツ州ジャマイカプレーンのデビッドの意見は次のようなものだった。

とてもいい商品だが、僕が考えていた用途には小さすぎたので返品した。僕は大柄なので、大きい服を入れられるだけのスペースが必要なんだ。素材は素晴らしいし、ファスナーも頑丈そうだ。収納可能なストラップや腰ベルトの品質も、同種のバッグより高いと思う。ただ何点か気に入らない点があった。①容量を増やせないので、大きめの手荷物としては使えない。②正面のポケットにファスナー付きポケットとペンホルダーが付いているので、容量の面で融通が利かない。③ストラップを収納しても、バックパックに見える。④コンプレッションストラップが一部にしか付いていないので、バッグ全体を圧縮できない。結局、値段は少し高かったがリック・スティーブスのバッグを買った。リック・スティーブスのバッグはつくりでは劣るが、容量がもっと多い（それでも機内には持ち込める）。荷造りがうまくて、必要最小限のものだけ入れればいいという人には、ウィークエンダー・コンバーチブルは素晴らしい選択肢だと思う。

なるほど、デビッドはこのバッグが気に入らなかったわけだ。でも、それは荷造りが下手だからかもしれない。それに彼の服は普通の人の服よりかさばるのだ。それだけが問題なら、ウィークエンダー・コンバーチブルを買っても問題はなさそうだ。

クリック一つで不安は解消。eバッグスのピーター・コブは優秀なセールスマンだが、今回は出番がなかった。顧客が代わりに売ってくれたのだ。

eバッグスはどうやって顧客を活気づけたか

かばんを買うというのは感覚的な行為だ。アマゾンで本を買うのとは違う。アマゾンの客は実物を見なくても本を買う。しかし、かばんと持ち主の関係はもっと親密だ。かばんにはものを入れる。自分の持ち物を託すのだから、何でもいいというわけにはいかない。商品に触れ、店員と話ができる実店舗と比べると、ネットショップにはハンディがある。このことを理解していたeバッグスの経営陣は、サイトに格付けとレビューの仕組みを導入し、実物を見ずにバッグを買う不安を解消した。

本章で取り上げたいくつかの事例と異なり、かばんにはコミュニティがない。人々が集い、コーヒーを飲みながら、「かばん」について語り合うことはない。かばんマニアもいない（いたとしても、会いたいとは思わないだろう）。しかし自分の持ち物を入れるものを、人々が気にかけていないはずはない。事実、eバッグスは商品を発送した二一日後に購入者にメールを送り、商品のレビューを書くよう促しているが、購入者の二二％はこの誘いに応じている。ソーシャル・テクノグラフィックス・プロフィールのはしごでいえば、彼らは批評者だ。このグループの顧客にとっては、かばんの使用経験をブログに書くとか、かばんに関するビデオをユーチューブに投稿するといった創造者型の活動より、レビューを書くほうがはるかにハードルは低い。

図7-2はビジネス旅行者のソーシャル・テクノグラフィックス・プロフィールである。どのグループでも値は平均を上回っている。この種の消費者を相手にする場合は、まず批評者型の活動を促進し、それを通して観察者に影響を与えることが望ましい。つまりビジネス旅行者に働きかけたいなら、格付けとレビューが最高の選択肢になる。

eバッグスのサイトは、グランズウェルを体現している。助け合うことは人間の本能だ。それを、同社のマーケターであるピーター・コブは理解していた。そこで彼は話をしやすい環境を作った。環境が整うと、人々は会話を始めた。そして多くのグランズウェル現象と同様に、eバッグスのサイトも有機的に成長していった。レビューを参考に商品を買った人は、商品が届き、自分でも使い始めると、「レビューを投稿してみようかな。誰かの助けになるかもしれないし」と考えるようになる。

以上が、グランズウェルを活気づける簡単な方法だ。アカウントを作る必要もなければ、プロフィールを更新する必要もない。サイバーストーカーを駆除する必要さえない。しかし効果はある。

格付けとレビューのメリット

格付けとレビューはeバッグスに莫大な利益をもたらしている。レビューは商品の購入率を高め

ビジネス旅行者は平均よりも批評者または観察者である可能性が高い（ビジネス旅行者の定義は、過去12カ月以内に出張で50マイル以上移動した人）。

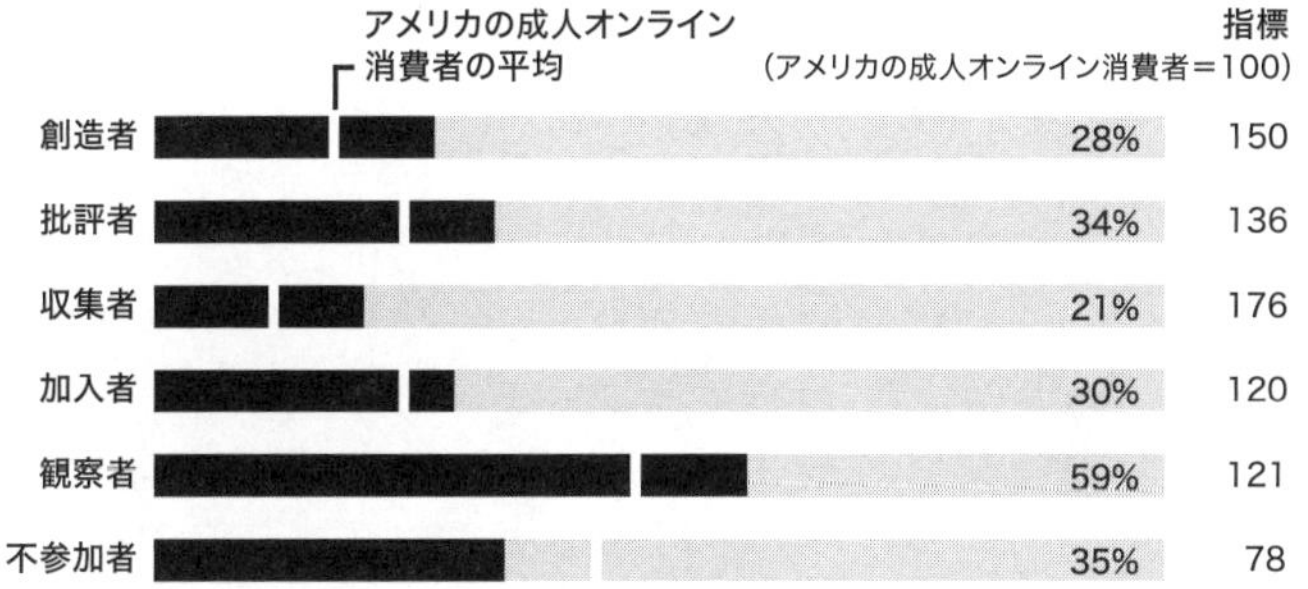

統計ベース：アメリカの成人オンライン消費者

出典：Forrester's North American Social Technographics Online Survey, Q2 2007

図7-1　ビジネス旅行者のソーシャル・テクノグラフィックス・プロフィール

る。比較対照がないので（eバッグスにはレビュー機能のないページはない）、具体的にどのくらい購入率が上がったかはわからないが、フォレスター・リサーチの調査ではEコマースサイトの顧客の七六％が商品購入時にネット上のレビューを参考にすると答えている。[※6] Eコマースサイトのうち、格付けやレビュー機能を実装しているのは全体の二五％に過ぎないが、その九六％は格付けとレビューが販促に貢献していると述べている。[※7] フォレスター・リサーチのアナリストで、オンライン小売業に詳しいスチャリタ・ムルプルーは、レビュー機能は不可欠だと断言する。「日用品を扱うサイトなら、顧客からのレビューを集めて公開するべきです」

格付けやレビューのシステムを開発しているバザールボイス（Bazaarvoice）は、対照群を用いた研究を実施している。たとえばペット用品サイトの「ペットコ（Petco）」では、好意的なレビューを読んだ顧客は、レビューを読んでいない顧客より商品の購入率が四九％高かった。[※8] 直接比較することは難しいが（レビューを読む人は、そもそも商品に対する関心度が平均より高いため、購入意欲も高いのかもしれない）、格付けとレビューが購入率を高めていることは間違いない。

表7-1は、eバッグスと同規模のサイトに格付けとレビューを導入した場合のROIだ。二〇万ドルを投じて、これらの機能を導入した場合、かなり控えめに見積もっても初年度で四〇万ドル、二年目以降はそれ以上の利益が見込める。一年で投資額の倍を回収できるのだから、費用対効果は悪くない。

ウェブ担当者の中にも、この可能性に気づいている人はいるが、否定的なレビューが投稿されることを恐れて導入に踏み切れない。しかしフォレスター・リサーチの調査では、レビューの約八〇％は好意的であることがわかっている。[※9] もっというなら、否定的なレビューはサイトの信頼性を保つため

バザールボイスのシステムを利用する場合は、年間約2万5000ドルのシステム利用料に加えて、約5万ドルを開発費用として先払いする。格付けの効果は、顧客の回答を社内スタッフが分析する場合に最も高くなる。

費用分析（初年度）	**費用**
テクノロジーベンダーに支払う開発費（先払い）	50,000ドル
テクノロジーベンダーに支払う運営費（年間）	25,000ドル
社内で発生する運営費	125,000ドル
総費用（初年度）	200,000ドル

ここでは年間2500万ドルを売り上げるオンライン小売店を想定した。年間のサイト訪問者は1000万人、そのうちの25万人が商品を購入し（顧客転換率2.5%）、1回あたりの購入額は平均100ドルと仮定。格付けを導入することで、顧客転換率は20%、取引規模は平均10%上昇すると予想（多くの企業では上昇率はもっと高い）。また初年度にもっとも多くのレビューを獲得するのは売れ筋商品であるため、レビューによって売り上げが伸びるのは上位20%の商品のみとした。

利益分析（初年度）	**格付けとレビューの導入後**
サイト訪問者	1000万人
レビューを閲覧した訪問者（初年度は20%）	200万人
通常商品の売上高 （顧客転換率2.5%、1回の取引規模100ドルとして計算）	5,000,000ドル
格付け／レビューが付いている商品の売上高 （顧客転換率3%、1回の取引規模110ドルとして計算）	6,600,000ドル
格付け／レビューに起因する売上高の純増	1,600,000ドル
利幅25%とした場合の利益の純増	400,000ドル

表7-1　格付けとレビューのROI

にも不可欠だ。批判的なレビューがまったくなければ、好意的なレビューも信用されない。

評価の良し悪しにかかわらず、格付けとレビューが役に立つもう一つの理由は、サプライヤーに対する影響力だ。eバッグスは商品のことをメーカーよりもよく知っている。同社は毎週月曜に約三七〇の取り扱いブランドのすべてにレポートを提出し、商品の売れ行きだけでなく、商品に対する顧客の反応も伝えている。これはオフラインの小売店にはできない芸当だ。

この点に関して、ピーター・コブから聞いた興味深いエピソードを紹介しよう。eバッグスは「インターナショナル・トラベラー」というハードタイプのキャリーバッグを販売していた。シャープな外観が人気を集め、レビューでも絶賛されていたが、途中で風向きが変わった。「否定的な評価がちらほら現れるようになったんです」とピーターは振り返る。最初は週に一つ程度だったマイナス評価が、やがて週に三つ、六つと増えていった。「見た目はすごく気に入っているが、二回使ったらケースの外側にヒビが入った」とか、「タクシーに放り込んだら、衝撃で割れてしまった」といった苦情が相次いだ。ハードケース部分の加工が前と変わったのではないか、とピーターは考えた。この種のキャリーバッグは乱暴に扱われることが多いが、新型のハードケースは強度に問題があるように思えた。

メーカーは否定したが、ピーターは食い下がった。メーカーも譲らず、「いいえ、何も変えていません」と言い張った。

否定的なコメントはどんどん増えていった。するとメーカーの態度が変わった。「私のところに来て、『ご指摘のとおり、製造上の問題がありました。すぐに対応します』と頭を下げたのです」。修正の結果、ケースにヒビが入る問題は解消された。

従来の小売モデルでは、メーカーと最終消費者は完全に切り離されている。返品された商品はサプライチェーンを逆流するだけだ。百貨店のメイシーズには、このような問題を追跡する術はない。あったとしても、問題を発見するまでには何カ月もかかるだろう。しかしeバッグスは顧客と密接につながっていたので、数週間で問題を察知できた。グランズウェルと手を組むことで、eバッグスはサプライヤーに対する影響力を手に入れただけでなく、問題を解決することで顧客の称賛も得たのである。

■事例　コミュニティを作って顧客を活気づける：コンスタントコンタクト

スパムと合法的な電子メールの違いは何か？

簡単だ。スパムとは、受け手が望んでいない電子メールのことである。

単純な話だが、コンスタントコンタクト（Constant Contact）のビジネスはこの点にかかっている。同社はメールマーケティングサービスを通して、小企業が電子メールを使って顧客との関係を維持できるよう支援している。顧客のメールアドレスがあれば、企業はニュースレターや今月のセール情報を送り、歯や煙突の掃除を忘れないよう呼びかけ、売り上げを伸ばすことができる。しかしスパム対策法の施行以降、メールを不快だと感じれば、受信者はいつでも配信の停止を求められるようになった。合法のメールマーケティング企業はこのルールに従っているが、スパム業者はそうとは限らない。

コンスタントコンタクトのCEO、ゲイル・グッドマンによれば、同社の成長はクチコミに多くを負っているという。同社はクチコミを促進するために、既存客がメンバーを一人紹介すれば、両者に三〇ドルのクーポンをプレゼントする紹介プログラムを導入した。サービスは月次契約なので、不満があればいつでも解約できる。このため、顧客満足度は非常に重要だった。

「顧客が励まし合えるコミュニティフォーラムを作ってはどうか」というアイディアを聞いたとき、ゲイルが興味を持ったのはそのためだ。提案をしたのは、CEM（顧客経験管理）マネジャーのモーリーン・ロイヤルである。モーリーンは顧客との夕食会をいくつかの都市で開き、彼らが話好きであることをつきとめていた。小企業の経営者はグランズウェルにも積極的に参加している（図7-3）。顧客が交流できる場をネット上に作るのは、悪くないアイディアのように思われた。

二〇〇五年にスタートしたコミュニティ「コネクトアップ！」には、今や顧客の一〇%（一万三〇〇〇人）が参加している。このコミュニティは活況を呈しており、フォーラム数

小企業経営者が加入者である確率は平均とほぼ変わらないが、創造者・批評者型の活動に従事している確率は平均よりも高い。コンスタントコンタクトの顧客は電子メールをビジネスに活用しているため、グランズウェルの活動への親和性はさらに高いと思われる（小企業経営者の定義は、自身または配偶者を事業主として、従業員数50人未満の企業を経営している人）。

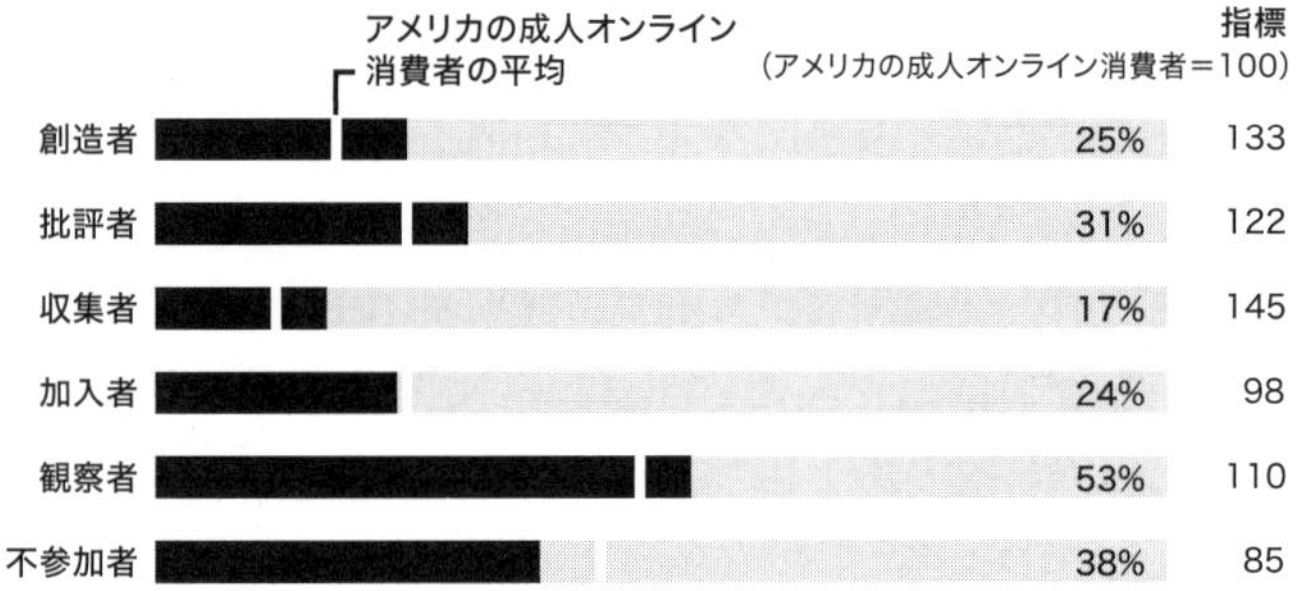

統計ベース：アメリカの成人オンライン消費者

出典：Forrester's North American Social Technographics Online Survey, Q2 2007

図7-3　小企業経営者のソーシャル・テクノグラフィックス・プロフィール

は三九、投稿数は六〇〇〇件を超える。※10 メンバーはお互いの質問に答え、新入りを励まし、友人を紹介している。「コネクトアップ！」は、活性化された顧客の「たまり場」となった。

コミュニティのメンバーの三〇％は、コンスタントコンタクトに友人を紹介している。同社の試算では、紹介された顧客の生涯価値は約一五〇〇ドルだ（費用は謝礼の六〇ドル）。二〇〇五年から二〇〇六年にかけて、同社の売上高は八八％増えた。これは前年の実績である八二％を上回る。※11 ビジネスは好調だ。コミュニティを使って顧客を活気づけたことが、成長の促進剤となっていることは間違いない。

コミュニティがなぜ収益の伸びにつながるのか？　その理由を理解するには顧客基盤、つまりPOSTプロセスの第一段階である「人間」に目を向ける必要がある。当然だが、コンスタントコンタクトの顧客はすでにネットを利用している。しかも、小企業の経営者はコミュニティ適性が非常に高い。レストラン経営であれ、配管業であれ、「経営」という難題を共有しているからだ。また、ほとんどの人はテクノロジーやマーケティングの専門家ではないので、他のメンバーの成功事例から多くを学べる。自分の成功談を自慢したい気持ちも強い。同社がサービスのログインページでコミュニティへの参加を呼びかけたとき、多くの顧客が応じたのは不思議ではなかった。

コンスタントコンタクトの顧客にはもう一つ大きな共通点があった。それは、「スパム業者にみられたくない」という思いだ。

新しいフォーラムで最初に盛り上がった話題は、スパムに関するものだった。議論は過熱し、フォーラムには緊迫した空気が流れた。スパムレポートが多すぎるという理由で、アカウントを凍結された経験のあるメンバーが不満を述べたのだ。一方、コンスタントコンタクトが（スパム業者ではなく）合法のメールマーケティング企業とみなされているのは、こうした措置のおかげだと主張する擁護派もいた。オンラインセミナーを開き、会社の方針を説明することで、ゲイルは事態を収拾した。コミュニティが提起した問題をコンスタントコンタクトは受け止め、対応した。その結果、メンバーはコンスタントコンタクトとの契約を継続し、再び新しい顧客を紹介するようになった。

コンスタントコンタクトのコミュニティには今も自立した雰囲気がある。メンバーを突き動かしているのは「利他心」や「先行投資」といった動機だ（第三章参照）。たとえば二三歳のカナダ人女性で、eマーケティングの専門家として働くケリー・ラスク（ハンドル名は「カードコミュニケーションズ」〔cardcommunications〕）は、次のような投稿に回答するのが楽しいという。※12

バッドアンディ80

コンスタントコンタクトによれば、私は「邪悪なスパマー」らしい。先日二〇〇〇通のメールを送ったところ、六通のスパムレポートが届いた。これはコンスタントコンタクトの基準である一〇〇〇分の一を超えている。

アカウントの凍結を解除してもらうためにコンスタントコンタクトに連絡すると、電話口で二〇分も持たされたあげく、スパムレポートを六通も受け取るなんて、どんな悪人だといわんばかりの応対を受けた。担当者は本気で腹を立てているようだったね。「これが最後のチャンスだ」と脅されたときは耳を疑ったよ。今度やったら、うちのシステムから追い出すってわけだ。

カードコミュニケーションズ

失礼な担当者ね。そんな態度を取るのは許されないと思う。

でも、コンスタントコンタクトの対応自体は適切なのでは？　スパムクレームが届けば、ISPのブラックリストに載る可能性もあるわけだし。

スパムクレームを気にとめないメールサービスプロバイダーがあるなら、そのほうが心配よ。せっかくメールを送っても、スパムフォルダに分類されたり、ISPにブロックされたりしてはもともこもないもの。

配信許可を得ていることを説明する文章を見直して、できる限り具体的に書くようにしてはどう？（例：「このメールは弊社サイトの情報請求フォームに記入し、弊社からメールを受け取ることを承諾された方にお送りしています」）

もしまぎらわしい方法で許可を得ているなら（配信許可を明確に求めていないとか）、メールマーケティング戦略を見直すべきね！

ケリーの返信が、コンスタントコンタクトにとってどんな意味を持っているかを考えてみよう。もしバッドアンディ80が受信者の許可を得ずにアドレスリストを作成しているなら、コンスタントコンタクトを利用するのはあきらめるべきであり、スパマーのそしりを受けてもやむを得ない。もし間違ってしまっただけなら、ケリーのアドバイスを参考にビジネスのやり方を見直せばよい。二人のやり取りを読んだ人も、ケリーの書き込みから有益な情報を得るだろう。その結果、多くの顧客が態度を改めればビジネスの健全性は高まり、コンスタントコンタクトの顧客がスパム業者とみなされる危険性も減る。問題のあるメンバーを切り捨てるより、コミュニティの中で教育したほうが企業にとってのコストははるかに低い。

モーリーンは次のように述べている。「重要なのは、自分は利害関係者だという意識を顧客に持ってもらうことです。そういう意識のある顧客は、当社の成功を自分のことのように思ってくれる。そのような顧客が、コンスタントコンタクトを離れることはありません」

活性化の教訓

コンスタントコンタクトの経験から得られる教訓は何だろうか？

第一の教訓は、B２B企業のほうがコミュニティを構築しやすいということだ。ビジネスパーソンには仕事という共通点がある。コンスタントコンタクトの顧客は、「小企業のメールマーケティング担当者」だ。実際、消費者企業よりB２B企業の顧客のほうが共通点を意識しやすい。法人客は、会社は違っても同じ仕事を成し遂げようとしている。それに対して、消費者企業の個人客は親近感を持つこともあれば（第五章で紹介したミニのオーナーなど）、持たないこともある（eバッグスのかばんの購入者など）。

第二の教訓は、コミュニティが暴走する可能性だ。コンスタントコンタクトのコミュニティではスパムの議論が過熱した。ゲイルとモーリーンはメンバーの議論を不安な思いで見守っていたが、適切な行動を取ることで、コミュニティの態度を好ましい方向に変えることができた。コミュニティを立ち上げるなら、論争が発生した際の対処方法を事前に考えておく必要がある（問題発言をするメンバーをコミュニティから締め出すという選択肢はない。そんなことをすれば、人々は独自のコミュニティを立ち上げ、会社の手が及ばない場所で議論を始めるだろう）。

第三の教訓は、目的の達成状況を測定することだ。「コネクトアップ！」は顧客を活気づけるためのコミュニティであり、そこでの活動はすべて、好ましい態度を強化し、新しいメンバーを応援し、紹介を促進することを目的としている（新コーナー「自慢のキャンペーンを教えてください」も同じ）。そうすることで、ゲイルとモーリーンはコミュニティ戦略の成果を測定できるようになる。これはグランズウェル的思考の基本だ。

■事例　既存のコミュニティを活気づける：レゴ

熱心なファンを持つ製品は、自然にコミュニティを形成することがある。

第三章に登場したトールモー・アスキルドセンは、そのことを知っていた。トールモーは世界第六位の玩具メーカー、レゴグループの上級事業開発ディレクターだ。もっとも、彼が標的としている顧客はレゴを「玩具」とは考えていない。

彼の標的は、レゴを単なるおもちゃではなく、創造的な建築資材とみなしている「成人のレゴ愛好家（ＡＦＯＬ）」だ。トールモーによれば、レゴの売り上げ（一〇億ドル超）の五～一〇％はＡＦＯＬたちが生み出しているという。

二〇〇五年、レゴは当時としては無謀とも思える商品を発売した。三一〇四のピースからなる巨大なレゴキット「インペリアル・スター・デストロイヤー」だ。二九九ドルという高額な商品だったが、売れ行きは上々で、歴代のレゴキットの中でも有数のヒット商品となった。この巨大キットを買ったのは、ほとんどが大人のレゴファンだった。

トールモーは、ＡＦＯＬたちが活気あるコミュニティを形成していることを知っていた。このコミュニティ「レゴ・ユーザーズ・グループ・ネットワーク（ＬＵＧＮＥＴ）」（www.lugnet.com）を所有し、運営しているのはレゴではない。世界中にいる何千人ものレゴ愛好家たちだ。もしレゴがLUGNETのようなコミュニティを自前で作ろうとしていたら必ず失敗していただろう。コミュニティは、つながりたいという人々の欲求を満たすものであって、コントロールしたいという企業の欲求を満たすものではない。コミュニティがすでにあるなら、それを尊重しよう。

新しいコミュニティを作る代わりに、レゴは「レゴアンバサダー（レゴ大使）」プログラムを作った。このプログラムには二つの目的があった。一つは、AFOLコミュニティの中心メンバーとの関係を築くことだ。もう一つは、AFOLたちの濃密なコミュニティで何が起きているのかを把握することである。アンバサダーはレゴから発売予定製品に関する情報を受け取ると、それを自分のネットワークを通して知人やネット仲間に広める。他のAFOLたちの声に耳を傾け、合意を形成し、コミュニティの要望をレゴに伝えることもアンバサダーの大切な任務だ。

レゴブロックの熱心なファンは、約二五のアンバサダー枠をめぐってしのぎを削っている。数を制限することで競争が生まれ、ファンは同社のメッセージの代弁者になろうと奮闘する。しかも、アンバサダーの報酬は現金ではなく、レゴブロックだ！このような報酬は、会社にとっては安上がりでもファンには大いに喜ばれる。

第三章では三人のAFOLを紹介した。創造者のエリック・キングスリー、批評者のジョー・コモー、そして観察者のリンダ・ニーだ。ソーシャル・テクノグラフィックスのはしごに占める位置は違っても、全員がレゴの重要な顧客である。創造者グループの顧客を刺激するのは、それほど難しくない。しかも、創造者の声は大勢の批評者や観察者に届く。レゴがエリックをアンバサダーに任命したのは、そのためだった。

活性化のＲＯＩ

ＡＦＯＬコミュニティを活気づけることで、レゴはどのくらいの利益を得たのだろうか？　利益が費用を大幅に上回っていることは確かだ。

アンバサダープログラムを実施するために必要なものは、ネット上での調整活動、スタッフの時間、数回の出張、そして報酬（レゴブロック）である。我々の試算では、総費用は二〇万ドル前後だ。

一方、二五人のアンバサダーはそれぞれ約一〇〇人のＡＦＯＬたちとつながっている。合計すれば約二五〇〇人だ（オンラインでの交流を含めれば、その数はさらに増える）。ＡＦＯＬは一人あたり年間約一〇〇〇ドルのレゴ製品を購入する可能性がある。アンバサダーの活動によって、それが年間一二〇〇ドルに増えれば、二〇万ドルの投資で五〇万ドルの増収が実現することになる。

ｅバッグスのケースと同じように、活性化は間接的なメリットももたらす。製品に関するフィードバックはその一つだ。レゴにとってアンバサダーはＡＦＯＬコミュニティの代表である。レゴアンバサダープログラムを導入したことで、トールモーと製品デザイナーたちは、この緊密で互助的なコミュニティの中核メンバーといつでも交流できるようになった。『ワイアード』の記事にもなったように、レゴは統合戦略（第九章参照）の一環として、製品のデザイン会議にもコアなファンを招いている。※13

成人向け製品を確実にヒットさせるためには、こうしたファンの意見がはかりしれない価値を持つ。レゴの活性化戦略では、「傾聴」が重要な役割を果たしているのだ。

■その他の方法

本章では顧客を活気づける方法として、格付けとレビュー、コミュニティ、そしてアンバサダープログラムの三つを紹介した。しかし顧客の性質や、顧客との関係をどう変えたいかによって、他にも多くの方法が考えられる。

たとえばハサミやクラフト製品のメーカーであるフィスカース（Fiskars）は、コンサルティング会社のブレインズ・オン・ファイア（Brains On Fire）と組んで、レゴとよく似たアンバサダープログラムを作った。プログラムの一環として、同社はコンスタントコンタクトと同じようなコミュニティを立ち上げた（www.fiskateers.com）。徹底した調査の結果、四人のアンバサダーが選ばれた。四人は現在、このクラフトコミュニティのアイドル的存在になっている。アンバサダーには報酬も支払われているが、四人はクラフトにはまる女性を増やすことで、費用をはるかに超える利益をフィスカースにもたらしている。

クルーズ会社のカーニバルクルーズライン（Carnival Cruise Lines）は、グループでクルーズを計画できるプログラムを作った。専用サイト（www.carnivalconnections.com）に登録すると、メンバーはサイト上のツールを使って簡単に友だちを招待し、旅のスケジュールを計画できる。クルーズは不定期にしか利用されないため、イベントベースの活性化戦略は理にかなっている。

これらの企業はまず自社の顧客層を分析し、その知識をもとに戦略を立てた。そして顧客に合ったテクノロジーを選び、現在の人間関係を広げられるツールを提供した。これができれば、どんな企業も顧客をセールスマンに変えられるだろう。

■活性化のアドバイス

第五章と第六章で取り上げた傾聴と会話という二つのテクニックと比べると、活性化は強力だが、リスクも高い。活性化された顧客は、ブランドを語るようになるからだ。顧客のニーズを把握していると豪語する企業も、顧客と実際に相対すると、思わぬ課題に直面することが多い。

顧客を活気づけたいなら、まずは企業自身が新しい思考方法を身につける必要がある。活性化のテクニックを実践するための五つのステップを紹介しよう。

1　本当に、グランズウェルを活気づけたいのかを考える

活性化がうまくいくのは、顧客がその会社や商品に夢中になっているか、夢中になる可能性があるときだけだ。これは万人向きの戦略ではない。

たとえばコピー用紙やメモリチップといった、よくあるタイプの商品には強力なブランドがなく、顧客もこだわりを持っていない。こうした商品を扱っているなら、顧客に商品を語ってもらうことはあきらめよう。ビジネスは順調だが、不満を感じている顧客が相当数いるという場合も、活性化戦略は適さない。顧客を活気づければ、やぶへびになるだけだ。こうした企業には傾聴戦略を勧めたい(第五章参照)。そうすれば顧客の態度について多くを学べるだろう。

熱心な顧客がいる企業でも、グランズウェルを活気づけることが逆効果になる場合がある。グランズウェルを活気づければ、顧客の本音を聞くことができるが、それは諸刃の剣だ。ジム・ノーブルは

フォーラムにノートPCバッグのクレームを書き込み、エリック・キングスリーはレゴトレインの生産継続を求めた。このような意見を、あなたは本当に聞きたいと思っているだろうか？　彼らの話を、他の顧客にも聞かせたいだろうか？　あなたの意見と経営チームの意見が一致していないなら、グランズウェルの活性化に取り組む準備はまだできていないと考えるべきだ。

2　顧客のソーシャル・テクノグラフィックス・プロフィールを調べる

グランズウェルに参加している顧客の割合と積極度を調べる。若年層やITマニア向けの製品（野球のミットやPDAなど）を扱っているなら、顧客はすでにグランズウェルに参加しているため、コミュニティやソーシャル機能を導入すれば抵抗なく使ってもらえる可能性が高い。しかしベッドのマットレスや不動産コンサルティングを扱っている場合は、こうしたアプリケーションを導入しても、顧客は使ってくれないかもしれない。熱心な顧客が興味を示さず、参加する見込みもないなら、コミュニティを立ち上げる意味はない。

3　「顧客の問題は何か」と自問する

レゴのような特殊なケースを除けば、商品を軸にコミュニティが生まれることはない。そんなはずはないと思うなら、P&Gのコミュニティ「ビーイングガール」（第六章参照）のテーマがフェムケア製品ではなく、少女の問題だったことを思い出してほしい。レゴの顧客も、厳密にはレゴの話をしているわけではなく、「レゴを組み立てること」について語っている。この二つは別物だ。eバッグスもいずれは顧客の問題がかばんではなく、旅行そのものであることに気づくかもしれない。

4　顧客の問題やソーシャル・テクノグラフィックス・プロフィールに合った戦略を選ぶ

小売店や直販会社が格付けやレビューを導入するのは理にかなっているし、効果も証明されている。顧客の中に批評者が多い場合は、まず格付けやレビューを導入してみるとよいだろう。

コミュニティのほうが適している企業もある。まずは調べてみることだ。もしレゴのように、顧客がすでにコミュニティを形成している場合は、新しいコミュニティを立ち上げるより、既存のコミュニティに参加したほうがよい。

追加投資も見込んでおこう。ニング・コムやキックアップス（KickApps）などのサービスを使えばコミュニティは無料で作れるが、コミュニティを成功させたいなら、デザイン、モデレーション、マーケティングの費用を見積もっておく必要がある。場合によっては、その額は容易に数十万ドルに達する。

5　長期的に取り組む覚悟がないなら、手を出さない

コミュニティは結婚に似ている。関係を育むためには、たえず調整を加えていく必要があり、時間が経つほど大きな実りをもたらす。関係を長く放置すればどうなるかを知りたいなら、努力を忘れた結婚が、どんな醜悪な末路をたどるかを思い出そう。

もしeバッグスが格付け機能を停止したり、削除したりしたら、サイトは魅力と人気を失うだけでなく、それまで活発に活動していた顧客たちもショックを受ける。そしてジム・ノーブルのような敵に回したくないタイプの顧客が、自分たちの声に耳を傾けていた頃のeバッグスがどんなに素晴らし

い会社だったかを語り始める。もしレゴがＡＦＯＬコミュニティの中心メンバーとの交流を絶てば、ＡＦＯＬたちの情熱は冷め、コミュニティは衰退するだろう。

■活性化が企業を変える

グランズウェルを活性化すると、顧客にもさまざまなタイプがいることがわかってくる。

本章のテーマは、顧客基盤を活気づけることだ。ここには熱心な顧客も含まれる。政治家の支持基盤と同様に、企業の顧客基盤も見返りを期待する。それは、企業が自分たちの声に耳を傾けることだ。レゴのようにブランドのアンバサダーを任命するにせよ、コンスタントコンタクトのように顧客のコミュニティを作るにせよ、ｅバッグスのようにレビュー機能を導入するにせよ、それは顧客に大きな発言権を与えることを意味する。

レゴはその点を理解していた。同社は現在、アンバサダーたちから新製品やビジネスのやり方に関するアイディアを得ている。ｅバッグスもジム・ノーブルをアドバイザーに迎え、新製品に対する意見を聞くようになった。市場の反応を探るために、発売前の商品をベストレビュアーに送って、感想を聞くこともある。

ではコミュニティのメンバーが自社を攻撃し始めたときはどうすればいいのか？　ＬＵＧＮＥＴの常連がレゴの経営陣を批判したり、コンスタントコンタクトのコミュニティのメンバーが断固として方針の変更を求めてきたりしたら、企業は耳を傾けざるを得ない。コミュニティは企業が自分たちの声に反応することを期待し、熱心な顧客はコミュニティの中で権力をふるう。企業は顧客の声に耳を傾け、可能な限り、顧客が最も求めているものを提供しなければならない。

顧客が求めているものとは何か。それは現在の製品と未来の製品に関する情報であり、自分たちの声が変化を生み出していることを示す証拠だ。長い目で見れば、グランズウェルを活気づけることで、企業は無償で働いてくれる大勢の研究開発パートナーを手に入れるだろう。熱心な顧客と関わっていく意志がある間は、これは素晴らしい戦略だ。問題は、顧客が自分たちの期待どおりに行動しなくなったときである。顧客は解雇できない。顧客との関係は永遠に続いていく。

顧客を活気づけることに成功した企業の多くは、やがて顧客を自社の製品やプロセスに統合するようになる。活性化は統合に至る。顧客を活気づけようと考えているなら、第九章を読んで今後の展開を想像してほしい。顧客を製品開発のプロセスに組み込み、自社の延長部分のように考えるのはわくわくすることかもしれないが、すでに述べたように、グランズウェルを利用すればするほど、ビジネスやブランドに対するコントロールは失われていく。

本章で取り上げたコミュニティの多くは、活性化の次の段階に進む可能性を秘めている。成熟したコミュニティでは、メンバーはお互いの問題を解決し合う。それはコミュニティに活気を与えるだけでなく、サポートコストも削減するだろう。これが次章のテーマ、「支援」だ。

第八章　グランズウェルの助け合いを支援する

ＴＪ・ハウリーとミシェル・ハウリーはどちらも二九歳。入院中のミシェルのお腹の中には、二人にとっての初めての子ども――しかも双子が宿っていた。二人の物語は、（ネットに投稿された）次のメッセージから始まる。※1

［投稿1］二〇〇六年九月四日　午後七時二〇分　東部夏時間

八月三〇日水曜日、ミシェルが破水した。すぐにポーツマス病院へ行き、陣痛抑制剤を投与してもらう。そこから救急車でボストンのマサチューセッツ総合病院へ。この時、厳しい状態であることを告げられた。

この時点で妊娠二二週三日。二四週を過ぎたら、子どもは母体外でも生きていけるらしい。待つことで生じるリスクを取るより、陣痛を誘発しようと先生はいった。

でも僕らはもう少し我慢して、一日ずつ様子を見ていくことにした。あれから五日半。陣痛はまだ起きていない。感染症の徴候もないので、何とか二四週まで持ちこたえてくれればと祈っている。そうすればミシェルの陣痛が始まっても、先生たちが何とかしてくれるだろう。

こんな決断を迫られる人が、この世からいなくなることを願うよ。今、わかっていることは次のとおり。


双子はどちらも男の子。一人は元気いっぱいだ！　羊水量も問題ない。生育も順調で、体操選手みたいに動き回っている。

もう一人のほうは羊水ポケットが一センチほどしかなく、窮屈な状態だ。羊水が少なすぎなのと、子宮腔の狭さが原因で、長期的な影響が出るかもしれないとのこと。

陣痛なしで二四週までいければ、生存の可能性はほぼゼロから五〇％に上がる。一週一週を乗り切るごとに、希望がちょっとずつ増えていく。先生からは、超未熟児で生まれると深刻な発達障害や栄養上の問題が発生する可能性があると聞いている。


手元にある情報はこんなところだ。公式の診断としては、ＰＰＰＲＯＭ（母体外生存が不可能な時期における前期破水）ということらしい。

多くの方から、何かできることはないかといっていただいた。どうか僕らのことを想って、祈ってほしい。僕らからお願いできることがあるとすれば、それだけだ。長期戦だからね！　できる限り更新して、状況を報告していくよ。今のところは、「便りがないのは良い知らせ」と思ってくれ！：）

いつもありがとう。

ＴＪ＆ミシェル

自分か身近な人が入院した経験があるなら、ＴＪとミシェルの気持ちがわかるだろう。二人は精神的に不安定な日々を送っていた。医師や看護師と対面し、初めて聞く医学的事実を告げられ、難しい決断を迫られる。しかも、これは診察室の〝中〟の問題に過ぎなかった。

入院は診察室の〝外〟でも問題を生み出す。患者には家族や友人がいる。彼らは心配のあまり、何が起きているのかを知りたがる。患者も状況を知らせたいと思うが、こうしたコミュニケーションは患者の負担になることがあった。

「電話に出るのが苦痛でした。病院の中で、何度も同じ話をしなければならないんですから」とミシェルはいう。夫のＴＪも深刻なストレスにさらされていた。親族とのやり取りや会社での仕事をこなしながら、自宅から一時間以上もかかる病院へ通い、入院中の妻の世話をする。しかも診察室では重大な決断を下さなければならない。これでは、どんな人も参ってしまうだろう。

幸い、マサチューセッツ総合病院（ＭＧＨ）には二人を救うシステムがあった。

ＭＧＨの患者ケアサービス部門のコミュニケーションディレクター、ジョージア・パースはハウリー夫妻だけでなく、何百人もの患者が友人や家族とのコミュニケーションに悩んでいることを知っていた。ある時、ジョージアは患者ケアサービス部門のシニアバイスプレジデントと看護師長から、

「ケアページ（CarePages）」の話を聞いた。ケアページは、患者のコミュニケーションを支援するオンラインシステムだ。ジョージアはケアページのコンセプトを気に入り、病院にかけあってシステムを導入した。

ケアページは患者のために特別に開発されたブログシステムだ。患者は簡単なツールを使ってサイトにログインし、最新情報を投稿する。普通のブログと違って、ケアページのブログには更新を待ちかねているオーディエンスがいる。それは友人かもしれないし、家族かもしれない。ケアページはハウリー夫妻に代わって、二人を気にかけている人々にメールを送信し、二人のページができたことを伝えた。そして二人が情報や写真を追加するたびに通知メールを送った。ケアページには友人や家族が応援メッセージを書き込む場所もある。患者にとって、こうした言葉は大きな励ましになる。ハウリー夫妻の双子のページにも、短い応援メッセージが一二一通届いていた（友人のリアナは詩を寄せた）。「ケアページがなければ、あの試練は乗り越えられなかったと思います」とミシェルはいう。眠れない夜はケアページにアクセスし、訪問履歴を眺めた（コメントを残さなくても誰からアクセスがあったかはわかる）。「メッセージを読むたびに涙があふれました。みんなの言葉が一日一日を乗り越える助けになったんです。気持ちがくじけそうなときも、メッセージを読めば元気になれました」（ミシェル）。彼女の母親もインターネットの使い方を学び、ケアページを日に二回チェックするようになった。TJは同僚にもアクセス権を与えた。すると職場にも、自分たちを支えてくれる仲間がいることがわかった。

患者が医療上の意思決定や治療に専念できるので、病院もケアページを歓迎した。ケアページは家族や友人の愛情を負担ではなく、サポートの輪に変えた。カイザーファミリー財団とハーバード公衆衛生大学院が、がん患者を対象に実施した調査[※2]では、患者の四人に一人以上が担当医は医療と直接関係ないもの（たとえば患者ががんと向き合うためのサポートネットワークなど）に関心を持っていないと回答した。患者はサポートの問題にも注意を払ってほしいと願っているが、現代の医師は患者の治療だけで手一杯になっているようだ。

ハウリー夫妻の物語はハッピーエンドで終わる。その過程ではケアページが無視できない役割を果たした。ケアページは招待制で第三者は閲覧できないため、一部の投稿を抜粋して紹介しよう。

[投稿4] 二〇〇六年九月一〇日　午前八時一六分　東部夏時間

ついに二四週の最終日を迎えました!!! 今は一日を乗り切るごとに、双子が健康で元気に生まれてくる可能性が少しずつ増えています。

心拍は引き続き、しっかりしています。毎日、動き回っている二人を感じています……いつも前向きでいられるよう、二人で努力しているわ。みんなの暖かいメッセージが毎日を乗り切る力になっています。一つ一つのメッセージが、どれほど私たちを助けてくれているか、みんなには想像もできないと思う。ありがとう!!!

[投稿18（たくさんの写真とともに）] 二〇〇六年一〇月二四日　午後二時三一分　東部夏時間

ハロー、みんな！（中略）ついに嵐のような一夜が終わりました！

昼頃に陣痛が始まって、体温がじわじわと上がり始めたの。陣痛の開始を伝えてから約四時間後、双子の男の子が生まれました!! :）二人とも、泣きながら生まれてきたわ！

マシュー・ドメニク（ドック）は一五六〇グラム、マーク・ジョセフ（MJ）は一六七〇グラム。

（中略）二人とも、今は新生児集中治療室（ＮＩＣＵ）の中で看護師さんたちの手厚い看護を受けています。早く二人に会いたい。今晩は私も点滴の器具などを外してもらえるので、ＮＩＣＵに行ってマークを抱いてくるつもりよ（彼のほうがつながれている管が少ないの）。

何もかも本当にありがとう！　ここまでこれたのは、みんなのおかげです。

［投稿２３］二〇〇六年一一月一日　午前一二時二九分　東部標準時

激動の日々が始まりました。（中略）愛する子どもたちを守るために、がんばっているわ！

今日は後退の日でした。

マークがまた人工呼吸器に戻ったの。感染症の徴候があったのと、無呼吸発作が何度も起きたのが原因です。（中略）今は強力な抗生物質を打ってもらっているところよ。（中略）とても元気にしていた子が、小さな身体をまたたくさんの機械や管につながれて苦しそうにしているのを見るのは、いいようもないほどつらい。

マシューのほうは順調よ。そろそろ人工呼吸器を外すつもりだけど、彼が息苦しくならないよう慎重に進める予定です。

［投稿４２］二〇〇六年一二月八日　午後一〇時　東部標準時

マークが我が家に!!!　今夜、マークを連れて自宅に戻りました！　写真を載せたかったけど、移動や彼の世話でばたばたしてしまって:）　体がくさいので、ファッションモデルも顔負けというほど、しょっちゅう着替えさせています。（中略）でも本当に愛らしい子。今、我が家にこの小さな紳士がいることに、とても興奮しています！

［投稿75］二〇〇七年六月七日　午後九時七分　東部夏時間

我が家に二人が揃いました!!!

二人の男の子たちが自宅に戻ってから、二日が経ちました！　この数日は本当に忙しかった。マークはエネルギーの塊なの。ハイハイが上手にできるようになったら、どんなことになっちゃうのかしら！

グランズウェルが優れたサポートシステムになることは間違いなさそうだ。仕組みさえ用意すれば人々はつながり、企業と顧客の双方に利益をもたらす。グランズウェルを利用して、人々が助け合えるようにすること――それが本章のテーマだ。

■従来のサポートとグランズウェルのサポートの違い

企業にとって、カスタマーサポートは重荷だ。

消費者向け製品を扱っている企業は、顧客から連絡が来ることを好まない。客から電話がかかってくるのは、問題が起きたときだけだと知っているからだ。フォレスター・リサーチのアナリストで、コンタクトセンターを研究しているエリザベス・ヘレルによれば、コールセンターにかかってくる電話のコストはもろもろを合わせると、一本あたり平均六～七ドルになるという。テクニカルサポートの場合、その額は約二倍（一〇～二〇ドル）に跳ね上がる。

こうしたコストが積み重なり、コールセンターの運営費は数十億ドルまでふくらんだ。サポートコストを削減したいという切実な思いから、アメリカの実業界はこの一〇年間、二つの大きなトレンドを推進してきた。

最初のトレンドは一九九〇年代末頃に始まった。ウェブに情報を載せれば、顧客をウェブサイトに誘導できることに企業が気づいたのだ。この発見が「ウェブ・セルフサービス革命」に火をつけた。企業は製品情報やQ＆Aを次々とウェブサイトに載せ、そうした情報を使うよう顧客を促した。好きな時間に情報を探せるのだから、客にとっても悪い話ではない。コスト削減効果もあった。フォレスター・リサーチのアナリストで、ウェブデザインの専門家であるハーレー・マニングの言葉を借りれば、「何ドルもかかっていたものを数ペニーで実現できるようになった」。今晩、シアトルに向かう飛行機の出発時間を知りたいなら、これは最高の方法だ。しかし、もっと複雑な質問をしたい場合は、やはりサポートセンターの電話が鳴った。

二つ目のトレンドはアウトソーシング、つまりサポートセンターにかかってきた電話を海外に転送することだ。インドやフィリピンのエンジニアが、アメリカやイギリスのエンジニアと同じように英語で顧客の質問に答えられるなら、彼らに電話を回せばいい。本書の執筆時点で、海外のコールセンターの給与水準はアメリカより約四〇％も低い。しかもサポートにかかってくる電話のコストは、ほとんどが人件費なのだ。コスト削減の名目で、二〇一五年までにアメリカでは三四〇万人分、ヨーロッパでは一二〇万人分の仕事が海外に移されるとみられているが、その多くはコールセンターの仕事である。[※3]

ではアウトソーシングによって、サポートの質は上がったのだろうか？サポートセンターに電話をかけると、音声応答システムが流れ、指示に従ってボタンを操作するよう促される。これが苦手だという人は多い。問題は電話の相手がインドにいるか、アイルランドにいるかではない。その人物が助けになるかどうかだ。ウェブ・セルフサービスの質はどうだろう。もちろん誰もがこうしたサービスを使ってはいるが、必要な答えが見つかるかどうかは運次第だ。

コスト削減を目指す企業が二つのトレンドを追う一方で、顧客は長い待ち時間、質のばらつき、サポートを受けるまでの手続きにいらだち、新しい情報源を見つけ出した。それは〝他の人々〟だ。第七章で述べたように、人間は企業よりも個人を信用する傾向がある。しかも自由に任せておけば、仲間を助けるために驚くほどの時間を費やすのだ。

機会さえあれば、人々は喜んでネット上で支え合うことを、マサチューセッツ総合病院はケアページを通して知った。ハウリー夫妻のように相手が友人や家族であれば、その気持ちも理解できるだろう。ところが驚くべきことに、人間は相手が赤の他人でも助けようとする。

その顕著な例として、デルのサポートフォーラム、ベリングポイントのウィキ、そしてヤフーとネイバー（Naver）のQ＆Aの三つを紹介しよう。

■事例　サポートフォーラムで質問に答える：デル

ジェフ・ステンスキは電力会社の設計技師だ。

しかし、彼には別の仕事もある。この仕事にも彼はそれなりの時間を割いているが、報酬はない。

ジェフの二つ目の仕事は、デルのコミュニティサポートフォーラムでメンバーの質問に答えることだ。サポートフォーラムでのハンドル名は「プレデター（Predator）」、専門は光学式ドライブ（CDやDVDの再生ドライブ）である。

光学式ドライブに関する質問が投稿されると、必ずプレデターが回答する。たとえばニューヨークのアレックスは、買ったばかりのパソコン（デルのディメンション）にCDドライブをインストールしようとしたとき、「エラー39」に遭遇した。エラーの意味を理解できなかったアレックスは、デルのコミュニティフォーラム（www.dellcommunity.com）に質問を投げた。[※4]

アレックスNYC：フィリップス製DVD+RW DVD8701とHL-DT-ST DVD ROMドライブでエラー39（使用機：ディメンション4700）

無効にして再起動したら、ドライバーアップデートが見つからなくなった。システムハードウエアを再インストールしてもシステムデータを削除できない。どうしたらいい？

よろしくお願いします!!!

すぐにメンバーから、何通かのメッセージが投稿された。そして最初の投稿から二時間も経たないうちに、プレデターが登場した。

プレデター：Re：フィリップス製DVD+RW DVD8701とHL-DT-ST DVD ROMドライブでエラー39（使用機：ディメンション4700）

アレックス、デルが同様の問題に言及した文章があるから、それを読んでみてほしい（下のCD／RWリンクをクリックし、セクション一二の一〇番の記事を参照）。

それと管理者権限でログオンすることを忘れないこと。

検討を祈る！

――神よ、くだらない人間を忘れる年輪と、素晴らしい人間に出会う幸運と、両者を見分ける英知を与えたまえ。

アレックスNYC：Re：フィリップス製DVD+RW DVD8701とHL-DT-ST DVDROMドライブでエラー39（使用機：ディメンション4700）
ジェフへ
ありがとう、うまくいったよ!!!
君は最高だ。あと、「平安の祈り」のパロディもいいね!!!

一体全体、何が起きたのだろうか。アレックスの質問はばくぜんとしていたが、本人にとっては切実な問題だった。ジェフ（プレデター）はすみやかに彼の問題を解決した。アレックスは満足し、サポートセンターに電話をかけるのをやめたので、デルも少なくとも一〇ドルのコストを削減できた。

それだけではない。二人のやり取りはネット上に残り、検索の対象となる。デルのサポートフォーラムで「エラー39」というキーワードで検索すると、ジェフの回答が上位に表示される。このキーワードで検索した人が相当数いたことは間違いない。ジェフの回答は六三〇回も閲覧されているからだ。この六三〇人のうち、控えめに見積もって一〇〇人が問題を解決できたとすると（つまり、デルのサポートに電話をかけずに済んだとすると）、ジェフの投稿のおかげでデルは少なくとも一〇〇〇ドルを節約したことになる。

ジェフはかなりの時間、いや実際のところ、非常に長い時間をこのフォーラムで過ごしている。ログイン時間は一九九九年からの累計で四七万三〇〇〇分以上。年間の労働時間に換算すれば一二三日分に相当する[※5]（ジェフによれば、他の仕事をしているときもデルのフォーラムを開きっぱなしにしているという）。ジェフはこれまでに二五万通近くのメッセージを読み、二万通以上のメッセージを投稿した。ジェフのメッセージが閲覧された回数は二〇〇万回以上。そのうち、二〇人に一人が必要な情報を得て、デルに電話をするのをやめたとすれば、デルはジェフのおかげで一〇〇万ドル以上のコストを削減できたことになる。

なぜジェフは、これほど献身的なのか？　「人を助けるのが楽しいんです」と彼はいう。「それが、フォーラムにはまっている理由ですね。助けた人たちから、『ありがとう』といわれるのがうれしいんです」

ありがとう、ジェフ・ステンスキ。デルのために、百万ドルものコストを削減してくれて、ありがとう。

驚いたことに、こうした衝動はグランズウェルのあちこちで見られる。写真共有サイト「フリッカー」の創業者であるカテリーナ・フェイクは、これを「寛容さの文化」と呼んだ。[※6]我々は、これを「心理所得の追求」と呼ぶ。[※7]第三章でも述べたように、心理所得にはさまざまな形がある。利他的な行動を取ることで満足感を得る人もいれば、他者から承認されたり、コミュニティに所属したりすることで安心感を得る人もいる。ジェフのようなタイプは、感謝されることがコミュニティに参加する動機になっている。他者に認められたい人もいれば、他者の質問に答えることで、影響力を持とうする人もいる。心理所得はタダだ。この種の報酬は紙幣ではなく、心で支払われる。

心理所得を求めているのがジェフ・ステンスキだけなら、この衝動に注目する価値はないかもしれない。しかしデルのコミュニティフォーラムでは何千人もの顧客が助け合い、デルのコスト削減に貢献している。人々は満足している。電話にはりついていなくても、必要な答えを得られるからだ。デルもハッピーだ。顧客はフォーラムを気に入り、サポートセンターにかかってくる電話も減った。心理所得を求める人は多い。グランズウェルを見渡せば、たくさんのジェフ・ステンスキたちが他者を助けている様子を見ることができる。

心理所得を求める気持ちを利用するにはどうすればいいのか？　その方法がわからなければ、グランズウェル的思考は実践できない。本章の残りの部分では、ジェフ・ステンスキのような顧客が企業にもたらす価値を見ていこう。

コミュニティフォーラムの経済的価値

シーン・マクドナルドは、デルのグローバルオンラインコミュニティチームのディレクターだ。シーンによれば、デルのコミュニティには毎週約七〇〇〇人の顧客がログインし、九〇〇〇件の書き込みを残す。「このコミュニティは、無数の人の力の結晶なんです」と彼はいう。

人々はコミュニティに遊びに来ているわけではない。彼らが求めているのは答えだ。デルのフォーラムには約四〇〇〇万件のメッセージが投稿されている。そのうち回答は一〇〇万件にも満たないが

（その他は質問やコメント）、それでも十分に役立っているようだ。ログアウト時のアンケートでは、訪問者の二〇～五〇％が必要な答えを見つけたと答えている（自分が投稿した質問への答えを見に来た人は含まない）。問題が解決すれば、サポートセンターに電話をかけることはまずない。

サポートフォーラムの経済的価値は明らかだ（表8-1）。そのため、特にテクノロジー企業の間ではサポートフォーラムを導入するところが増えている。

■サポートフォーラムの実例

サポートフォーラムは有効だ。適用範囲も広い。たとえばｉロボット（iRobot）のフォーラムでは、ロボット掃除機の所有者が問題を解決し合い、フェア・アイザック（Fair Isaac）のフォーラムでは、メンバーがクレジットスコア（信用力の指標）に関する最新情報を交換している。複雑で理解しにくい商品を扱っているなら、フォーラムの導入を検討するとよいだろう。

リンクシス（Linksys）のサポートフォーラムを運営しているタリク・マフムードが述べているように、フォーラムの価値はコスト削減にとどまらない。リンクシスは家庭用ルーターのメーカーだ。この種の製品の顧客は技術的問題にぶつかることが多いため、同社はデルのフォーラムによく似たサポートフォーラムを立ち上げた。このフォーラムは、コスト削減をはるかに上回る価値を同社にもたらした。

二〇〇六年のクリスマス、何万人もの人がクリスマスプレゼントにリンクシスのルーターを受け取った。そのうちの数千人がリンクシスのサポートセンターに電話をかけた。通常なら、この程度の量

ここでは高度なテクノロジー製品（ガジェット、ソフトウェアなど）を扱っている企業（顧客数500万人）が、コミュニティサポートフォーラムを運営する場合を想定した。費用にはテクノロジーとモデレーションを含めた。便益は、コミュニティを利用することによって削減されたサポート電話の費用とした。

初期費	**費用**
設計・構築	25,000ドル
運営費（年間）	
フォーラムソフトウェアプラットフォーム	60,000ドル
モデレーションと管理（常勤スタッフ5名）	500,000ドル
トラフィック誘導のための広告（月1万クリック、1クリックあたり1ドル）	120,000ドル
総費用（初年度）	705,000ドル
便益分析（年間）	**便益値**
年間のサポートフォーラム利用者（書き込みと閲覧） *顧客全体の1%	50,000人
年間のサポートフォーラム利用者（閲覧のみ） *顧客全体の5%	250,000人
フォーラムを利用しなかった場合に、利用者がかけた可能性のあるサポート電話の本数 *1人あたり平均1通話	300,000本
フォーラムを利用することによって削減されたサポート電話の本数 *利用者の33%がフォーラムで回答を発見したと想定	100,000本
削減されたサポート電話の費用 *1通話あたり10ドル（最低推測値）	1,000,000ドル

表8-1　コミュニティサポートフォーラムのROI

は問題にならない。しかし前夜にアジアで発生した地震の影響で、北アメリカの顧客をフィリピンや周辺国のサポート担当者につないでいた電話回線の約八〇％が絶たれた。

万事休すと思われたが、大きな混乱は生じなかった。サポートにかかってきた電話が保留になったら、自動的にサポートフォーラムを案内するメッセージを流すようにしたからだ。クリスマスの日、リンクシスのサポートサイトではメンバー登録数、検索件数、メッセージ投稿数が軒並み急上昇した。人々は必要な答えを得た。驚いたことに、クレームの数にも大きな変化はなかった。

グランズウェルのおかげで、リンクシスやデルの顧客は平和なクリスマスを迎えることができた。

こうした事例を聞いて、「リンクシスはコンピュータに詳しいからうまくいったのだ」と思う人もいるだろう。しかしフォーラムは、メディア企業でも効果を上げている。CBSの例を紹介しよう。

情熱を支えるフォーラム

サポートを必要としているのはコンピュータ機器の所有者だけではない。情熱を共有する仲間のサポート、もっというなら〝連帯〟を求める人もいる。それが、CBSで起きたことだった。

メディア関連のフォーラムでは、ファンの驚くべき力を目にすることがある。MITのヘンリー・ジェンキンス教授は、ファン現象を熱心に観察しているメディア研究者だ。ジェンキンスはファン現象をテーマにした自著『Convergence Culture（融合する文化）』の中で、ニューメディアの世界を「参加型の文化」と表現する。この世界の消費者は、単に消費するだけでなく創造する。[※8] ヘンリーは次のように述べている。「次第に、（中略）ウェブは消費者参加型の場になっていった。不正な方法や予想外の方法でメディアコンテンツにアクセスする消費者も増えた。（中略）これまでは水面下で行われていた文化活動が、ウェブによって白日の下にさらされたのだ。メディア業界は、こうした活動が自社の利益に及ぼす影響に直面せざるを得なくなっている」

多くのメディア企業はグランズウェルから逃げ回り、訴訟の二文字をちらつかせて、著作権保護コンテンツの不正利用を批判している（ジェンキンスの本には、その例が豊富に紹介されている）。しかし別の道がないわけではない。視聴者の間にバズを起こし、番組の熱狂的なファンになってもらうことはその一つだ。

その良い例が、連続ドラマの「ジェリコ」である。CBSは二〇〇六年に「ジェリコ」の第一シーズンを放映した。「ジェリコ」は、核戦争後の世界を描いた「LOST」的な謎解きドラマだ。CBSと「ジェリコ」の製作者たちは、サイト（cbs.com）にファンが参加できるフォーラムとウィキを作った。何千人ものファンが何万件ものコメントを投稿し、謎の爆弾を落とした犯人や登場人物たちの動機を予測し合った。第七章で取り上げたレゴのケースのように、この掲示板はファンを活気づけた。しかも「ジェリコ」の製作者たちは掲示板を立ち上げただけでなく、毎週ファンの質問に答え、ドラマに対する関心をかきたてた。

二〇〇七年五月、CBSは「ジェリコ」の打ち切りを発表した。誤算だったのは、支え合う場を与えたことで、ファンが強大な力を持つようになっていたことだ。テレビ局にとって視聴者は「数」でしかない。視聴率がふるわない番組は情け容赦なく切り捨てる。しかし視聴者、特にフォーラムに参加しているような視聴者は、自分たちを利害を共有する「仲間」とみなす。打ち切りのニュースにがっかりした「ジェリコ」のファンたちは一致団結し、あっと驚くような行動に出た。それは無視できない、まさに「グランズウェル（大きなうねり）」と呼ぶべきものだった。ファンたちは団結し、五万ドル分のピーナッツ（重量で約二〇トン）を「ジェリコ」の製作者たちに送りつけたのだ[※9]（ナッツを選んだのは、「ジェリコ」の登場人物が人生の不条理に直面して、「ナッツ！〔ふざけるな〕」と言い捨てるシーンがあったからだ。これは番組打ち切りのニュースを聞いたときにファンが感じた思いでもあった）。

戦略は功を奏した。大量のナッツが届き始めると、CBSはファンフォーラムに次のようなメッセージを投稿した。[※10]

二〇〇七年六月六日

「ジェリコ」ファンの皆さんへ

ワォ！

この数週間、皆さんはゴールデンタイムの連続ドラマに対する情熱を見事に、そしておそらくは前例のない方法で見せてくださいました。皆さんのお気持ちは届きました。いただいたメールも拝見しました。

結論として、来年のミッドシーズン用に七本のエピソードをオーダーしたことをお伝えします。視聴率が良ければ追加オーダーの可能性もありますが、そのためにはもっと視聴者を増やさなければなりません。

「ジェリコ」ファンの皆さんは確かに忠実で情熱的なコミュニティを作り上げました。（中略）しかし今の規模ではまだ足りません。（中略）どうか、このドラマを盛り立ててください。この数週間に皆さんが見せてくれた草の根のエネルギー、情熱にあふれた圧倒的な動員力を使って、新たな視聴者を増やしてください。

このような並外れた方法で「ジェリコ」への支持を表明してくださったことに、CBSを代表して御礼を申し上げます。皆さんの抗議は創造的で、ねばり強く、思慮と敬意にあふれたものでした。皆さんの力で歴史は変わりました。

ニナ・タッスラー
CBSエンターテインメント社長
追伸：どうかもうナッツは送らないでください。

番組のファンが支え合う場を提供し、自らも会話に参加したことで、製作者たちは番組を継続することができた。しかも熱心な視聴者と友好的な態度で対話をしたことで、見返りを求めることもできた。CBSはファンに視聴者を増やしてほしいと頼み、「支援」を「活性化」に変えたのである。

■事例　ウィキを使ってクライアントの信頼を得る：ベリングポイント

コミュニティの形成以上のことを、顧客に求めることはできるだろうか？何かを共同で作ってもらうことは可能だろうか？

ウィキペディアの例を考えてみよう。ウィキペディアに載っている何百万件もの記事は、何千人もの人々が書いたものだ。大勢のボランティアが心理所得を追求した結果、このインターネットを代表する巨大サイトが誕生した。正確さの面では課題が残るが、ウィキペディアにアクセスすれば、たいていの情報は見つかる。

ウィキペディアを見たとき、こう考えたことがないだろうか？　「ウィキのようなテクノロジーを、うちの顧客に使ってもらうことはできないか？」。もちろん可能だ。ただし、まずは顧客の関心を引くテーマを見つける必要がある。

ＭＩＫＥ２・０の例を見てみよう。ＭＩＫＥは「統合型知識環境メソッド（Method for an Integrated Knowledge Environment）」の略だ。開発者の定義によると、ＭＩＫＥとは「情報開発のフレームワークを提供する、エンタープライズ情報管理のためのオープンソース手法」である。※11

まだ意味がわからないって？

ＭＩＫＥ２・０は、社内の情報システムを統合し、ビジネスの状況を正確に描き出すというＣＩＯのミッションとも密接に関わっている。しかし概要を読んだだけでも、これがとてつもなく複雑な手法であることはわかるだろう。

大手コンサルティング会社のベリングポイントは、情報管理ソリューションと、それに付随する複雑なテクノロジーを企業に販売することで莫大な利益を上げている。当然、アクセンチュア、ＩＢＭ、ＨＰといった大手ＳＩ企業はライバルだ。ベリングポイントの情報管理ソリューションを統括するロバート・ヒラードは、自社の情報管理ソリューションが他社のソリューションより優れている理由を、見込み客にわかりやすく説明する方法を求めていた。

ＭＩＫＥ２・０の開発元であるベリングポイントには、この問題に適用できる知的財産（手法、原理、法則、定義など）がたくさんあった。しかし情報は整理されておらず、あちこちに散らばっていた。「ホワイトペーパーに記載されているものもあれば、クライアント向け資料に書かれているものもありました。たくさんの知的財産（ＩＰ）が無計画にばらまかれていたのです。弊社のソリューションの価値は、パワーポイントの資料では伝えきれません。でもこれまでは、クライアントにソリューションの全体像を伝える方法がありませんでした」（ロバート）。散らばっている情報を集め、クライアントや見込み客が閲覧したり、ときには共同で編集したりできるようにするにはどうすればいいのか？

こうして生まれたのがＭＩＫＥ２・０ウィキだった。

ＭＩＫＥ２・０ウィキはウィキペディアによく似ている（情報管理ソリューションを扱っているＣＩＯは、このサイトをぜひチェックしてほしい。ＵＲＬはwww.openmethodology.org）。同じソフトウェアがベースになっているので、使い勝手もウィキペディアと変わらない。このウィキには、ベリングポイントの優位性を示す情報がつまっている。こうした情報を一つ一つ見ていけば、ベリングポイントがビジネス上の問題をどう解決するのかがわかるだろう。

ＭＩＫＥ２・０ウィキはもともと社内の情報共有のために使われていた。第一一章でも取り上げるが、社員の力を動員するためにウィキを活用している企業は多い。しかし二〇〇七年五月、ベリングポイントは社内ウィキを公開し、クライアントやテクノロジーベンダーだけでなく、競合企業やそのクライアントもアクセスできるようにした。

最初は理解に苦しむかもしれない。なぜコンサルティング会社が自社の知的財産を公開し、閲覧どころか編集さえ許すのか？　しかし情報管理のような、複雑だが普遍的な問題に取り組む場合、この方法は大いに理にかなっている。

たとえばウィキを公開すれば、全員が同じ前提で議論できるようになる。すべての情報を開示すれば、見込み客は安心して、数百万ドル規模の大型契約をベリングポイントと結べるようになる。「多くのオープンソースプロジェクトにいえることですが、〝お試し〟の機会を提供すると、ビジネスは拡大します」とロバートはいう。

しかしウィキは単なる情報公開の場ではない。共同作業の場だ。ウィキを公開することで、ベリングポイントは自社を軸に新しい知的財産が積み上げられるようにした。社外のメンバーはベリングポイントが扱っていない分野でウィキに貢献している。「これらの分野は当社の事業とは重なっていません。でもクライアントにとっては付加価値になります」とロバートはいう。

ベリングポイントはウィキを公開し、クライアントに編集権を与えることで、自分たちは問題解決のパートナーであるという印象をクライアントに与えている。一方、クライアントはデルの顧客やマサチューセッツ総合病院の患者がそうだったように、ベリングポイントに支えられていると感じている。支えられているという感覚は安心感を生み出す。そして安心できない限り、人間は財布のひもをゆるめない。

近年、ベリングポイントでは情報管理ソリューションの成約数が急増しているが、ロバート・ヒラードはウィキの公開が最大の要因だと考えている。これまでのところ、同社のウィキには二、三百人が登録している。そのほとんどは社外の人間だ。アカウントを登録するとウィキの内容を編集できるようになるが、実際には閲覧や調べものなど、アカウントのいらない観察者型の活動に従事している人のほうがはるかに多い。現在、ＭＩＫＥ２・０ウィキへのアクセス数は百万をゆうに超えている。情報を求めてＭＩＫＥ２・０ウィキを訪れた人々の一部は、ベリングポイントの見込み客になる。

ＭＩＫＥ２・０経由の見込み客は、他ルートからの見込み客より顧客転換率が高い。社外のメンバーのおかげで、ベリングポイントは自分を大きく見せられるからだ。それが契約をもたらす。実際、同社は情報管理プロジェクトにウィキの一部を含めることで、プロジェクトとともにウィキのコンテンツも売っている。

ご想像のとおり、ベリングポイントは人々の編集活動を注意深く見守り、情報が恣意的に変更されないようにしている（この点がウィキペディアとは違う）。たしかに手間はかかるが、社内の情報を集約することで、同社はすでに大幅な効率化を実現した。手間が多少増えたとしても、ロバートの言葉を借りるなら「バケツの中の一滴」だ。実際、顧客に安心感を与えることで同社が得ている利益に比べれば、取るに足らないものだろう。

■ウィキを利用すべきか

ウィキは優れたシステムだ。顧客が参加する見込みがあるなら、ぜひウィキの立ち上げを検討してほしい。ウィキが立ち上がれば、人々はウィキの編集に積極的に参加し、企業をその分野の権威にしてくれるだろう。しかし、ウィキの導入は大きなリスクも伴う。

ウィキを軌道に乗せるのは難しい。その苦労はサポートフォーラムとは比べ物にならない。

企業が社外のメンバーと協力し、活気あるウィキを構築するためには何が必要なのだろうか？

まずはいつもどおり、人間だ。この場合は、ウィキの編集に関心を持っている人々である。ベリングポイントにはクライアントとベンダーがいた。インテュイットは税理士たちと「タックス・アルマナック（taxalmanac.com）」を作り上げた。このウィキは現在、アメリカで二〇番目にトラフィックの多いウィキとなっている。[※12]イーベイも経験豊かなメンバーの協力を得て、イーベイでの売買をテーマにしたウィキを立ち上げた（ebaywiki.com）。

これらのウィキでは、大勢の専門家が編集に参加している。ウィキを成功させるためには、編集活動をリードしてくれる専門家が必要だ。ウィキを立ち上げるときは、特に活発な顧客を見つけ出し、立ち上げを手伝ってもらえるように頼んでおこう。

二つ目はコンテンツだ。ウィキを軌道に乗せるには、ディスカッションフォーラムよりはるかに多くのコンテンツが必要になる。ベリングポイントには大量の知的財産があった。インテュイットはアメリカの税法をベースに、タックス・アルマナックを立ち上げた。イーベイには売買のルールがあった。もちろんウィキは成長し、進化していくが、大きく育てるためには丈夫な種がいる。

三つ目は根気とポリシーだ。その他のグランズウェル活動と同じように、ウィキを立ち上げるときも要件や影響を考え抜く必要がある。情報の完全性を確保するためには、どんなルールが必要だろうか（ＭＩＫＥ２・０ウィキには、ベリングポイントがスポンサーを務める編集グループがあり、ウィキに加えられた変更を吟味し、コミュニティの目標に合わないものは破棄している。インテュイットのウィキでは、税法の中身を書き換えることは認められていない）。

ウィキを立ち上げるときは、こうしたルールを事前に定めておこう。またルールの内容はバランスの取れたものでなければならない。寛大すぎれば荒らされる。たとえばポッドテック（podtech.net）と有名ブロガーのロバート・スコーブルが、スコーブルのコンテンツに関するウィキを立ち上げたときは、スコーブルの批判者が悪意ある編集を繰り返し、ウィキは閉鎖に追い込まれた。[※13]逆にルールが厳しすぎれば、人々は萎縮して参加しなくなるかもしれない。

適切なルールを定めるには、ウィキを「自社のもの」ではなく、「我々のもの」、つまり自社と顧客の共有資産と考える必要がある。そうすれば人々の中の創造性、利他心、承認願望を活用できるようになる。心理所得の追求こそ、ウィキペディアを現在の活気にあふれた、優れた情報源にしているものだ。ウィキを「顧客のためのもの」と位置付ければ、ポリシーの線引きもしやすくなる。

■Q&Aがもたらす利益

グランズウェルの住人はさまざまな形で助け合っているが、一番シンプルなのはQ&Aだろう。誰かが質問を投稿し、他の誰かがそれに答える。質問の対象を特定の商品に限定する必要はない。もし誰が、どんな質問をしてもよく、誰が答えてもよいとなったら、何が起こるだろうか?

それを試みたのがネイバーとヤフーだった。この二社はグランズウェルの住人がお互いの疑問に回答できるようにすることで、今やかなりの利益を上げている。

韓国のゲーム会社NHNグループに属するネイバーは、韓国最大の検索エンジンだ。ネイバーはインターネットの弱点である言語を逆手にとって生まれた。ネット上には韓国語のコンテンツがほとんどない。そのため、韓国人はウェブを検索しても探している情報をなかなか見つけられなかった。

ネイバーは、この問題を人間の善意で解決できないかと考えた。そこで誰でも質問を投稿し、答えることのできるQ&Aシステムを作った。

現在、ネイバーには毎日四万四〇〇〇件の質問が投稿され、一一万件の回答が追加されている。[※14] 韓国語によるウェブ検索の七七%はネイバーで行われており、二〇〇六年はNHNの利益の半分を占めるに至った。これは大変なビジネスだ。『ニューヨーク・タイムズ』の記事によれば、ネイバーの回答者であるミスター・チョウは、他人を助ける理由を問われて、次のように答えている。「会ったこともない人から感謝の言葉を伝えられると、よい気分になるんです。（中略）お金にはなりませんが、ネット上での人助けはやみつきになります」。心理所得を求める気持ちはアメリカ人でも韓国人でも変わらない。

一方、アメリカなど複数の国々では「ヤフー・アンサーズ（訳注：日本では「ヤフー知恵袋」）」が同じような成功を収めている。二〇〇七年七月の時点で、ヤフー・アンサーズに投稿されている回答は世界全体で三億五〇〇〇万件に及ぶ。[※15] 何が人々を駆り立てているのだろうか？　利他心が大きな役割を果たしていることは間違いないが、ヤフーの場合はポイント制も効果を上げている。こうした「ポイント」はヤフーにとっては何のコストもかからないが、参加者にとっては差別化の手段となる。ヤフー・アンサーズのトップ回答者であるジューダス・ラビは、一年と少しの間に一〇万件を超える質問に回答した。他の人の質問になぜ答えるのかと彼にたずねたところ（もちろん、ヤフー・アンサーズ上でたずねる他なかったのだが）、「できるだけ多くの質問に答えようとしているだけ」という短い答えが返ってきた。[※16] ヤフー・アンサーズ・コミュニティでは、彼は謎に包まれた伝説の人物としてユーザーの注目を集めている。ジューダス・ラビが何者かはわからない。しかしトップ回答者の座に君臨し、多くの質問者に認知されることが、彼に心理所得をもたらしていることは間違いない。

Q＆Aはポータル以外、たとえば小売サイトでも有効なのだろうか？　バザールボイスのCMO、サム・デッカーは有効だと考えている。前章でも取り上げたように、バザールボイスは格付けシステムを開発している企業だが、現在はEコマースサイトの商品情報ページにQ＆A機能を埋め込むソリューションも提供している。「議論をスレッド型で表示できるフォーラムは、サポート用途に適していいます」とサムはいう。しかし一般的なサポートサイトと違って、ショッピングサイトを訪れた人はフォーラムを見て回ったりはしない。すぐに回答を求める。バザールボイスのQ&Aシステムが製品ページに設置されているのはそのためだ。その良い例が、「シューズ・コム（shoes.com）」である。「重要なのは、買い物客を製品ページから移動させないことです」とサムはいう。そうすれば顧客は必要な情報を必要なとき、つまり製品の購入時に得られる。

この種の支援が顧客満足度だけでなく、購入率の改善にも役立つかどうかはまだわかっていない。しかし我々の経験からいえば、この方法は理にかなっている。心理所得を求める気持ちは普遍的だからだ。この欲求をうまく活用できれば、企業は顧客を満足させられるだけでなく、新しいビジネスを生み出すこともできるようになるだろう。

■サポートコミュニティが企業を変える

心理所得を求める気持ちは、どの企業も利用できるのだろうか?

例によって例のごとく、それは企業が求めているものによる。コストを削減したい気持ちはわかるが、カスタマーサポートをすべてウェブに移管し、サポート担当者は全員解雇したいと思っているなら、考え直したほうがよい。しかるべき管理体制を敷き、その範囲で顧客が助け合えるようにすれば、顧客満足度は上がり、コストは下がり、顧客インサイトを得られるだろう。しかし、それには大変な努力がいるし、企業自身も変わらざるを得ない。サポートコミュニティを導入するときは、まず三つの質問を考えてほしい。それは「どんな問題を解決したいのか」、「企業自身がどう参加するか」、そして「サポートコミュニティを新たに作るか、既存ものに参加するか」だ。

どんな問題を解決したいのか？

サポートフォーラム、ウィキ、あるいは何らかの形のコミュニティサポートを立ち上げるなら、このような場に顧客が参加する理由を、顧客の立場から考える必要がある。ビジネスに欠かせない製品（例：税理士にとってのターボタックス）や熱狂的なファンがいる製品（例：ティーボ）、あるいは顧客の数が非常に多く、一部の熱狂的なファンだけでも数万人になるような場合（例：デルやイーベイ）は、製品に焦点を合わせたコミュニティやウィキを作ってもよい。しかし、ほとんどの企業はもっと視野を広げ、個々の製品ではなく、顧客の問題全体に焦点を合わせる必要がある。たとえばインテュイットはターボタックスではなく、税情報全般に関するウィキを作った。同社のオンラインコミュニティを運営するスコット・ワイルダーは、顧客が求めているのはソフトウェアに関する助言ではなく、税に関する助言であることを知っていた。顧客にとって、最も重要な問題は何かを考えよう。

人々の興味を引く話題であるほど、そこから得られる心理所得も大きくなる。たとえばエレキギターを売っている企業なら、ワーミーやワウペダルではなく、「ミュージシャンとして成功すること」をテーマにしたサポートフォーラムを作ったほうが成功率は高まるかもしれない。

企業の参加は不可欠

サポートコミュニティには活気が必要だ。人気のないフォーラムを訪れる者はいない。コミュニティ、フォーラム、ウィキを立ち上げたが、次第に失速してしまったという例はいくらでもある。たとえばケロッグはシリアル「スペシャルK」のマーケティングのために、ヤフーにダイエット希望者のコミュニティを作った。二〇〇七年一月のスタート時には二〇〇一件ものメッセージが集まり、前途は洋々と思われたが、八月の投稿数はわずか一八五件だった。[※17] 成功例の影には、その何十倍もの失敗例がある。

活動はコンテンツを生み、コンテンツはトラフィックとリンクを生み、リンクは検索エンジンの表示順位を押し上げ、さらなるトラフィックをもたらす。このような好循環を作るには呼び水が必要だ。まずは参加者数の点から、フォーラムの成功率を分析してみよう。オンライン消費者の二八％はフォーラムに参加しており、その三分の二は投稿もしている。もちろん自社の場合は違うかもしれないので、顧客がフォーラムに参加する可能性は別途調べなければならない。仮に顧客の四〇％がオンラインフォーラムに参加していることがわかったとしても、自社のフォーラムに参加してくれるとは限らない。

この分野では勝者と目されているインテュイットでさえ、クイックブックス利用者のフォーラム参加率は五％にとどまる。サポートフォーラムに参加する人は、顧客全体の一～五％程度と見積もっておこう（顧客のソーシャル・テクノグラフィックス・プロフィールや製品への執着度による）。またそれだけの参加者を確保するまでには一年以上かかることも忘れてはならない。人が集まったとしても、回答者より閲覧者のほうがはるかに多い。誰もが心理的な承認を求めているわけではない。フォーラムを軌道に乗せるには、何千人もの参加者を集める必要がある。自社の顧客基盤は、それだけの参加者を生み出せるだろうか?

サポートコミュニティを立ち上げる場合、初年度は専任のスタッフとリソースを割り当て、こまめに面倒を見る必要がある。まずは会社の公式サイト、製品パッケージ、電話の応答メッセージなどでフォーラムの存在を告知し、人々を誘導する。もっと重要なのは、「ジェリコ」の製作者たちがそうしたように、企業自身がフォーラムに参加することだ。フォーラムができて間もない頃は、スタッフがメンバーの質問に答え、活動を見守り、メンバーを助ける方法を見つけ、メンバーに手本を示す必要がある。デルが数年前にフォーラムを立ち上げたときは三〇人のスタッフが配備された。スタッフはメンバーの行動に目を配り、回答を見つけられるよう手を貸した。現在、フォーラムの規模ははるかに大きくなっているが、ほぼ自律的に運営されており、デルはモデレータースタッフの数を五人に減らした。デルの例が示しているように、スタート時には必ず企業が参加する必要がある。

ウィキやQ&Aのような、あまり馴染みのないテクノロジーを使う場合は、コミュニティを軌道に乗せるのはさらに難しくなる。ウィキペディアやヤフー・アンサーズのような一般向けのサイトでさえ、コンテンツに貢献する人より、結果を読むだけの人のほうがはるかに多い。既存の顧客コミュニティを利用する場合はうまくいく可能性が高いが、そうでない場合は顧客の参加を促進する方法を見つける必要がある。

既存のコミュニティがあるなら、新たに立ち上げる必要はない

最後の、そして自明のステップは、顧客向けコミュニティの有無を確認することだ。ティーボの例を見てみよう。

「ティーボコミュニティ・コム（tivocommunity.com）」は、デジタルビデオレコーダー「ティーボ」の公式サイトではない。しかしティーボを所有する四三〇万人のうち、約三％に相当する一三万人はこのサイトに登録している。最も投稿数の多いメンバーは「jsmeeker」だ。二〇〇一年からの累計投稿数は四万四〇〇〇件に上る。[※18]ティーボに関する知識を披露することで、彼が心理所得を得ていることは間違いないだろう。

ティーボのオーナーはコミュニティに集い、問題を解決し合っている。公式フォーラムを作る必要はなかった。作ったとしても無駄になっていただろう。「あちら（ティーボコミュニティ・コム）の動向はざっくり把握するようにしています」というのは、ティーボの製品マーケティングマネジャーのボブ・ポニアトウスキだ。同社のエンジニアのもとに、ティーボコミュニティ・コムへのリンクを張ったバグレポートが届くこともある。リンク先の記事には、不具合が起きたときの状況が簡潔にまとめられている。ボブ自身も折に触れてティーボコミュニティ・コムに参加している。フォーラムでのハンドル名は「TiVoPony」だ。「フォーラムのメンバーとは信頼関係ができているので、何か問題が起きたときはプレスリリースより少し詳しい情報をフォーラムに流すようにしています。するとメンバーも、当社の製品やサービスを周囲の人に勧めてくれるのです」とボブはいう。つまりティーボはこのコミュニティを、「支援」（メンバーを助ける）、「傾聴」（使い手の生の声に耳を傾ける）、「会話」（商品の改善情報を情報発信力のあるメンバーに伝える）という三通りの方法で利用しているのだ。このコミュニティはティーボに利益

をもたらしているため、コミュニティが運営難に陥ったときはサーバーと帯域幅の費用をティーボが肩代わりした。

しかし、ティーボのような企業は例外だ。たいていの企業は既存のコミュニティに飛び込むことを恐れている。コミュニティの会話に水を差すのではないかと不安なのだ。もっとも、これは最初の一歩を踏み出せないことへの言い訳であることも多い。消費者はマーケターの話を聞きたがらないと企業は思いこんでいる。しかし実際には、コミュニティのメンバーは企業の言葉を聞きたがっている。彼らがコミュニティに参加しているのは、その製品やサービスの話をするためだ。企業がメッセージを投稿すれば、大いに注目を集めるだろう。自社の製品やサービスを語っている活発なコミュニティがあるなら、自社も参加するか、スポンサーになることを検討しよう。あるいは顧客がよりよく助け合えるように、別の関係を結んでもよい。

コミュニティの導入に関する実際的なアドバイス

サポートコミュニティを構築する場合は、次のような点に留意しよう。

□小さく始める（ただし、展開の可能性は考えておく）

コミュニティに限らず、グランズウェルのプロジェクトを成功させるためには、小さく始めることが最善の策となる。取り扱い製品が多いときは、まず一つの製品に焦点を合わせる。そして自社の顧客層に適した方法がわかったら、サポートする製品を増やしていく。ただし、サポート対象を拡大する可能性があることは最初から見込んでおこう。（社内で対応しきれないという理由で）サポートベンダーを途中で変えると、コミュニティに大きな打撃を与えることになる。

□活発な顧客にリーチする

コミュニティのあるべき姿を知っているのは顧客だ。セールス部門の助けを借りて、熱心な顧客を特定し、どんな形でコミュニティに参加したいかをたずねてみよう。熱心な顧客はオンラインコミュニティの中心人物になるため、この層の支持と熱意を維持することは極めて重要だ。顧客の中に有名人がいるなら（スノーボードメーカーならオリンピック選手、家具会社ならインテリアコーディネーターなど）、あらかじめ連絡を取り、コミュニティへの参加を（報酬と引き換えに）承諾してもらってもよい。

□トラフィックを誘導する

コミュニティを立ち上げても、最初は何も起こらない。誰もコミュニティの存在を知らないからだ。リンクシスのタリク・マフムードは、電話の保留メッセージや企業ウェブサイトを使って顧客コミュニティに誘導している。これはどの企業もすべきことだ。顧客が利用しているショッピングサイトに広告を出したり、コミュニティのURLをマニュアルの表紙に印刷したりするのも良いアイディアだ。検索エンジン対策も忘れないように。サポートコミュニティやウィキが軌道に乗れば、投稿が検索結果の上位に表示されるようになるが、それまではグーグル、ヤフー、MSNライブサーチなどの検索連動型広告を購入してもよい。

□評判システムを組み込む

参加者が良い評判を得られるようにすることは非常に重要だ。多くの企業はリチウムテクノロジーズ（Lithium Technologies）のシステムを使ってフォーラムを構築している。リンクシスのクリスマスを救ったフォーラムも、同社のシステムを利用していた。リチウムテクノロジーズの共同創業者でCEOのライル・フォンは次のように述べている。「良い評判を手に入れるためなら、ユーザーは日に何時間でもコミュニティで過ごします。適切な評判システムを構築できれば、ユーザーは積極的にコミュニティに参加し、好ましい行動を取るようになるでしょう」。たとえばデルのコミュニティフォーラムに二万件ものメッセージを投稿しているジェフ・ステンスキは、コミュニティから「ダイヤモンド・レベル」と評価されており、これがジェフのアドバイスをさらに信頼できるものにしている。ヤフー・アンサーズのランキングでジューダス・ラビが上位に表示されているのは、ポイント制のおかげだ。ヤフーのコミュニティではゲームの力学が働いており、利他心だけでなく、競争心も参加の動機になっている。

□顧客に従う

コミュニティはどんなことに対しても意見を持っている。コミュニティにたずねれば、製品に追加すべき機能はもちろん、コミュニティの運営方法や、自社の行動が適切か否かも教えてくれるだろう。フォーラムを作るときは必ず、「コミュニティへの要望」というスレッドを用意する。そしてこのスレッドだけでなく、フォーラム全体を観察し、顧客の声に耳を傾ける。

勇気を持ってコミュニティに飛び込むこと、顧客が助け合えるようにすることは重要だ。しかし、それが自社のビジネスに及ぼす影響は考えておく必要がある。

■サポートコミュニティが企業を変える

企業がコミュニティフォーラムに参加すると、奇妙なことが起きる。メンバーが、企業は自分たちの声を聞き、反応するものと考えるようになるのだ。CBSと「ジェリコ」の製作者たちは、それを劇的な形で学んだ（そう、ナッツの海の中で）。しかしフォーラムやウィキを新たに作るにせよ、既存のものに参加するにせよ、それはグランズウェルの一部であることを肝に銘じておこう。

フォーラムやウィキで顧客が何を語るかはわからない。製品や使用方法だけでなく、価格の話が出ることもあるだろう。ライバルの話題や自社の営業戦略、新製品のロードマップや株価の話が出ることもあるかもしれない。ロゴから工場の労働環境まで、グランズウェルではあらゆるものが話題になる。

これはチャンスと捉えるべきだ。コミュニティを作ったり、既存のコミュニティに参加したりすれば、企業はこうした会話を最前列で聞くことができる。通常、サポート部門が社内で大きな影響力を持つことはない。サポート部門はコストセンターだ。しかしサポートコミュニティは違う。サポートコミュニティには大量の情報が集まるため、開発やマーケティングにも影響を及ぼせるようになる。こうした情報はコミュニティの責任者に発言権を与えるだろう。

コミュニティがあれば、顧客にコメントの意味をたずねることもできる。こうした対話、特に活発な顧客との対話はいずれ、商品開発のプロセスに統合されることになる。より良い製品を作るために企業と顧客が手を結ぶ。それは心理所得が持つ力をビジネスに取り入れ、活用することでもある。

傾聴、会話、活性化、支援。どこから始めるにせよ、企業はいずれ顧客をビジネスプロセス、特に製品開発のプロセスに組み込むことになる。それが第九章のテーマ、「統合」だ。

ジョージはペンシルバニア州中央部の小さな町で暮らしている。愛犬の名前はプーチ。プーチはコッカプー、つまりスパニエルとプードルの交配種だ。ジョージとプーチは仲がいい。「一緒に散歩やジョギングを楽しんでいます。ハイキングにも行きますよ。それから庭遊びも。プーチなしの生活は考えられません」とジョージはいう。

ガーラ・アモロソは、ジョージのような人間に大いに興味を持っている。ガーラはデルモンテ・フーズ（Del Monte Foods：以下デルモンテ）のシニア消費者インサイトマネジャーだ。彼女はこれまでのキャリアを通じて、食料品店の買い物客の心理を研究してきた。消費者の研究は探偵の仕事に似ている、と彼女はいう。「面白い仕事です。ストーリーがつかめると、つまり点と点がつながると何かが見えてくるんです」

デルモンテはブランドモニタリングサービスを提供するウンブリア（Umbria）の協力を得て、愛犬家の中に「犬も人間」派と呼ぶべき一派があることを発見した。あなたの周囲にも、そんな人がいるだろう。彼らは犬を家族のように扱う。旅行に同伴し、時間の許す限り、ともに遊ぶ。朝起きてから寝るまで、犬が生活の一部になっている。そしてこの種の愛犬家たちは、自分のライフスタイルに合った犬用スナックに目がない。

ジョージもそんな愛犬家の一人だった。デルモンテがコミュニティベンダーのマーケットツールズ（MarketTools）と組んで、「犬派集まれ／犬も人間」というプライベートコミュニティを立ち上げたとき、ジョージがすぐに参加を決めたのも不思議ではなかった。このコミュニティを舞台に、やがて驚くべき会話が始まった。

会話の一方にいるのは、ガーラとデルモンテの社員たちだ。彼らは新製品のアイディア、パッケージ、そして販売方法に頭を悩ませていた。

会話のもう一方にいるのは、ジョージを始めとする愛犬家たちだ。彼らは喜んで自分が欲しい商品を詳細に、そして根気よく語った。

ガーラは（マーケットツールズのモデレーターを介して）、コミュニティにこんな質問を投げかけた。※1

> 皆さんの愛犬が人間だとしましょう。いや、皆さんのワンちゃんはもちろん人間ですが、もし文字を書けたら、どんな食事をリクエストするでしょうか。それは、どんな一皿でしょうか。下のコメントリンクをクリックして、あなたの愛犬の「理想の朝食」を教えてください。

ジョージは次のように答えた。

朝食に食べたいものといったら、間違いなくベーコンと卵だ。卵の上にはもちろんケチャップ。うちの子はケチャップが大好きなんだ!!!

ジョージの他にも、四〇〇人のメンバーが「愛犬の理想の朝食」を投稿した。メンバーの意見を眺めているうちに、あるテーマが見えてきた。愛犬家が求めているのは、人間の食事のように見える犬用スナックだ！　あるメンバーは、「マクドナルドのパンケーキ、卵、ベーコン、ハッシュポテト、それとカプチーノ」と答えた。別のメンバーは、「もちろん卵とたっぷりのチーズよ。アンディはチーズが大好きなの！」と答えた。犬たちは（飼い主の口を借りて）希望を語った。ベーコンと卵が食べたい、と。

そこでデルモンテは、犬にベーコンと卵を与えることを決めた。そうして誕生したのが本物のベーコンと目玉焼きのように見える犬用朝食スナック「スノーセージ・ブレックファスト・バイツ」だ。この商品には何を配合すべきか？　ビタミンはどうだろう？　人間は毎朝ビタミン剤を飲んでいる。ならば犬がそうしたっていいはずだ。

ガーラとデルモンテはコミュニティでたずねた。

スナックにビタミンとミネラルが配合されていたら、もっと購入したいと思いますか？

ジョージの答えはこうだ。

ビタミンやミネラルが入っていないスナックよりは、健康に配慮したスナックを買うね。最近はアミノ酸、オメガ3、フィッシュオイルが配合されているものを選ぶようにしている。自分もこれらのサプリを飲んで、健康効果を実感しているんだ。ヘルシーなスナックは種類が少ないから、なるべく健康に配慮したブランドを選ぶようにしている。

コミュニティの五四％が、ビタミンとミネラルが配合されているスナックがあれば買うと答えた。次の問題はパッケージだ。ガーラはパッケージの案をコミュニティに投稿した。犬がベーコンと目玉焼きの形をしたスナックをうれしそうに食べているイラストの横に、次のような言葉が並んでいる。

愛犬にヘルシーでおいしい朝食を！
□カルシウム配合：健康な骨と歯のために
□抗酸化物質配合：免疫システムの強化に
□オメガ3＆6脂肪酸配合：健康な皮膚のために

再びジョージが回答した。

犬も人間と変わらない。健康で長生きするためには、必要なビタミンとミネラルを摂取する必要がある。以前は多くのドッグフードが質の悪い食材や増量剤を使っていたが、最近は愛犬家も勉強していて、より栄養価の高いフードを求めるようになっている。こうした要望に応えなければ未来はないことに、メーカーも気づきつつある。パッケージにこうした文言を載せるのはいいと思う。犬の健康に配慮した製品であることがわかるからね。

他のメンバーからも続々とコメントが届いた。この製品は市場に受け入れられる――デルモンテはそう確信し、製造工場にゴーサインを出した。成否を判断するのはまだ早いが、はたから見ている限り、売れ行きは上々のようだ。デルモンテは一部の愛犬家を満足させる方法を発見した。商品開発は難しい。ならば顧客の手を借りてはどうだろうか？

■顧客を統合する：商品開発の新しい形

顧客の手を借りてイノベーションを進めるというのは、実に魅力的なアイディアだ。その証拠に、すでに少なくとも三冊の本がこのテーマで書かれている。

一冊目はエリック・フォン・ヒッペルの『民主化するイノベーションの時代』[※2]（ファーストプレス）だ。これはソフトウェアからサーフボードまで、あらゆる商品の開発に影響を及ぼしている「リードユーザー」の役割を詳細に論じた画期的な著作である。二冊目はパトリシア・B・シーボルトの『Outside Innovation: How Your Customers Will Co-Design Your Company's Future（アウトサイド・イノベーション：顧客とつむぐ未来）』[※3]。この本にはプライベートコミュニティ、格付け、レビューなどのツールを使って、「顧客イノベーション」を商品開発に活用している企業の事例が豊富に紹介されている。三冊目はドン・タプスコットとアンソニー・D・ウィリアムズによる『ウィキノミクス：マスコラボレーションによる開発・生産の世紀へ』[※4]（日経BP社）。この本はウィキペディアの協働モデルを使って、グローバルコミュニティがイノベーションを生み出す方法を論じている。

どの本も素晴らしいし、壮大なビジョンを描いている。しかし、いざ顧客と組んで何かをしようとした企業は否定できない現実にぶつかる。それは、商品開発や技術革新のプロセスに顧客を巻き込むことは、率直にいって非常に難しいということだ。企業は自分たちが管理できる方向にイノベーションを進めようとする。たいていの企業には商品開発部門があり、賢いエンジニアたちが気の利いたアイディアを生み出している。市場調査部門を設け、ガーラのような社員に顧客のニーズを探らせている企業もある。サービスや社内プロセスの改善を仕事にしている人もいるだろう。新しい流通チャネルを開拓したいなら、チャネルの専門家と組み、従来のチャネルを担ってきた人々の抵抗に対処する。

しかし実際には、これまでの章で見てきたように、顧客は企業に何をすべきかを伝えたくてうずうずしている。彼らはフォーラムに集い、企業の製品を批判したり、絶賛したりしている。小売サイトで製品を格付けし、レビューを投稿している。ブログを書き、ビデオを作り、企業の一挙手一投足を分析している。企業の準備が整っていようといまいと、顧客はすでに企業のビジネスプロセスに入り込み、経営陣の行動を監視しているのだ。

第五章から第八章で取り上げた目標（傾聴、会話、活性化、支援）のいずれかに着手しているなら、顧客とのコミュニケーションチャネルはすでに開かれている。顧客との新しい関係がもたらす知見は、必然的に顧客を企業の内部に深く入り込ませることになる。これを、我々は「グランズウェルの統合」

と呼ぶ。製品とプロセスの両面において、顧客が企業のイノベーションに重要な役割を果たすようになるのだ。

本章のテーマは、顧客をイノベーションに活用するための実際的な方法を見つけることだ。その方法がわかれば、企業は顧客が求めているものを、もっと効率よく提供できるようになる。それは製品やプロセスを改善するだけでなく、イノベーションを加速することでもある。

■イノベーションを加速するメリット

本章では三つの事例を取り上げるが、どの事例もグランズウェルを統合することで、ビジネスのスピードは速まることを示している。

なぜか。理由は二つある。

一つは、顧客の希望をすぐに聞けるようになるからだ。顧客はすでに企業の製品を使い、企業と交流している。彼らは問題点と修正方法の両方を知っており、商品開発担当者や経営陣が考えたこともないようなアイディアを持っている。顧客というイノベーションの泉を手に入れた企業は、以前とは比べ物にならないスピードでアイディアがわいてくることに驚くだろう。それは数十人、数百人のエンジニアに、数千人、数百万人の知性が加わったからだ。

もう一つの理由は、顧客をプロセスに巻き込むことで、イノベーションの速度が上がるからである。顧客と何度も話ができるので、製品やプロセスを継続的に改善していくことができる。ガーラと愛犬家コミュニティのやり取りを思い出してほしい。彼女はまず、「どんな製品が欲しいか」とたずねた。

次に、「ビタミンを入れるべきか」とたずねた。続いてパッケージについてたずねた。わずか数週間のうちに三度のやり取りが発生し、三つの意思決定が行われた。顧客コミュニティでは、すぐにフィードバックが得られる。その内容を理解したら、コミュニティに戻って別の質問をすることもできる。それは文通の代わりに、直接会って話をするようなものだ。対面で話をしたほうが多くの情報を得られることは誰でも知っている。それは会話のほうが、アンケートで質問したり、工学研究を実施したり、すべての提案を幹部がレビューしたりするより効率的だからだ。

本章では三つの事例を取り上げる。一つ目はセールスフォース・ドットコムの事例（イノベーションコミュニティを使って顧客の意見を製品開発に取り入れる）、二つ目はフランスの信用金庫の事例（顧客の提案をもとにビジネスのやり方を見直す）、そして三つ目はカナダの食料品店の事例（格付けとレビューを製品の品質向上に役立てる）だ。どの企業もビジネスのスピードを速めることに成功した。その結果、コストが削減されただけでなく、他社との競争も有利に進められるようになった。

■事例　イノベーションコミュニティを通して顧客を統合する：セールスフォース・ドットコム

スティーブ・フィッシャーの意見では、重要なのはスピードだ。

スティーブはセールスフォース・ドットコムのプラットフォーム（製品基盤と開発環境）担当バイスプレジデントだ。同社の主力商品はＣＲＭ（顧客関係管理）アプリケーションである。ＰＣと接続環境さえあれば、つまり「セールスフォース（salesforce.com）」にアクセスさえできれば、企業の営業担当者はどこにいてもビジネスチャンスやリードを管理できる。同社はこうした営業支援ソリューションだけでなく、サービスやマーケティングを支援するソリューションも提供している。

セールスフォースそのものはソフトウェアではない。ネット上で提供されるオンデマンドサービスだ。そのため、ソフトウェアよりも迅速に機能を更新・強化できる。スティーブがスピードを重視しているのはそのためだ。

セールスフォースは急速に進化している。以前は年に三回程度しか新リリースを提供しておらず、各所から不満の声があがっていた。次のリリースに追加する機能をめぐって、開発者（アプリケーションを開発している技術者）とマーケティング担当者の意見が対立することも多かった。顧客の声を聞けばいいと思うかもしれないが、そうしていなかったわけではない。問題は、要望が多すぎることなのだ。顧客の要望は一万件に達していた。素晴らしいアイディアもあったが、そうでないものもある。重要なのは、両者をどう見分けるかだった。

二〇〇六年、プロダクトマネジャーの一人が、この問題を解決してくれそうなアプリケーションを見つけた。「クリスピーニュース（Crispy News）」だ。クリスピーニュースを導入すれば、ディグのように顧客自身が記事を評価できるようになる。[※5] しかもディグと違って、クリスピーニュースは企業にライセンスを供与していた。「最初は自社で開発しようと思っていたんです。でもクリスピーニュースには、我々の知りたい情報を見つけるテクノロジーがありました」とセールスフォース・ドットコムの市場戦略担当バイスプレジデントのジョン・タシェクはいう。その情報とは、「どの機能が最も顧客の嗜好とニーズに合っているか」である。

二〇〇六年秋、セールスフォース・ドットコムは「アイディアエクスチェンジ（IdeaExchange）」（ideas.salesforce.com）を立ち上げ、顧客が開発アイディアに優先順位を付けられるようにした。それまでは顧客から寄せられるアイディアは降り積もる雪のように、ただ蓄積されるだけだった。しかし今は顧客のグランズウェルがアイディアを整理し、並べ替えている。初年度には五〇〇〇件を超すアイディアが投稿されたが、トップページに並んでいるのは選り抜きのものだけだ。セールスフォース・ドットコムのために、顧客自身が優先順位を付けてくれたのである。

こうしたアイディアの中には、セールスフォース・ドットコムにとっては受け入れにくいものもあった。たとえば初期に多くの票を得たアイディアの一つに、セールスフォースへのログイン時に必ず表示されるテキスト広告「ソーバナー（sawbanner）」に関するものがあった。最新のリリースやカンファレンスに関する情報を顧客に一斉告知できるソーバナーはマーケティング部門のお気に入りだったが、セールスフォースを仕事に使っている人々は不満を感じていた。「ファイアドッグ（firedog）」という顧客がアイディアエクスチェンジに投稿した文章を紹介しよう。[※6]

ソーバナーを抹殺せよ。永遠に。

［ソーバナーの画像］

こう思っているのは私だけではないと思うが、敢えて提起したい。セールスフォースにログインするたびに表示される、このいらつくバナーを何とかできないか。

（中略）この問題の解決を望む人は、ぜひ投票してくれ。もうソーバナーはたくさんだ！

このメッセージが投稿されると、たちまち六〇〇〇人が投票し、ソーバナーの廃止を支持する熱いコメントが何百件も書き込まれた。ソーバナーの廃止に関しては、セールスフォース・ドットコムの社内でも意見が分かれた。

スティーブや多くの開発者たちは、セールスフォースのユーザビリティをできる限り高めたいと考えていた。しかしマーケティング担当者にとっては、ソーバナーは顧客にメッセージを伝えるための重要な手段だった。

どちらが勝ったって？

顧客だ。

どちらの言い分にも理はあった。しかし重要なのは顧客の満足度だ。その意味では、スティーブたちの主張のほうが有利だった。ソーバナー問題は決着がつくまでに九カ月を要したが、その間にセールスフォース・ドットコムは他のアイディアにも優れたものが多いことに気づき、いくつかのアイディアを製品に取り入れた。そしてソーバナー問題に結論を出す時が来ると、顧客を信頼し、ファイアドッグの希望どおりにソーバナーを「抹殺」した。

アイディアエクスチェンジによって、セールスフォース・ドットコムの商品開発プロセスは一変した。スピードを重視するスティーブを喜ばせるような変化もあった。新リリースの提供回数が二〇〇六年の二回から二〇〇七年には四回に増えたのだ。現在のリリースには三〇〇もの新機能が含まれている。以前と比べると三倍も多い。なぜ状況は変わったのか？　答えは、信頼にあった。

今ではセールスフォースに追加される新機能の約半分が、アイディアエクスチェンジに投稿されたアイディアをもとにしている。大規模な機能検討会議を開いて、ああだこうだと推測する代わりに、顧客の要望を把握した上で開発を進められるようになった。その結果、無駄が省かれ、進化のスピードが速まった。「政治的な事情ではなく、アイディアの質に基づいて開発計画を立てられるようになりました」とスティーブはいう。彼は新しいプロセスを次のように表現する。「空論をもてあそぶのではなく、実際的な議論ができるようになりました。大切なのはゴミを排除し、現実的なアイディアに光を当てることです」。ゴミとは、個人の先入観や当て推量をもとに開発された機能のことだ。スティーブによれば、このような機能は「本物の共同作業やソーシャルネットワークを生き残れない」。（アイディアエクスチェンジのおかげで）会社に俊敏さが戻ったとスティーブはいう。スピードや機動性を重んじるスティーブにとって、これは大きな変化だった。

顧客を動員する

セールスフォース・ドットコムの経験を、デルの経験と比べてみよう。デルの「アイディアストーム（IdeaStorm）」（www.dellideastorm.com）も、セールスフォース・ドットコムと同じクリスピーニュースを使っている。活気の面でも、アイディアストームはセールスフォース・ドットコムに劣らない。本書の執筆時点で、アイディアストームには約七〇〇〇件のアイディアが投稿されており、投票数は五〇万に達する。また、どちらもコミュニティから得たアイディアをビジネスに活用している。

しかし個人客を相手にしているデルは、セールスフォース・ドットコムと比べると顧客の動員に苦労している。ほとんどの顧客はアイディアストームに参加するほど、デルの製品に関心を持っていないからだ（セールスフォース・ドットコムの顧客は企業であり、アイディアエクスチェンジには顧客の一〇％近くが参加している）。それでもデルは数千人の顧客をアイディアストームに集めることに成功した。これだけの母数があれば、アイディアの源としては十分に機能する。

アイディアストームに投稿された提案の一つに、「ウィンドウズではなく、オープンソースOSのリナックスを搭載したPCが欲しい」というものがあった。[※7] アイディアストームを信頼していたデルは、このPCに搭載する機能、サポート手法、さらにはインストールするリナックスの種類も、コミュニティの意見をもとに決定した。その結果、二カ月後にはリナックスPCがデルのラインアップに加わった。通常、デルの製品ラインに新しいマシンが加わるまでには九〜一五カ月を要することを考えると、異例のスピードだ。

もっとも、デルはアイディアストームが顧客の意見を代表しているとは考えていない。アイディアストームに参加しているのは、顧客の中でも特にテクノロジーに詳しい人々であることをデルは理解しており、アイディアを検討する際もそのバイアスを考慮している（それでもリナックスPCは予想以上の売れ行きを見せている）。

他の企業もこのようなフォーラムを作って、顧客がアイディアを投稿できるようにするべきだろうか？　熱心な顧客は喜んでフォーラムに参加し、企業の商品開発に影響を及ぼそうとするだろう。こうしたフォーラムはアイディアの宝庫になる可能性もあるが、すべての顧客が興味を持つわけではない。コンセプトは良くても、ごく一部の顧客にしかリーチできないのだ。また、このようなフォーラムを実現するには大勢の熱心な顧客が必要だが、多くの企業はそこまで多くのファンを持っていない。その場合は、もっとシンプルな方法で顧客の要望を活用する必要がある。「どうすれば会社を改善できるのか？」と顧客にたずねるのだ。それが、クレディ・ミュチュエルのしたことだった。

■事例　顧客にアイディアを求める：クレディ・ミュチュエル

クレディ・ミュチュエルは、一〇〇〇万人の顧客を持つフランスの協同組合銀行だ。スローガンは「la banque à qui parler（話しかけられる銀行）」である。

クレディ・ミュチュエルは広告キャンペーンの実施に先だって、フォーカスグループ調査を行った。その結果、人々は同社のスローガンを、「うわべだけの言葉」と受け取っていることがわかった。「話しかけられる銀行だって？　どうやって銀行に話しかけるんだ？　仮にできたとしたって、それで何が起きるのだ？」と彼らはいった。

この反応を受けて、同社は（スローガンのとおり）顧客の意見を聞くことにした。何が欲しいのかをたずね、人々の要望に応えようと決意したのだ。

二〇〇七年初頭、クレディ・ミュチュエルの広告キャンペーンが始まった。この広告は、消費者をあるキャンペーンサイトに誘導するものだった。サイトの名前は「sijetaisbanquier.com」（Si j'étais banquierは「もし私が銀行家だったら」の意）。サイトにアクセスすると、「もし私が銀行家だったら、お客様に発言の機会を提供し、ともに未来の銀行を作ります」というコピーが表示される。サイト訪問者には、二つの選択肢が与えられる。自分のアイディアを投稿するか、他の人が投稿したアイディアを見るかだ。アイディアを投稿した人の中から、毎週一人にｉＰｏｄがあたるプレゼントキャンペーンも実施された。

普通に考えれば、このようなキャンペーンが成功するはずはない。いきなり、「もし私が銀行家だったら」などと考える人がいるだろうか（本当に銀行で働きたいと思っているなら別だが）。リスクもある。中身のないアイディアしか集まらなかったらどうするのか。もし下ネタばかりだったら？　不安はあったが、クレディ・ミュチュエルは腹をくくり、キャンペーンを開始した。投稿されたアイディアは一〇人のスタッフがふるいにかけ、的外れなものは取り除いた。

グランズウェルではよくあることだが、消費者の反応は予想外のものだった。何万ものアイディアが投稿されたのだ。そのうちの一五％は意味のないものだったが（「もし私が銀行家だったら、転職する」など）、残りのアイディアは興味深かった。中には、うならされるものもあった。

クレディ・ミュチュエルは、最も優れたアイディアを三〇個選んだ。その一つに、「もし私が銀行家だったら、手数料を顧客にもっとわかりやすく説明する」というものがあった。手数料を下げるのではなく、説明するのだ。クレディ・ミュチュエルは、明細書の記述が顧客を混乱させていることに気づいた。この問題はすでに解決されつつある。遠からず、クレディ・ミュチュエルの全店舗にすべての手数料を解説した冊子が並ぶだろう。このアイディアは、さほど苦労せずに実現できた。

では、次のようなアイディアはどうだろうか？「もし私が銀行家だったら、子どもが口座管理のイロハを学べるように、ネット上で管理できる子ども用の擬似口座を作る」。このようなアイディアは銀行の内部からは出てこない。これは親の発想だ。このアイディアは非常に興味深いだけでなく、クレディ・ミュチュエルにとっては思いもかけないものだった。

トップ三〇のアイディアはどれもユニークで、的を射ていた。たとえば、「メールや窓口で顧客から質問をされたときは、必ず回答期限を設ける」、「親が長年クレディ・ミュチュエルの保険に加入している場合は、若年ドライバーの保険料を割引する」などだ。二〇〇七年九月、クレディ・ミュチュエルはトップ三〇のアイディアをネットで公開し、人々の投票を受け付けた。これらのアイディアの多くは、すでに実現されつつある。

ここまでの説明を読んで、セールスフォース・ドットコムのアイディアエクスチェンジに似ていると思ったかもしれない。しかしセールスフォース・ドットコムの顧客と違って、クレディ・ミュチュエルの顧客はキャンペーンサイトに何度も足を運び、時間をかけて銀行に関するアイディアをじっくりと評価したりはしない。このキャンペーンの名称が「もし私が銀行家だったら」となっているのは、普通の人は銀行の立場でものを考えたりしないからだ。そこで同社は、顧客が銀行に関するアイディアを投稿し、意見を交換するサイトではなく、アイディアを投稿したら、すぐに立ち去れるサイトを作った。

このキャンペーンには、いくつもの成功要因があった。

一つは、企業が顧客と同じ側に立っていたことだ。「どうすればいいか教えてください」とたずねる代わりに、微妙な違いではあるが、「あなたが我々の立場だったら、どうしますか？」とたずねた。たとえ一瞬でも銀行に共感してもらうことで、クレディ・ミュチュエルははるかに現実的なアイディアを集めることができたのである。

二つ目は、イノベーションの泉をうまく活用したことだ。何を改善すべきかは顧客が知っている。クレディ・ミュチュエルの仕事は適切な質問を投げかけ、顧客の答えに耳を傾けること、そして寄せられたアイディアをふるいにかけることだった。

三つ目は、顧客の声に耳を傾けていたことだ。クレディ・ミュチュエルは顧客の声に耳を傾けていると主張し、顧客もクレディ・ミュチュエルが自分たちの声に耳を傾けていることを知っている。「話しかけられる銀行」は、もはや単なるキャッチフレーズではない。フランス人が次に銀行を選ぶときは、このことが大きな違いを生むかもしれない。

四つ目は、優れたサービスを開発する責任を忘れなかったことだ。デルモンテがペットフードの製造方法を忘れたり、デルがコンピュータの設計方法を忘れたりしなかったように、クレディ・ミュチュエルもサービス開発の仕事を放棄しなかった。一流の銀行になる方法を考えるのは、今も昔も、クレディ・ミュチュエルの仕事である。顧客のアイディアをすべて取り入れる必要はない。しかし顧客のちょっとした手助けがあれば、開発計画に優先順位を付けやすくなる。

たしかに広告には多額の費用がかかる。しかしクレディ・ミュチュエルが今回の広告に費やした費用は、すでにブランド広告費として予算化されていたものだ。今回のキャンペーンには広告制作費とは別に、一〇人のスタッフの半年分の人件費と、二六台のｉＰｏｄの購入費用が発生したが（おそらく三五万ドル未満）、そのおかげでクレディ・ミュチュエルのサービスは改善され、銀行のイメージも高まった。

では今後の展開は？　もしクレディ・ミュチュエルが、キャンペーンで集まったアイディアの多くを実行したら何が起きるだろうか？

一つの可能性として、クレディ・ミュチュエルは新しい組織に生まれ変わるだろう。顧客のアイディアを実現したら、そのことをプレスリリースで発表してもいい。それがビジネスに良い影響を及ぼせば、クレディ・ミュチュエルはこれからも顧客の声に耳を傾け、顧客のアイディアを実行するようになるだろう。「話しかけられる銀行」というスローガンが会社の文化と一体になったとき、クレディ・ミュチュエルは顧客の助けを得て、たえず向上していく組織となる。どの銀行もにたりよったりのサービスを提供している現在では、こうした俊敏さは大きな差別化要因になるはずだ。

一方、今回のキャンペーンが終わったら、顧客を統合するのはやめるという選択肢もある。その場合、「話しかけられる銀行」はただのスローガンに戻り、誰もその言葉を信じなくなる。キャンペーンによって高まったブランドの資産的価値はしぼみ、もっと悪ければ、クレディ・ミュチュエルは顧客のアイディアをイノベーションに活用するのをやめ、どこにでもある銀行に逆戻りするだろう。

クラウドソーシングについて

クレディ・ミュチュエルのキャンペーンはクラウドソーシングの例だ。クラウドソーシングとは、企業がグランズウェルにアイディアの提供を求めることである。

巷ではクラウドソーシングが大流行している。特に広告代理店の間では人気が高い。広告代理店はコンテストのようなものを企画し、消費者にテレビCMを作らせようとやっきになっている。[※8] 二〇〇七年のスーパーボウル枠で流れたフリトレー・ドリトスのテレビCMも、クラウドソーシングを活用したものだった。[※9] この広告は、できばえも素晴らしかった。

クラウドソーシングそのものは、顧客の統合と同義ではない。広告キャンペーンにクラウドソーシングを利用すれば、広告の制作費を多少は節約できるかもしれないが、顧客との関わり方を根本から変えるという難事業に取り組む機会は得られない。

それに対して、セールスフォース・ドットコムはイノベーションのプロセスを根底から変えた。デルモンテは商品開発を、以前とはまったく違う視点から捉えるようになった。そしてクレディ・ミュチュエルは、もし現在の方向性を維持できるなら、いずれ顧客のニーズに俊敏に対応できる銀行に変わるだろう。

フリトレーはクラウドソーシングを利用して、スーパーボウル枠で流すドリトスのテレビCMを作った。しかし、この経験から同社が学んだことはほとんどないはずだ。同社が今後も広告制作プロセスの相当部分を消費者に委ねるとは考えられない。フリトレーの顧客は、同社の商品開発プロセスを変えなかった。人々は助け合ってもいないし、お互いを刺激し合ってもいない。クラウドソーシングを利用した広告は一時的な成功をもたらすかもしれないが、それはグランズウェルを瞬間的に利用しているだけで、会社をプラスの方向に導くことはない。

■事例　レビューを利用して、商品を継続的に改善する：ロブロウ

ジム・オズボーンは、食料品店とその自社ブランドをイノベーションの製造工場に変えようとしている。

ジムはカナダの大手食料品チェーン、ロブロウ（Loblaw）のEコマース＆オンラインマーケティング担当バイスプレジデントだ。ロブロウはカナダ最大の小売店で、店舗数は一〇〇〇を超える。ロブロウは販売だけでなく、製造も手がけている。自社ブランドの「プレジデンツ・チョイス（PC）」は同社の売上高の二割以上を占め、毎年一〇〇〇もの新製品が発売される。

PCブランドを支えているのは顧客の声だ。第七章でも述べたように、格付けやレビューはネットストアの売り上げを伸ばす。ロブロウもバザールボイスのシステムを使って、ネットストアに格付けとレビューを導入した。しかし、同社の目的はネットストアの売り上げを伸ばすことではない。実店舗を訪れた買い物客の背中を押すことだ。

ロブロウの店に入ると、あちこちでレビューを目にする。「お客様に評価されたPC」はPCブランドのトレードマークであり、店内のいたるところにロゴが張られている。買い物客にレビューの投稿を促す戦略は効果を上げているようだ。ネットストアのメンバーは、すでに三〇万人を超えている。ロブロウはメンバーに「この製品が好きですか?」とたずね、その結果をメンバーのコメントとともにサイトで公開している（好意的なコメントだけでなく、否定的なコメントもすべて掲載される）。

店舗のチラシを見ると、「PCベジタブルラザニア」が五点満点中四・五点の高評価を得ていることがわかる。その横には「家族全員でおいしくいただきました。（中略）野菜嫌いの一七歳の息子も夢中です！」という顧客の声が添えられている（ロブロウのチラシにはレビューの文章がたくさん載っているので、食料品の広告というより、映画の広告のように見える）。店に行けば、レビューの言葉を引用した大型ポスターがいたるところに掲げられている。

第七章で取り上げたeバッグスと同じように、ロブロウも顧客のレビューはすべてサイト上で公開している。レビューの約八割は好意的な内容であるところも変わらない。ロブロウが他社と違うのは、強力な自社ブランドがあり、レビューを自社製品の改善に継続的に利用できるところだ。たとえばギリシャ料理をアレンジした「PCグリークムサカ」は人気商品だったが、問題もあった。レビューによれば、購入者はナスの量が少ないと感じていた。そこでロブロウはナスの量を二倍にし、そのことをチラシやパッケージでアピールした。

一方、マッシュルームとチーズを詰めたチキンブレストは、あまり人気がなかった。調理中に詰め物が出てしまうと人々はこぼした。ロブロウはこの問題を修正した。

現在では顧客の提案をもとに商品を改善することが、同社の通常の業務プロセスとなっている。

「顧客からフィードバックが届いたら、すぐに開発担当者に伝えます。商品を改善したら、そのことをアピールします」とジム・オズボーンはいう。「あまりにも評判が悪い場合は製造を中止することもあります。でも通常は問題点を分析し、修正し、もう一度販売します」。ロブロウにとっては、製品の欠点はもう一度挑戦し、問題を修正する機会に過ぎない。

我々のお気に入りのエピソードは、「PCスモーキン・スタンピード・バーベキューソース」に関するものだ。ロブロウは、このカナダ風のバーベキューソースをアメリカのアーカンソー州ベイツビルで開催された有名なバーベキュー大会に持っていった。この地域の住民はカナダ料理に馴染みがない。ロブロウの撮影隊は、地元の男性がこのソースを味見し、気に入って、自分が出品する牛肉料理にふりかける様子をビデオカメラにおさめた。この一品が、何とバーベキューコンテストで優勝した。スタッフは自社のバーベキューソースの素晴らしさを確信し、帰国するとアーカンソーで撮影したビデオをサイトにアップした。このビデオのおかげで、「PCスモーキン・スタンピード・バーベキューソース」は十点満点中、九・四点という高評価を得た。しかし、問題が一つあった。

キャップだ！　ビンの背が高すぎて、一部の冷蔵庫の棚に収まらなかったのだ。このバネ付きのキャップが人々をいらだたせていた。ロブロウがこの問題を知ったのは、カスタマーレビューのおかげだった。ロブロウは容器を改善し、問題を修正した。人々は今もソースの味を気に入っているが、ビンに関する苦情はもう聞こえてこない。

ロブロウの業績は、PCブランドの市場シェアと直結している。商品を改善すれば、商品のシェアは拡大し、ひいては業績も向上する。PCブランドの商品の中で、カスタマーレビューの恩恵を受けていないものはなかった。

ロブロウとプレジデンツ・チョイスは顧客の声に耳を傾けているが、さらに重要なのは、顧客もそのことを知っていることだ。問題のない商品などないことを消費者は知っているが、実際に問題を修正する小売店やメーカーはまれだ。ロブロウは、そうした数少ない会社の一つだとみなされている。これは、顧客にとっては重要なポイントだ。

ロブロウの教訓

自社の評判を変えたくはないだろうか？　顧客の声に耳を傾けている企業だと思われたくはないだろうか？

プレジデンツ・チョイスとロブロウには、競合企業にはない強みがあった。それは、強力なブランドと店舗の両方を持っていることだ。その意味では、ウォルマートにもロブロウと同様の成功を収めるチャンスがある、同社はナショナルブランドも顔負けの強力な自社ブランドを持っているからだ。またソニー、L・L・ビーン、シアーズといった自社店舗を持つブランドにも、成功のチャンスはある。このチャンスをつかむためには、ロブロウがそうしたように、自分たちが顧客の声に耳を傾け、顧客の提案を取り入れようとしていることを店頭で示す必要がある。しかしほとんどの店やブランドは、それだけの謙虚さを持ち合わせていない。

自社店舗を持っていないブランドやメーカーでも、顧客のフィードバックを得ることはできる。たとえばeバッグスは、顧客の声をサプライヤーに提供している。あなたのブランドはどうか？　プロモーションの効果を測るために毎週POSデータを分析しているなら、その時間の一部を使って、小売パートナーのサイトに掲載されている格付けやレビューを分析してみよう。そうすれば自社の商品が売れている理由（または売れていない理由）を理解できるだろう。

■謙虚さと創造性

顧客の統合に取り組む場合は、二つのことを覚えておいてほしい。

一つは、業種は関係ないということだ。顧客がいるなら必ず、顧客の助けを得ることができる。たとえば消費者向けサービスを提供している企業なら（レストランチェーンなど）、クレディ・ミュチュエルのように顧客にアイディアを求めてもいいし、デルモンテのようにプライベートコミュニティを立ち上げてもよい。セールスフォース・ドットコムのようなB2B企業の場合は、プロセス、価格、請求方法、サービスを改善する方法を顧客企業が教えてくれるかもしれない。重要なのは、意見を集めるだけで終わらないことだ。フィードバックは良いものも悪いものもすべてネット上で公開し、顧客の意見に基づいて行動し、事態を改善する用意があることを示そう。批判的な意見までさらすのは気が進まないかもしれないが、これは取る価値のあるリスクだ（第一章で見たように、顧客はいずれにせよグランズウェルで企業を批判しているのだから、自社の目が及ぶ場所で話をしてもらったほうがまだましかもしれない）。そうすればイノベーションを加速できるだけでなく、顧客の声に迅速に対応する企業というイメージも手に入る。長い目で考えれば、ビジネスの拡大にもつながるはずだ。

第二に、顧客を統合するためにはスキルと謙虚さの両方がいることを覚えておこう。たとえばアップルには多くの忠実なファンがいるが、ファンの意見を吸い上げる明確な仕組みはない。たしかにアップルのエンジニアとマーケターは優秀だ。しかし、これからもすべての商品がヒットする保証はない。遅かれ早かれ、連勝記録が止まる日は来る。

我々は何もアップルのような企業に、商品開発を顧客に託せといっているわけではない。そんなことをすれば、社内の才能を無駄にするだけだ。我々がいいたいのは、顧客を統合することで高い成果を上げている企業は、顧客のアイディアを商品開発や業務プロセスの改善に活かしているということである。人々は、何をすべきかを企業に命じているわけではない。提案しているだけだ。しかし、こうした企業は他の多くの企業と違って、顧客の提案に耳を傾け、その多くを取り入れている。顧客と会話し、顧客を理解し、顧客の知識を活用することで、イノベーションを加速している。

謙虚な姿勢で顧客の意見を聞き、その内容を問題解決に活かす。それがグランズウェルを統合するということだ。そのような企業は、これまでよりも早い速度でイノベーションを実現できるようになるだろう。

以上で、グランズウェル戦略をテーマにした第二部は終わりだ。これまでの章で述べてきたように、グランズウェルをビジネスに取り入れた企業は大きな変容を経験する。これは不可逆の変化だ。このあとの三つの章では、これらの変化がどのように起こり、どのような未来をもたらすのかを見ていきたい。

第三部
グランズウェルで変革を促す

第一〇章　グランズウェルが企業を変える

ここ一番という時に、何をどう売り込むべきかをロブは知っている。

ロブ・マスターはブランド界の巨人、ユニリーバ（Unilever）のスキンケア製品部門の北米地域担当マーケティングディレクターだ。恋人にプロポーズしたときは、マンハッタンの路上にバラの花びらをまき、彼女を最初のデートの場所までいざなった。「彼女にはいつも、ロマンチックじゃないと文句をいわれていました。でも私もマーケティングのプロですからね。ポジショニングの重要性は心得ています」とボブはいう。[※1]

製品やアイディアをポジショニングする彼の能力は、ユニリーバが「ダヴ（Dove）」ブランドのマーケティング手法を大きく変えたときも重要な役割を果たした。

ユニリーバはロブとバブス・ランガイア（北米地域担当メディアディレクター）の助けを得て、インターネットをマーケティング媒体として受け入れるだけでなく、ブランドに対するコントロールを少しずつ手放し、グランズウェルと消費者の力を活用できるようになった。

中でも二〇〇六年秋にユーチューブで公開されたダヴのビデオ「エボリューション」は、ユニリーバの文化が大きく変わったことを世界中に印象づけるものだった。このビデオを制作したのはロブとバブスではない（制作はカナダにおけるダヴの広告代理店、オグルヴィ／カナダ）。二人がしたことは、ユニリーバが新しいアプローチを受け入れ、マーケターがリスクを取れるような環境を整えることだった。二人の努力は実を結び、このバイラルビデオは成功を収めた。「エボリューション」は平凡な顔立ちをした女性がコンピュータ処理で今どきの「美女」に変身していく様子を七五秒のビデオにおさめたものだ。このビデオは主にユーチューブなどで流され、一年も経たないうちに五〇〇万人以上の閲覧者を集めた。[※2]「エボリューション」は世界最大級の広告賞、カンヌ国際広告祭でもグランプリに輝いているが、最大の功績はダヴのキャンペーンサイトに大量のトラフィックを誘導したことだろう。その効果は、同社が二〇〇六年のスーパーボウル枠で流したCMの倍以上だった。[※3]スーパーボウルのCM枠は三〇秒で二五〇万ドルだ。それに対して、「エボリューション」ビデオをユーチューブで配信するコストはゼロである。

ユニリーバは二〇〇六年に国内のマーケティングに二一億ドルを費やした。その四割はメディア（テレビ、印刷媒体、ウェブ）への支出だった。[※4]従来のメディアマーケティングでは、オンラインメディアを利用する場合もキャンペーンは厳密に管理されたプロセスに沿って計画され、実行される。しかしユーチューブにビデオを投稿する場合は、広告主はコントロールを手放し、グランズウェルを信頼して身を委ねなければならない。世界有数の広告主であるユニリーバが、なぜコストは低いがコントロールができず、さまざまな意味でマスマーケティングの対極にあるソーシャルテクノロジーを活用することになったのか？

変化は、一夜にして起きたわけではなかった。

■顧客志向型組織とグランズウェル

本章では二つの事例（ユニリーバとデル）を通して、大企業のマーケティング部門とカスタマーサポート部門がどのようにしてグランズウェルを受け入れ、業務の指針とするようになったのかを見ていこう。

「顧客志向型組織」というと、当たり前すぎて簡単に実現できそうな気がするかもしれない。しかし部門間の利害衝突やマーケティングやカスタマーサービスの悪しき慣習のせいで、現実は理想とはほど遠い状態にある。そのことは「製品マネジャー」の代わりに、「顧客マネジャー」を置いている企業がどれほどあるかを考えてもわかるだろう。

グランズウェルに関与するメリットの一つは、組織の意識が変わることだ。顧客との距離が縮まるので、人々の欲求や要求を肌で感じられるようになる。このような変化を成し遂げるためには、まずはグランズウェルを理解している一部の社員のアイディアを採用し、それを組織全体に拡大していく必要がある。つまり社内に小さなグランズウェルを作り、その後で顧客のグランズウェルを統合するのだ。

それには三つの条件がある。第一の条件は、段階的に進めることだ。実践し、さまざまな成功体験を共有することで、組織の意識はゆっくりと変わっていく。社員が新しいプロセスに慣れるためにも、段階的なアプローチは欠かせない。無茶なダイエットがリバウンドを招くように、グランズウェル的思考が社内に定着していないうちにプロジェクトを開始すれば、一時的には注目されても、長続きのする成功は手に入らない。もちろん、これまでの章で取り上げた戦略を、すべて同時に実行しようとするのも無謀だ。

第二の条件は、ある段階が自然に次の段階につながっていくようにすることである。サポート戦略が会話戦略につながることもあれば、会話戦略が統合戦略につながることもある。グランズウェル的思考を段階的に実現するためには、しっかりとした計画とビジョンに基づいて組織を導いていく必要がある。

第三の条件は幹部の支持だ。グランズウェルのプロジェクトは、個人プロジェクトの形で実験的に始まることもある。しかし自分の活動やアイディアを他の社員にも受け入れてもらいたいなら、上層部のメンバーにグランズウェル的思考を支持してもらう方法を考えておかなければならない。

本章では、どうすれば企業がこの三条件を満たし、グランズウェル的思考を身につけ、顧客との関係を変革できるかを見ていく。そして次章では、これを社内のグランズウェル、つまり社員との間で実行する方法を考察する。

■事例　コントロールを手放し、グランズウェルの支持を得る：ユニリーバ

アックス、リプトン、ワセリンといったブランドを所有するユニリーバは、ブランドマーケティン

グの代名詞的存在だ。ブランドマーケティングの世界では、何カ月もかけてメッセージやメディアプランが練られ、調整され、実行される。こうした大がかりなプロジェクトを進めていくためには、万全の管理体制を敷いて、あらゆるものを中央で計画・監視するようにしなければならない。社内外から複数のチームが参加している場合はなおさらだ。

ユニリーバの主力ブランドの一つに「ダヴ」がある。同社と広告代理店のオグルヴィ＆メイザーが二〇〇四年に始めたダヴの「リアルビューティ」キャンペーンは、消費者に大胆なメッセージを投げかけるものだった。広告には業界標準ともいうべき「若くてスタイルのいい完璧なモデル」ではなく、どこにでもいるような平凡な女性が起用された。大胆といっても、それは十分に研究されたもので、メッセージの伝達には通常のブランドキャンペーンと同じくテレビ、印刷媒体、屋外広告といった伝統的なチャネルが使われた。効果はあった。人々は「リアルビューティ」キャンペーンとダヴの話をし始めた。

次のステップは、ブランドメッセージに対するコントロールを手放すことだ。ここで登場するのがバブス・ランガイアである。バブスとロブはＮＢＣのリアリティ番組「アプレンティス」と組み、出演者にダヴの新製品の広告を作ってもらうことにした。「『アプレンティス』のような社外の機会を活用することで初めて、イノベーションの必要性を社員に実感してもらえるようになったのです」とバブスはいう。彼がいうように、結果に不安のないキャンペーンなどない。実際、「ザ・アプレンティス」の出演者たちが作った広告はひどい出来で、新製品の宣伝にはとても使えないものだった。しかし、ダヴチームはこの企画が集めた注目を逆手にとり、自社バージョンの広告を作った。番組司会者のドナルド・トランプがこの広告を紹介すると、大勢の視聴者がダヴのサイト（dove.com）を訪れた。

最終的には、「ザ・アプレンティス」での賭けと、そこから生まれた広告はユニリーバに利益をもたらした。バブスによれば、この回の放映以降、ダヴの「クール・モイスチャー・ビューティ・ボディウォッシュ」の売れ行きは好調だという。

二〇〇五年、ロブはさらなる挑戦を決意した。今度の主役はウェブだ。ロブはコメディ番組の合間に挿入される三〇秒CMで視聴者の注意を引く代わりに、ダヴのメッセージを聞きたがっている人々と話をしようと考えた。彼は新製品「夜のやすらぎ（Calming Night）」シリーズの発売に合わせ、何本かのウェブドラマを制作することにした。「夜のやすらぎ」シリーズは、忙しい一日を終えた女性たちにほっとできる時間をプレゼントする、というコンセプトで開発された夜用ボディケア製品だ。ロブは一流のスタッフを集めた。監督はペニー・マーシャル、主演はドラマ「デスパレートな妻たち」で有名な女優のフェリシティ・ハフマン。ロブが考えたプランは、テレビ、印刷媒体、およびポータルサイトで大規模なキャンペーンを展開し、ブランドとキャンペーンサイトの認知度を高め、クチコミを喚起し、消費者をキャンペーンサイトに誘導するというものだった。キャンペーンの効果を測定するために、サイトには無料サンプルの請求フォームも用意された。キャンペーンサイト「ダヴナイト・コム（dovenight.com）」[※5]には三〇〇万人が訪れ、デジタルメディアが広告キャンペーンの主役になりうることが証明された。このキャンペーンを機に、ユニリーバはネットの威力を認識するようになった。

このような経験を通して、ユニリーバの経営陣は革新的なメッセージを新しい方法で伝えることに徐々に慣れていった。そして満を持して登場したのが「エボリューション」である。二〇〇三年の段階で「エボリューション」のようなアイディアを提案しても、間違いなく却下されていただろう。ロブとバブスは社内の先駆者たちと組んで、まずは企業文化の変革に取り組んだ。先駆者の例として、バブスは上司のフィリップ・アルソーの他、「アックス」のマーケティング担当者のケビン・ジョージとデビッド・ルビンの名前を挙げる。こうしたリーダーたちのおかげで、グランズウェルに対する社内の信頼は少しずつ高まり、そのたびにコントロールの手も少しずつゆるんでいった。「大変なプロセスでした。ロブと一緒に関係者の説得に走り回ったものです。でも経営陣の了解を得てからは、プロジェクトの成功が次の挑戦への扉を開いてくれました。いうまでもありませんが、このキャンペーンのインパクトは大きく、同僚たちも『これは新しい視点だ。ブランドマーケティングの方法ががらりと変わるかもしれない』と考えるようになりました」

すでに述べたように、グランズウェルとの会話を実現するには段階的なアプローチを取るだけでなく、幹部の支持も得なければならない。ユニリーバの場合は、全ブランドのメディアコーディネーションを統括するバブス・ランガイアがパトロンとなって、メディアプランにデジタルテクノロジーを取り入れる方法を社内に広めていった。今ではアックスとダヴだけでなく、さまざまなユニリーバ製品のキャンペーンでグランズウェルを念頭においた設計やポジショニングが行われるようになっている。「ユニリーバの文化は大きく変わりました」とバブスはいう。「少しの賛同者がいれば、変化のプロセスは始められます。我々は常に創造的な企業でありたいと願ってきました。でもユニリーバは巨大な企業です。ややもすると大企業的なやり方に陥ってしまう。でも我々は、もっと革新的で軽快な組織になりたいと思っていました」

ユニリーバの教訓

「ユニリーバのようには変われない」と思う企業もあるだろう。たしかに、組織を変革するのは手間がかかる。たくさんの関係者を説得しなければならない上に、変化は徐々にしか起こらない。ユニリーバの事例をもとに、組織がグランズウェル的思考を取り入れるためのポイントを三つ紹介しよう。

□小さくても、効果的なステップを重ねる

ダヴチームが手がけたキャンペーンは、どれも何らかの意味で革新的だった。「リアルビューティ」キャンペーンでは革新的なメッセージを採用し、「アプレンティス」ではメッセージのコントロールを手放し、「エボリューション」では広告の配信方法を見直した。重要なのは、どのキャンペーンにもキャンペーンの効果を測る指標があったことだ。こうした指標はどれも会社の重要なマーケティング目標と結びついていた。具体的な成果を出すことで、チームはさらに革新的で難易度の高いキャンペーンに挑戦できるようになった。自社が実施しているマーケティングプログラムやコミュニケーションプログラムの問題点を洗い出し、そうした難題にグランズウェル的思考をあてはめてみよう。ただし、顧客との関係を一気に変えようとはしないこと。インパクトのある成功を重ねていけば、グランズウェル的思考を支持する人は自然に増えていく。

□ビジョンとプランを持つ

意識の変化は、腹立たしいほどゆっくりとしか進まないこともある。ロブとバブスは幹部の意識が変わるのを辛抱強く待った。「リアルビューティ」キャンペーンの開始から、「エボリューション」

ビデオが投稿されるまでには、実に二年もの月日が流れている。しかし二人は、ユニリーバは必ずグランズウェル的思考を身につけられると確信していた。そのビジョンがあったからこそ、いくつもの障害を乗り越えることができた。組織が三年後にどうなっているかをイメージしよう。最も簡単な方法は、顧客との関係を「感覚」としてイメージすることだ。どのテクノロジーを使うとか、どんなメッセージを伝えるかといったことは、今の段階では必ずしもわかっている必要はない。しかし、どんな会話を顧客と交わしたいのかについては、何らかのビジョンを持っておく必要がある。

□リーダーを巻き込む

ロブやバブスのような勇気あるリーダーがいなければ、ユニリーバの今はなかった。ダヴチームが一貫して訴えていたのは、コントロールを手放し、新しいメディアを受け入れ、消費者にブランドに対する発言権を与えることだ。ロブとバブスはこのビジョンを共有し、革新的なマーケティングを次の段階に進めるための説得力と企画力をチームに与えた。

■グランズウェル戦略の失敗例

ビジネス書は成功例ばかりを取り上げ、ものごとを実際以上に容易に見せることがある。そこで今度は、グランズウェルに関与できなかった企業の例を見ていこう。

あるクライアントが、企業ブログを立ち上げることを決めた。さまざまなブログを比較検討した結果、マーケティング担当者はGMの「ファストレーン」をモデルに選んだ。複数の幹部が共同で執筆するタイプのブログだ。小さなプロジェクトチームが立ち上がった。企業広報と投資家向け広報（IR）の両方の経験を持つ人物がリーダーとなり、ブログ戦略の立案に取りかかった。そのまま、八カ月が過ぎた。

そう、八カ月もの間、たった一本の記事も公開されなかったのだ。チームは何人かの幹部に週に数本記事を書いてもらうつもりだったが、そのためには幹部が時間を割くだけの価値がブログにあることを証明しなければならなかった。チームは大がかりなブログ戦略を構築し、ブログの有用性を証明するデータを揃え、ブログのひな形まで作った。ところが経営陣はチームの計画を却下した。なぜか？　一つの理由は、ブログの価値を実感できなかったからだ。これまでグランズウェルのようなものを見たことがなかった彼らは、どんな数字を見せられても信じなかった。マーケティングメッセージをコントロールできないことや、批判的なコメントが投稿される可能性があることも懸念していた。

発想は素晴らしかったし、計画も完璧だったが、この壮大なブログ戦略が日の目を見ることはなかった。それは、グランズウェルとは何かを理解していない幹部にグランズウェルに飛び込むことを求めたからだ。計画は大失敗に終わり、ブログを立ち上げる望みは完全に絶たれたように思われた。

新しいアイディアが頭の古い人間につぶされるのはよくあることだ、と思うかもしれない。しかしチームはあきらめなかった。メンバーは失敗から学び、自分たちが間違ったアプローチを取っていたことに気づいた。そう、グランズウェル的思考を一方的に押しつけようとしていたのだ。チームは初心に返り、今度はグランズウェル的思考を実践している人物を探すことにした。チームが目をつけたのは創業者だ。彼は以前から、顧客や従業員と開発中の新製品の話をしていた。ビジネスの第一線からは退いていたので、ブログにかける時間や余裕もあった。しかし何よりも重要なのは、創業者である彼は会社の信条や方向性について独自の考えを持っており、それを顧客と共有したがっていたことだ。顧客も彼の考えを聞きたがっていた。

コンテンツの責任者を変えることで、プロジェクトは息を吹き返した。幹部にブログの執筆を強制することはできない。だからこそ前回は結論が出ないまま八カ月もの時間が過ぎたのだ。ブログを書きたがっている人物を選べば、その人物を中心に戦略を立てることができる。

会社の重鎮を味方につけたチームは、今度は「コントロールできない」ことに対する経営陣の不安を解消するために、ブログの運営ルールを定めた。記事の内容は広報・IR部門の担当者がチェックし、不適切な情報が開示されないよう万全を期す。この人物がコメントにも目を通し、不適切なものがあれば削除する。ただし敬意を持って書かれているコメントは、批判的な内容でも公開する。経営陣は満足し、ゴーサインを出した。最初のブログ戦略が却下されてから二カ月後、経営陣の全面的な支持を得て、ついにブログが立ち上がった。

この事例のポイントは、たとえ会社がなすべきことが明確にわかっていたとしても、時間をかけて徐々に進めなければ、グランズウェルは統合できないということだ。我々の知っているベストプラクティスを一つ紹介しよう。ある小企業はインタラクティブメディアチームの社員全員にチェンジマネジメント研修を受けさせた。チームは社内にソーシャルテクノロジーを広める任務を担っていたが、新しいテクノロジーを人に教えるには、まず自分自身の発想を変える必要があった。自分の準備が整っていれば他の人たちは必ずついてくることを、チームのマネジャーは知っていたのである。

■事例　試練をばねに組織を変革する：デル

最初の事例では、グランズウェルを利用してマーケティング部門を変革した企業を取り上げた。今度はデルの事例を紹介しよう。デルでは、グランズウェル的思考はまずマーケティング部門とサポート部門に受け入れられ、次に開発部門に広がった。デルの事例はすでに何度も取り上げたので、グランズウェルをうまく活用している先進的な企業だという印象を持ったかもしれない。

しかしデルがグランズウェルに参入するきっかけとなったのは、文字どおり「火責め」の試練だった。

直販モデルで成功したデルは、優れたコストパフォーマンス、柔軟な製品構成、注文の容易さを武器に成長し、高い収益を上げてきた。実店舗がないため、顧客との接点はカスタマーサポート（電話とインターネット）に限られたが、サポートの評判は高かった。オプションとして、顧客の自宅に技術者を派遣する出張サポートサービスも提供していた。しかし二〇〇一年から、デルはカスタマーサポートを海外に移し始める。米国顧客満足度指数（ＡＣＳＩ）によれば、二〇〇五年を境にデルの顧客満足度は下がり始めた。[※6]

二〇〇五年夏、ジャーナリズムの教授でブロガーとしても知られるジェフ・ジャービスが、デルのカスタマーサービスのお粗末さを訴える記事を自身のブログ「バズマシーン（BuzzMachine）」に掲載した。[※7]

二〇〇五年六月二一日

デルは嘘をつく。デルは最低。

先日、デルで新しいノートPCを買った。そして大枚をはたいて、四年間の出張サポートサービスに申し込んだ。

ところがどうだ。マシンは欠陥品、サービスは嘘っぱち。

このマシンを使い始めてから、ありとあらゆるトラブルに見舞われている。ハードウェアは過熱する、ネットワークにはつながらない、CPUの使用率はすぐマックスになる。まさに糞マシンだ。

しかし何よりもいらつくのは、担当者をうちに派遣しても（私はこのために金を払ったわけだが）、必要な部品を持っていないので、マシンをデルに送るようにいわれたことだ。すでに相当な時間をこのガラクタに費やしているというのに、さらに七〜一〇日をマシンなしで過ごせというのか。私は新品のPCを買い、自宅でサポートサービスを受けるために金を払ったにもかかわらず、デルは約束を果たさないばかりか、この期に及んで二週間もマシンを奪っていこうとしている。

「デルは最低」。「デルは嘘をつく」。この文字列がまもなく、グーグルの検索データベースに記録されるだろう。苦しむがいい、デル。

ジェフの「デル地獄」はさらに続く。高額な補償サービスに加入し、出張サービス契約を結んだにもかかわらず、ジェフはノートPCをデルに送らなければならなかった。三日後、新しいマシンが届いたが、それも動かなかった。六月二六日、ジェフは次のような記事を投稿した。※8

デルよ、聞いているのか？　いや、聞いていることはわかっている。何かいっておきたいことはないのか、デル？
私のマシンを修理している間に、ここ とか、ここ とか、ここ を見て、コメント欄を読んでみろ。そうすれば、自　分たちが顧客にどれくらい嫌われているかがわかるだろう（ちなみに「自分」の間にスペースが空いているのは、おたくのキーボードがいかれているからだ）。

ある顧客は腹立たしげに、こうコメントしている。「買うときは慎重に」

これは、ちょっと違う。現代の合い言葉は「売るときは慎重に」だ。今の消費者は黙っちゃいない。企業にだまされたら反撃し、情報を開示し、連帯する。先ほど、この記事のＵＲＬをデルのメディア広報部門に送った。この記事のコメント欄を見て、自社広報の実態を思い知れ。

デルが問題解決に乗り出し、ジェフに全額を払い戻したのは、彼がデルのマーケティング責任者にメールを送ったあとのことだった。その間、ジェフと大勢のブロガーやジャーナリストたちは、グランズウェルを理解していないデルがしたこと、そしてしなかったことを細大漏らさず報じた。

まずは聞き、次に行動する

デルを襲った災難は、広報上の悪夢にとどまらない。デルは、世界中に醜態をさらし続けていた。二〇〇五年一一月、同社は四半期利益が二八％減少したことを発表した。二〇〇六年五月には、収益が予想を下回る可能性が明らかになった。そして同年六月二一日、大阪で開催されていたカンファレンスの会場で、デルのノートPCが出火する事故が起きた。[※9]この状況を見る限り、ソーシャル戦略の立案が同社の最優先事項でなかったことは間違いない。

しかしデルでは、ジェフ・ジャービスの「デル地獄」発言の後、企業広報担当バイスプレジデントのボブ・ピアソン率いるチームがブログ記事を追跡するようになっていた。大企業ではよくあることだが、デルにはブロガーの不満をカスタマーサービスにフィードバックする仕組みがなかった。問題に直面しているブロガーに連絡を取る人物もいなかった。つまりデルには、サービスの問題に適切に対処する仕組みがなかったのだ。この種の問題は厄介であるだけでなく、グランズウェルでは目につきやすい。

二〇〇六年三月、マイケル・デルはボブのチームに、ハードウェアのトラブルを抱えている顧客を見つけ出し、サポートにつなぐ方法を考えるよう指示した。この仕事にうってつけの人物がいた。ライオネル・メンチャカだ。一九九三年に製品技術者としてデルに入社したライオネルは、一九九七年に製品広報部門に移った。ジャーナリスト向けのサーバー評価プログラムを実施するために、技術に詳しい広報担当者が求められていたからだ。ライオネルはここで九年を過ごし、その間にすべての製品ラインのエンジニアと仕事をした。つまり彼には、新しいチームを引っぱっていくだけの知識と社内人脈があったのだ。

マイケル・デルの助けを得て、ライオネルはブログ記事を監視する方法を考え出し、部門横断的な「ブログ解決チーム」を作った。チームのメンバーは、カスタマーサービスとテクニカルサポートの両方のトレーニングを受けた。デル製品の問題に言及しているブログを見つけると、メンバーはブロガーに連絡を取り、問題が解決されるまで面倒をみた。「別の部門におつなぎしますので、もう少しお待ちください」という不快な経験は、ここでは絶対に起こらなかった。

ブログを立ち上げる

デルの新しいソーシャル戦略は、まず聞き、次に行動することから始まった。第八章で述べたように、デルはすでにコミュニティフォーラムを運営していたが、これは基本的には独立したプロジェクトで、日常業務とは切り離されていた。マーケティング、カスタマーサービス、テクニカルサポートの中核メンバーに顧客の問題を発見し、解決することの重要性を理解してもらい、協力を得るためには、まずブロガーの声を聞くという経験をしてもらう必要があった。

聞くことができたら、次のステップは当然、話をすることだ。ボブ・ピアソンは当時を次のように振り返る。「一日あたりの問い合わせ件数は三〇〇万件を超えていました。すでに大勢のお客様が問題の解決策を求めて、デルを訪れていたのです。でもブログを使えば、デルに問い合わせてはいないけれども、デルの意見を聞きたいと考えている人々と話ができるようになります」

ここで再びライオネル・メンチャカが登場する。彼はブログ解決チームでの活動を通して、ある重要なスキルを身につけていた。「ブログアウトリーチ活動では、どんなサポートが必要なのかを考えさせられました。何百人もの顧客が遭遇している問題を見つけ、対処することはその一つです。相手が一人でも、一〇〇〇人でも、会話の内容はほとんど変わりません。こうした問題を解き明かすことが、後にブログマネジャーの役割を果たす助けになりました」

ブログ解決チームの経験と、適任者の存在に助けられて、今度はデルもすばやく行動した。企業広報チームは、ライオネルが執筆するブログを柱としたデジタルメディア計画を立て、マイケル・デルに見せた。マイケルは計画を承認し、二週間以内にブログを立ち上げるよう指示した。期限には一週間ほど遅れたが、ついにデルのブログが立ち上がった。

もっとも、出だしは順風満帆とはいかなかった。最初の何本かの記事は、ジェフ・ジャービスやスティーブ・ルベルといったブロガーたちの集中砲火を浴びた。最初の記事が投稿された日の晩、ライオネルは自分の席に座って、増え続けるコメントを必死に追っていた。コメントの多くは批判的なものだった。時計が深夜一時をまわった頃、マイケル・デルから一通のメールが届いた。ライオネルによれば、その内容は次のようなものだったという。「よくやってくれた。ついにブログが始動したのを見て、うれしく思っているよ」

このメールはライオネルを大いに元気づけ、彼に確かな足場を与えた。この数日後にライオネルが投稿した記事は、デルがオープンな会話に真剣に取り組もうとしていることを示すものだったが、この極めて重要な記事を書く自信を与えてくれたのも、このメールだった。以下は、ライオネルが投稿した記事の全文である（タイトルの大胆さに注目してほしい）。※10

ノートPC出火事故

先日大阪で発生した、今や悪名高い「ノートPC出火事故」に関しては、現在ブロゴスフィアに流れている情報の他に、ご提供できる情報はありません。出火したPCの持ち主には新しいマシンをご提供しました。出火原因はまだわかっていませんが、リチウムイオンバッテリの不具合ではないかと考えています。デルのエンジニアリングチームは、米国消費者製品安全委員会および外部の故障解析機関とともに、今回の事故の根本原因を調査しており、再発防止のためにできる限りの措置を講じていく予定です。ちなみにリチウムイオンバッテリは、近年では多くのノートPC、MP3プレーヤー、PDA、携帯電話などに使われています。

この記事が投稿されたことを快く思わない社員もいた。「リンク先のエンガジェットの記事には、炎上するノートPCの写真が載っていました。あとで数人の社員から、どういうことだと問いつめられましたよ」とライオネルはいう。しかしデルの支持者たちは、この記事を極めて好意的に受け止めた。記事の公開直後に寄せられたコメントを二つ紹介しよう。

この事件については、我々のサイトでもしばらく前に取り上げた。デルはいつ会話に参加するのかと考えていたが、ついにその日が来たようだ。正直なところ、そんな日は来ないんじゃないかと思っていたよ。

デルがブログを立ち上げたことを心から称賛したい。君たちが会話に参加してくれてうれしいよ。デルの話題はよく出るのに、デルが会話の輪に入ることは一度もなかったのだから。

変化は一人ずつ

この記事以降、ライオネルの行く手を阻むものは何もなくなった。彼の任務は、デルが耳を傾け、行動していること、さらに重要なのは、ライオネルやデルが過ちを認めていることを、社外の人々にはっきりと示すことだった。これは非常に人間的で率直なアプローチだったが、デルにとっては難題だった。ボブ・ピアソンはこう説明する。「ここまであけすけに語ってしまうということ、ここまで情報を共有するということに、我々は慣れていなかったのです」

ライオネルとボブは、変化は一度に一人ずつ進めなければならないことを理解していた。ライオネルはブログの執筆を、どの部署のマネジャーに依頼してもいいことになっていた。記事を書いたマネジャーたちは、記事を投稿したあとは顧客や批判者の反応を観察し、対応する必要があることを学んだ。ボブはこう説明する。「今ではブログを書き、顧客と話をすることが社員の日常業務になりつつあります。顧客と話をするなら、素直になるのは仕事のうちです」

こうして、デルの組織は一度に一人ずつ、内側から変わり始めた。コミュニティフォーラムの経験をもとに、人々はブロガーの声に耳を傾けるようになった。やがて自らブロガーとなって、人々とオープンで誠実な会話をするようになった。変化は段階的に進み、自然な流れとして「アイディアストーム」が誕生した。

上層部の支持

二〇〇七年一月三一日、一連の騒動のさなかにCEOのケビン・ロリンズが辞任し、創業者のマイケル・デルがCEOの座に復帰した。マイケルはただちにグランズウェルへの対応を幹部に指示した。さらに友人のマーク・ベニオフ（セールスフォース・ドットコムCEO）のアイディアを参考に、「アイディアストーム」を立ち上げることを決めた。アイディアストーム（第九章参照）は顧客がアイディアを交換できるコミュニティだ。ライオネルとボブのブログイニシアティブのおかげで、こうしたコミュニティを実現する素地が整ったとマイケルは感じていた。Eコマース担当グローバルディレクターのマニッシュ・メータと企業広報チームのボブ・ピアソンは、コーポレートITチームの協力を得て、二〇〇七年二月一六日にアイディアストームを公開した。それはマイケルの提案から、わずか数日後のことだった。

しかし、重要なのはテクノロジーだけではない。マイケルは経営陣が優れたアイディアを見落とすことがないように、部門横断的なチームを立ち上げ、アイディアストームに寄せられたアイディアを毎週検討することにした。どのアイディアを採用し、誰を責任者に据えるかは経営戦略をもとに決定された。

デルのソーシャル戦略は最初から一貫性のあるものだったのだろうか、それともばらばらの戦略が一つにまとまったのだろうか？　デル自身も認めているように、二〇〇五年の段階、つまり「デル地獄」のさなかには、デルの戦略計画にはアイディアストームはもちろん、ブログさえ含まれていなかった。しかしデルにはグランズウェルの重要性を理解している最高幹部と、部門の壁を越えて目標を達成しようとするリーダーたち（ライオネル、ボブ、マニッシュ）がいた。彼らが少しずつ変化を起こし、グランズウェル的思考のいしずえを築いたのだ。今後はデルのサイト（dell.com）にコミュニティ機能を追加したり、外部のコミュニティやSNSに参加したりすることも検討されている。

デルの教訓

デルの経営陣がどのようにして長い眠りから覚め、行動するようになったのかをまとめてみよう。

□目を覚まさざるを得ないような危機が起きた。

道のりは平坦ではなかった。数々の災難（ノートPC出火事故はその最たるものだ）を経て、デルはようやく重い腰をあげ、冷水に飛び込んだ。飛び込んだあとは、必死に泳ぎ始めた。これも一つの方法だが、グランズウェル的思考を必要としているのは広報の問題を抱えている企業だけではない。グランズウェルに参加しなければ、グランズウェルに参加しているライバルとの差は開くばかりだ。

□耳を傾けることから始め、一歩ずつ進んでいった。

デルは長年コミュニティフォーラムを運営していたが、こうしたフォーラムでのデルの役割は常に受身的だった。グランズウェルに参加し、思い切った行動を取るためには、まずグランズウェルで交わされている会話を理解しなければならない。デルがなかなかグランズウェルに参加できなかったのは、どう行動すればいいのかわからなかったからだ。デルはまず、ブロガーの会話に耳を傾けることから始めた。次はブロガーの問題を解決した。続いてブログを、そしてアイディアストームを立ち上げた。こうしてデルは、一歩ずつグランズウェルの中に入っていった。

□幹部の後押しとサポートがあった。

マイケル・デルという最高幹部の支持があったからこそ、ボブとライオネルは部門の壁を打ち壊し、業務プロセスを改革できた。組織を変革しなければ未来はないことに気づいていたマイケルは、リスクを恐れることなく、グランズウェルプロジェクトを支持し、促進した。これが一度限りのキャンペーンではないことに気づいていたのだ。グランズウェル戦略は経営戦略に統合できるし、統合するべきだ。組織を変革する必要があるなら、グランズウェルは強力な触媒になる。

□誠実さは必須。

製品の欠陥を正直に認めない限り、デルがグランズウェルに受け入れられることはなかった。ノートPC出火事故のような問題も取り上げることで初めて、デルのブログは成功を収めた。こうした誠実さは、今ではデルのグランズウェル活動のすべてに見て取れる。たとえばアイディアストームでは、デルは投稿されたアイディアの採否をオープンに語っている。

■変化に備える

本書の読者は、企業のグランズウェル戦略をリードする立場に立つかもしれない。あるいはグランズウェルの扱いに失敗して、仕事を失うかもしれない。

地雷は多い。しかし適切な順序で適切な行動を取れば、必ずうまくいく。デルやユニリーバはなぜ成功し、匿名企業の壮大なブログ計画はなぜ拒否されたのかを考えよう。自分や組織を確実に変化させるための鉄則を五つ紹介する。

□一　**小さく始める**：これは本書で何度も述べてきたことだが、企業を変革する場合は特に重要になる。変化には時間がかかるし、一度に発揮できる政治力にも限りがある。ならば、闘うべき戦いは戦略的に選ぶべきだ。

□二　**幹部を教育する**：グランズウェルは子どもだましであり、自社の顧客には通用しないと考えている幹部もいる。その場合は研究データを添えて反論しよう（本書に掲載しているソーシャル・テクノグラフィックス・プロフィールを使ってもいいし、groundswell.forrester.comのツールを使って、自社の顧客のプロフィールを分析してもいい）。可能な限り、幹部自身にテクノロジーを使ってもらうことだ。社内ブログや社内SNSを立ち上げたり、チーム内で何らかの共同作業を行ったりすれば（次章参照）、グランズウェルがもたらす利益を実感できるだろう。

□三　**適任者を戦略担当者に選ぶ**：時間のある人物（なぜ暇なのかを考えよう！）や上級役員ではなく、顧客との交流を熱望している人物を選ぶ（このような人物は口を開けば顧客、顧客といっているのですぐにわかるはずだ）。

□四　**グランズウェルを理解している広告代理店やテクノロジーパートナーと組む**：現在の広告代理店がグランズウェルを理解していないなら、時間とリソースをかけて理解を深めてもらうか、広告代理店を変える。

□五　**長期的な視野から、次のステップを考える**：会社がどこに向かっているのかを明確にイメージしよう。

本章では、ソーシャル戦略やグランズウェル的思考が、組織と顧客の関係をどう変えるかを見てきた。次章では社内に目を転じ、企業が社員を管理し、サポートする方法がグランズウェル戦略によってどう変わるかを見ていこう。

第一一章　グランズウェルを社内で活用する

従業員がこんな文章を書いたら、あなたはどんな気持ちがするだろうか？[※1]

私は小売業界で働いています。仲間とともに、創造的で楽しい職場を作っています。新しい店舗を次々とオープンしています。これまでに経験したどんな仕事より、今の仕事が、そして今の会社が大好きです。

私の名前はアシュリー・ヘムサス。もう一つの名前は、ベストバイです。

アシュリーはサウスカロライナ州シャーロットの「ベストバイ（Best Buy）」で働いている。ベストバイは全国に約一二〇〇の店舗を展開する家電量販チェーンだ。彼女は「ブルーシャツ」、つまり同社の販売員である(店舗に行くとわかるが、ベストバイの販売員はみな青色のポロシャツを着ている)。ベストバイは社員用のネットコミュニティ「ブルーシャツ・ネイション（Blue Shirt Nation）」（blueshirtnation.com）を運営しており、冒頭の文章はこのサイトに掲載されているアシュリーのプロフィールから拝借したものだ。彼女はブルーシャツ・ネイションのコンセプトに興味を持って、このコミュニティに参加した。今ではサイトでも指折りの人気メンバーだ。「（ブルーシャツ・ネイションでは）会社を改善するためのアイディアや、その日にあったことなどを書いています」と彼女はいう。「アイディアを書くと、他のメンバーが反応してくれます。同僚だけでなく、他店のスタッフとも意見を交換できるのです」

従業員と会社は常に同じ方向を向いているわけではない。しかしブルーシャツ・ネイションのような社内グランズウェルを活用すれば、仕事に対する自信、仲間との連帯感、そして日々の業務に対する熱意を従業員に持ってもらいやすくなる。アシュリーは次のように述べている。「自分には変化を起こす力がある、と感じています。そうすると仕事をしていても気分がいいし、問題を指摘するだけでなく、解決策を考えることも自分の役割だと思えてくる。私の言葉が、入社間もないスタッフに影響を及ぼすこともあるのですから」。ブルーシャツ・ネイションで活動するようになってから、会社の目標を以前よりも広い視野から捉えられるようになったと彼女はいう。それはキャリアにも良い影響を及ぼし、アシュリーはスーパーバイザーに昇進した。

■社内グランズウェルを活用する

第一章から前章までは、グランズウェルを利用して企業が顧客と関わる方法を見てきた。では相手が従業員の場合はどうだろうか？　従業員は社会的なつながりを持ちやすい。それは「職場」という共通点があるからだ。また一般には、会社の成功という「目標」も共有している。

会社の規模が大きくなると、社内コミュニケーションの問題も大きくなる。情報は組織の上層から下層に向かって流れるが、現場の知見を経営に活かしたり、全員が共同で何かをしたりすることは難しくなる。メールソフトの受信箱は急ぎの用件と、さほど重要ではないCCメールと、取るに足らない連絡事項でいっぱいだ。デルの顧客が助け合い、セールスフォース・ドットコムの顧客が機能リクエストに優先順位を付けられるなら、従業員も力を合わせて何かを成し遂げることができるのではないか？

もちろんだ。

従業員が社内SNSで交流したり、ウィキで共同作業にいそしんだり、アイディアを共有したりしている例は世界中にある。使用されるアプリケーションは会社側が用意したものもあれば、従業員の個人プロジェクトとして始まったものもあるが、いずれもグランズウェルの力、つまり会社のビジネスを一番よく理解している従業員のアイディアを活用している。このような力を従業員が持つことに怖さを感じる企業もあるかもしれない。こうした関係は、従来の組織図には収まらないからだ。しかしビジネスのスピードと効率を上げたいなら、社内グランズウェルは検討する価値がある。

本章では社内グランズウェルの活用事例として、三つのケースを紹介する。ベストバイのコミュニティ、アベニューAレイザーフィッシュ、オーガニック、およびインテルのウィキ、そしてベルカナダのアイディア共有だ。

■事例　全国の販売員をつなぐ：ベストバイ

ブルーシャツ・ネイションを作ったのは、ベストバイでマーケティングを担当するスティーブ・ベントとゲイリー・ケリングだった。二人は広告に関する顧客インサイトを集めたいと考えていた。現場で商品を売っているブルーシャツたちは、消費者の行動をよく知っているはずだ。そこで二人は、彼らに発言の場を与えることにした（二人は型にはまらない発想の持ち主として知られている）。「本社から視察が来るときは、どの店もよそ行きの顔を見せています。でも我々が知りたかったのは、普段の店頭で何が起きているかでした」とスティーブはいう。

二〇〇六年八月、ゲイリーはどこからか使われていないサーバーを見つけてくると、それを自分の机の下に隠し、オープンソースのコミュニティ構築ソフトウェア「ドルーパル（Drupal）」をインストールした。そしてスティーブとともにβサイトを立ち上げ、同僚からフィードバックを集めた。「最初はさんざんけなされました」とゲイリーはいう。プロジェクトが本格的に動き出したのは、マーケティング担当シニアバイスプレジデントのバリー・ジャッジにβサイトを見せたときだった。「今のままではスケールが小さい」とバリーはいうと、コミュニティを拡大する費用として、多額の資金援助を申し出た。

しかしブルーシャツ・ネイションの成功に必要なものは資金ではなく、参加だった。「最初は小躍りしました。でも途中で気づいたんです。何十万ドルもの資金はいらないって。トップダウンで作ったものは成功しません。このサイトは、有機的に成長させる必要がありました」（スティーブ）。結局、二人はバリーが申し出た金額のほとんどを辞退した。

代わりに二人は全国の店舗を回り、スタッフの集まりに参加して、ブルーシャツ・ネイションのTシャツを配った。店のスタッフをボウリングに連れ出し、その地区でうまくいったことを聞き、ブルーシャツ・ネイションに参加しないかと誘った。二〇〇六年二月にサイトが全社員に向けて公開されると、従業員たちは諸手を挙げて歓迎した。出だしは好調で、二〇〇七年一〇月には毎月一万四〇〇〇人がログインするまでになった。そのうちの八五％は販売員である。

これだけの成功を収めても、二人にはあいかわらず気負ったところがない。彼らが立ち上げた小さなコミュニティが、今では全従業員の一〇％を引きつけていることを指摘すると、二人はハイタッチをして歓声をあげ、「聞いたか、一〇％だってさ！」と叫んだ。

ブルーシャツ・ネイションがもたらしたもの

二人がブルーシャツ・ネイションを作ったのは、従業員の意見を引き出すためだった。予想外だったのは、このサイトが経営陣の情報収集だけでなく、従業員の助け合いも可能にしたことだ。たとえばブルーシャツたちはメールアドレスを作ってほしいと会社にせがんだ。そうすればレジにメモを残すより効率よく連絡を取り合えるし、顧客をフォローすることもできる。百万ドル近いコストがかかるから無理だというメッセージを誰かが投稿すると、別のメンバーがIT部門に確認し、対象を常勤の販売員に限定すれば五万八〇〇〇ドル程度で済むことをつきとめた。まもなくブルーシャツたちはメールアドレスを獲得した。これはブルーシャツ・ネイションのグランズウェルが成し遂げた成果の、ほんの一つに過ぎない。

従業員が交流できるようにすると、反乱が起きるのではないかと考えるマネジャーもいる。その可能性はないとはいえない。たとえばベストバイが従業員割引制度を変更しようとしたときは、こんなメッセージが投稿された。「反対派の諸君、我々の意見を会社側に伝えよう！　変更は阻止できないかもしれないが、我々が今回の決定に不快感を持っていることは伝えられるはずだ」。すぐに熱のこもったコメントが大量に書き込まれた。三日後、経営陣は次のようなメッセージを投稿した。「ご意見ありがとうございます。皆さんのコメントを読んで、従業員割引制度がいかに重要であるかがわかりました。いただいたご意見に基づき、制度は変更しないことを決定しました」。従業員割引制度が従業員の獲得や引き留めに大きな役割を果たしていることを知った経営陣は、制度を維持するほうが賢明だと判断したのだ。

ブルーシャツ・ネイションは、地味だが重要な問題の解決にも貢献している。ある時、クリスという従業員が、新しい一眼レフカメラの陳列ケースの背が高すぎるというメッセージを写真付きで投稿した。「他にも同じような問題を経験している人はいないか」と呼びかけると、二時間も経たないうちにケースの設計者から返信が届いた。「ケースには二種類あります。（中略）写真を見る限り、これは背が高いほうのケースですね。すぐ担当者に連絡を取って、各店舗に合ったケースが送られるよう手配します」。通常なら社内のあちこちの部署をめぐって、数週間後にやっと片がつくような問題が、ブルーシャツ・ネイションでは数日で解決した。ケースの設計者は、同じ問題を他の従業員が経験する前に手を打った。これが社内グランズウェルの力とスピードだ。グランズウェルでは、人々は必要なものを与え合う。

社内グランズウェルは複数の目的を達成する

第四章では、グランズウェル戦略を立てるときは五つの目的（傾聴、会話、活性化、支援、統合）の中から、一つを選ぶようアドバイスした。これは社内グランズウェル戦略にもあてはまる。しかしブルーシャツ・ネイションの例が示しているように、社内アプリケーションは複数の目的を兼ねることが多い。経営陣と従業員の関係は多次元的だ（従業員同士の関係もしかり）。たとえば次に示すように、ベストバイのブルーシャツ・ネイションは五つの目的のすべてを実現している。

□**傾聴**：スティーブとゲイリーは従業員の声を聞くためにブルーシャツ・ネイションを立ち上げたが、このサイトは販促のヒント以上のものを同社にもたらした。相手が従業員の場合、傾聴は問題解決につながることが多い。たとえばベストバイの経営陣は従業員の声に耳を傾けることで、従業員割引制度を復活させた。経営陣だけではない。一眼レフカメラの陳列ケースのデザイナーも、現場の意見を聞くことでケースの問題を解決した。

□**会話**：会社の方針を変更したいときは、事前に変更内容をブルーシャツ・ネイションに投稿する。そうすれば、その変更を従業員がどう受け止めるかを確認できる。

□**活性化**：アシュリー・ヘムサスのような熱心な従業員は、会社にどんな価値をもたらしているのだろうか？　ブルーシャツ・ネイションはアシュリーに発言の場を与えただけでなく、彼女の意見を全社員が聞くことを可能にした。アシュリーのポジティブ思考とアドバイスはサイトを通して広がり、全国の店舗に影響を及ぼしている。

□**支援**：内部から従業員を支援し、盛り立てようとしたことが、ブルーシャツ・ネイションが成功した要因の一つだった。アシュリーは次のように述べている。「突き詰めれば、私の究極の目標は仲間の成長を助けることです。自分が採用した社員の名前は覚えています。彼らが今、どの店で働いているのかも知っています。ブルーシャツ・ネイションを使えば、昔の仲間とも直接話ができる。これは本当に素晴らしいことです」。ブルーシャツ・ネイションのオンラインフォーラムは、同社のメンター文化の延長線上にある。従業員はフォーラムを活用することで、自分が属する店舗や地区だけでなく、ベストバイのすべての店舗から必要なサポートを得られるようになった。

□**統合**：二〇〇七年夏、アシュリーはシカゴで開催されたベストバイの女性リーダーフォーラムに参加した。彼女は会場で会ったカルという男性と意気投合し、四時間ぶっ通しで会社を改善する方法を語り合った。「後日、彼が戦略担当役員のカル・パテルだったことを知りました。私がブルーシャツ・ネイションに投稿した記事を読んで、『この女性と会うぞ！』とアシスタントに宣言したそうです」。ブルーシャツ・ネイションは、優れたアイディアと人材を発掘する場にもなっている。

ブルーシャツ・ネイションを立ち上げ、ブルーシャツたちを集めることで、ベストバイは従業員の声に耳を傾けるだけでなく、さまざまな問題も解決した。しかしそれ以上のもの、たとえば本格的なコラボレーション環境を作りたい場合はどうすればいいのだろうか？　この望みをかなえてくれるのは「ウィキ」だ。

■事例　ウィキを使ってコラボレーションを実現する：アベニューAレイザーフィッシュ

二〇〇六年のクリスマスが目前に迫ったある日、クラーク・コキッチはコンピュータの前に座り、次のようなブログ記事を書いていた。※2

先ほど（同僚から）ギターソロの個人的ベストを挙げてほしいというメールが来た。このテーマについては、一家言ある人間がたくさんいると踏んだのだろう。クリスマスの前日のせいか、今朝は他にメールも来ていないから、（中略）息抜きをするのもいいかもしれない。

すぐに思い浮かぶのはクリームの「クロスロード」。この曲のライブ版を聴くと、今もふるえがくるよ。でも落ち着いて考えてみると、聴くたびに感動し、うならされるギターソロといえば、何といってもアリス・イン・チェインズの「マン・イン・ザ・ボックス」だ。

何の変哲もない記事だと思うかもしれないが、これを書いたのは世界最大規模のインタラクティブ広告代理店、アベニューAレイザーフィッシュのCEOである。しかも、この記事は同社のイントラネットに投稿された。なぜ多忙な代理店のCEOがギターソロの話を書いているのか？　クラークはこう説明する。「仕事とは何の関係もありませんが、社員と交流する機会だと思ったのです。少人数であれば、ビールを飲みながら話をすることもできます。でも全社規模で同じことをするにはどうすればいいのか？　当社の歴史を五～一〇年ほど振り返れば、こうした交流が会社の未来を作ることは明らかでした」

同社のイントラネットサイトはウィキで構築されている。ブログや共同作業用のスペースも用意されており、ギターソロよりずっと重要なテーマについて意見を交わすことが可能だ。プロジェクト型

現在は一九の組織モデルを採用している同社では、社内ウィキが情報共有の拠点になりつつある。現在は一九〇〇人を超える従業員が働いているが、以前は誰もが大量のメールとあちこちのサーバーに散在するファイルに悩まされていた。今は全社員が社内ウィキに自分のページを持ち、自分のアイディアやスキルを公開し、仕事はもちろん、（クラークがそうしたように）何でも好きなことをブログに書いている。さらに重要なのは、プロジェクトのページが用意されていることだ。これらのページにはプロジェクトの概要、メンバーとその役割、会議メモ、メンバーが共同で編集できる資料、スケジュールなどが掲載されている。

このウィキは効果を上げている。テクノロジーを活用することで、サンプルアーキテクチャやサードパーティ製ツールを探す時間も数時間～数日から分単位に短縮された。たとえばフォートローダーデール支社のコンサルタントが「レッドドット（RedDot）」というツールの使用実績をウィキ上でたずねたときは、数時間でロンドン、フランクフルト、そしてパリから事例が集まった。彼は、これらの情報をクライアントのプロジェクトで使用することができた。ウィキを見れば同僚のスキルがわかるので、新入りが仕事に慣れるペースも速まった（同様に、すでにいる社員もウィキを通して新しいメンバーのスキルを把握できるようになった）。

アベニューAレイザーフィッシュはウィキの使用を義務づける代わりに、ウィキの機能を充実させ、ウィキを使ったほうがはるかに簡単に仕事を進められるようにした。ウィキがスタートした二〇〇六年一月のページビューは五七〇〇だったが、約二年後の今では一八〇万に達している。ウィキには従業員の九割以上がログインしており、アップロードされたファイルの数は三〇〇〇、総ページ数は七〇〇〇に及ぶ。※3

ウィキは従業員だけでなく、CEOのクラークにも利益をもたらした。毎朝、彼は一五分をかけて従業員のブログやウィキ、ブックマークされた記事を見ている。「一番のメリットは、社員が何をしているのか、どんな懸念を持ち、何に注目しているのかがわかることです。『マネジメント・バイ・ウォーキングアラウンド』（現場を歩き回ることでマネジメントを行う手法）のバーチャル版ですね」

ウィキを利用することで、クラークは社内の状況をリアルタイムで把握できるようになった。ほどなくして、この能力が重要な役割を果たすことになった。二〇〇七年五月二〇日、マイクロソフトがアベニューAレイザーフィッシュの親会社アクアンティブの買収を発表したのだ。※4 従業員が不安を感じていることは間違いなかった。自分たちやクライアントが受ける影響はもちろんだが、プロジェクトで使用するテクノロジーを自由に選べなくなる恐れがあったからだ。

クラークは、こうした懸念に対処するメッセージをブログに投稿した。そしてブログやウィキにコメントや質問が書き込まれたら、その都度対応した。彼は次のように述べている。「電子メールで済ますこともできましたが、ウィキを使うほうが会話的でした。変化の時期はストレスが多いので、対話形式のコミュニケーションのほうが安心感があります。隠し事をせず、オープンに話をしました。そうすることで自分たちの知らない場所で、とんでもない計画が進行しているのではないかという従業員の不安を解消できたのです」。買収計画の発表後、クラークは各地のオフィスを回った。その間もウィキとブログは定期的にチェックし、ライブミーティングで社員の懸念や不満に対応した。その結果、二〇〇七年八月に買収が完了したときには、従業員は以前よりも自信を持って、この買収は自分たちの利益になると考えるようになっていた。

この事例のポイントは、コラボレーションのためのツールと同時に、コミュニケーションのチャネルも作ったことである。もちろん従業員はいつも感傷的な会話をしているわけではない。しかしブログやウィキをコミュニケーションに取り入れることで、クラークは買収という難しい時期を乗り越えることができた。つまりグランズウェル的思考を使って、リーダーシップを発揮したのだ。クラーク買収に対する抵抗感にひるむのではなく、従業員と同じ空間に身を置いて、彼らの不安に対処した。クラーク会話と傾聴の両方のスキルを使うことで、従業員に寄り添いながら、重大な移行期にあった会社を導いたのである。

企業に広がるウィキ

優れたコラボレーションツールであるウィキは、すでに多くの企業で利用されるようになっている。インテルペディア（Intelpedia）はその一つだ。

二〇〇六年秋、インテルの製品サポートエンジニアのジョン・G・マイナーが、社内ブログでこんなアイディアを披露した。「社内にウィキペディアのようなものがあったら、面白いんじゃないかな？」。同僚の反応は鈍く、「絶対に無理」とか「二、三年はかかる」といったコメントが並んだ。[※5]しかしエンジニアで、ソーシャルメディアに詳しいジョシュ・バンクロフトは違った。「サーバーを一台用意してくれれば、一日で作るよ」。その後、ジョシュは自力でサーバーを見つけ、メディアウィキをインストールし、友人たちに頼んでコンテンツを入れていった（メディアウィキはウィキペディアでも使用されているオープンソースのウィキソフトウェア）。二週間後にジョンが「サーバーを見つけてみる」と返信したときにはもう、ジョシュはインテルペディアを立ち上げていた。「もうできた、と伝えたときは最高でしたね。会社に入って以来、あんなに楽しかったことはありません。ジョンはあぜんとしていました」
二年も経たないうちにインテルペディアの記事数は七〇〇〇件に増え、月間ページビューは七〇〇〇となった。記事の内容は実用的なもの（社内LANでのマックの設定方法など）から、たわいもないもの（オフィスの近くで開催されるサッカーの試合予定など）まで多岐にわたる。インテルペディアが成功したのは、これが単なる静的な百科事典ではなく、インテルの日常に溶け込んでいたからだ。フォレスターのアナリストで、ソーシャルテクノロジーの社内利用を研究しているオリバー・ヤングはこう説明する。「ウィキでは情報の鮮度が重要です。ソーシャルツールをビジネスに活用したいなら、普段から積極的に活用しなければなりません。そうすることで初めて、ウィキは単なる情報置き場ではなく、業務プロセスの一部になるのです」

世界中にクライアントを持つインタラクティブ広告代理店、オーガニック（Organic）が直面していたのも、まさにこの問題だった。同社の社内ウィキはほとんど利用されていなかった。「使い方が難しかったわけではありません。ただ、仕事の進め方を変えなければならなかったのです」と同社のエマージングプラットフォーム担当エグゼクティブディレクターのチャド・ストーラーはいう。

社内ウィキを活性化するために、経営陣は二〇〇六年のオフサイトミーティングで、一時間をかけて新しいイントラネットの指針を考えた。その結果はこうだ。①すべての社員（オーガニック流にいえば「タレント」）が社内ソーシャルネットワーク「オーガニズム」にプロフィールを持つ。②アメリカとカナダの六つのオフィスから横断的に人材を探せるようにする、③プロフィールには各自のポートフォリオを載せ、その社員の過去の仕事をメンバーが閲覧できるようにする。こうしたアプリケーションをSNSと同じような感覚で使ってもらいたい、というのが経営陣の願いだった。

オーガニズムはソーシャルネットワーク、コラボレーションソフトウェア、イントラネットという三つの要素を併せ持っている。オーガニズムの生みの親の一人で、トロント支社上級副社長のデビッド・フェルトは、「(オーガニズムは) チームメンバーがお互いを知り、効率よく仕事を進める助けになっています」という。

相手の人物はもちろん、過去の仕事を知ることが、仕事を進める上で重要な役割を果たしていることに経営陣は気づいていた。「オーガニズムが社内ウィキの入り口になりました。プロフィールが更新されると、その内容がウィキにも記録されるからです」とチャドは説明する。

新しいスタッフが入ると必ずオーガニズムにページが作られ、プロフィールをこまめに更新し、仕事の成果をアップロードするよう奨励される。オーガニズムは社員名簿と直結しているため、たとえばウィジェットの作成経験を持つプログラマを探している人は、まずオーガニズムを調べる。これが社員にとっては、プロフィールを更新し、過去の仕事をアップロードする動機になる。プロフィールの内容をもとに次のプロジェクトが決まる可能性が高いからだ。オーガニズムには簡単なSNS機能もあり、自分の「友だち」を表示できる。この情報を使って、プロジェクトリーダーは新しいメンバーの紹介や推薦を非公式のルートから得ている。

インテルとオーガニックは、ウィキやソーシャルネットワークを用意するだけでは問題は解決しないことを学んだ。社外のグランズウェルと同じように、まず考えなければならないのはテクノロジーではなく、関係だ。アベニューAレイザーフィッシュやベストバイのケースと同じように、インテルやオーガニックのウィキが成功したのは、両者がウィキを有益なビジネスツールに〝育てた〟からに他ならない。

ここまでの事例では、社内のコミュニケーションやコラボレーションを改善する方法を見てきた。ではイノベーションを促進したい場合はどうすればいいのだろうか？　この目標に取り組んだのがベルカナダである。

■事例　ボトムアップで文化を変える：ベルカナダ

二〇〇五年初頭、ベルカナダではコラボレーションサービス担当ディレクターのレックス・リーが従業員との意見交換会を開催していた。これらの意見交換会は少人数で行われた。他の企業でも同じだが、この種の集まりはグチ大会に発展することが多く、従業員の口からは会社に対する文句や批判が次々と飛び出した。「自分なら、どう解決する？」とたずねると、多くの従業員は「それは私の問題ではないですから」と答えた。従業員のこうした態度に、レックスは歯がゆさを感じていた。たまに優れたアイディアが出てきても、彼らは自分ではなく、レックスが何とかしてくれるものと考えた。レックスは限界に達した。「ベルカナダでは四万人もの人が働いています。でも正直なところ、こうしたアイディアをどう進めればいいのか、誰に相談すればいいのか、私自身もわかりませんでした」

優れたアイディアを収集し、しかるべきマネジャーの目に入れるにはどうすればいいのか？　レックスは、そのヒントを「アメリカン・アイドル」に求めた。そう、あの人気テレビ番組だ。「アメリカン・アイドル」では観客の投票で勝者が決まる。同じことをベルカナダでもできないか？　レックスは数人のボランティアとともに、従業員がアイディアを投稿したり、投票したりできるサイト「アイディアあ！（ID-ah!）」を作った（第九章で紹介したセールスフォース・ドットコムの「アイディアエクスチェンジ」のようなもの）。

誕生から一年半で、「アイディアあ！」には一〇〇〇件以上のアイディアと三〇〇〇件以上のコメントが寄せられた。サイトを訪れた従業員は一万五〇〇〇人（ベルカナダの従業員は四万人）に達し、そのうち六〇〇〇人が投票に参加した。もちろん、一〇〇〇件のアイディアのすべてが実行に値するものだったわけではない。しかし、そのために投票機能があるのだ。投票の結果、二〇〇七年の半年間で二七件のアイディアが検討対象となり、一二件が実行に移された。※6
「アイディあ！」の登場を機に、ベルカナダの文化は変わり始めた。

ユージーン・ローマン（システム／テクノロジー担当プレジデント）やメアリー・アン・エリオット（人事担当シニアバイスプレジデント）など、上層部のメンバーも「アイディあ！」を支持した。「アイディあ！」はアイディアを生み出すだけでなく、従業員の態度も変えつつあったからだ。レックスは次のように述べている。「社員にもっと積極的に、責任感を持って仕事に取り組んでもらうにはどうすればいいのかと考えていました。『アイディあ！』は、そのための格好の手段だと思えたのです」

最初からうまくいったわけではない。レックスは当時を次のように振り返る。「『アイディあ！』はすぐに幹部の目にとまりました。何でも投稿できるわけですから、心配だったのでしょう。嘘や中傷が投稿されたらどうするのだと考えていたのだと思います」。こうした不安を払拭するために、経営陣は早い段階から「アイディあ！」に深く関わり、βサイトに投稿されたアイディアを慎重にチェックするようになった。全員に門戸を開いても大丈夫だと確信できるようになったのは、βサイトの公開から数カ月が経ち、相当数の従業員がテストに参加するようになってからだった。

「アイディあ！」はベルカナダの文化を大きく変えた。それは、このコミュニティが全社員を対象としていたからであり、もっと重要なのは、経営陣が上位のアイディアを検討すると約束していたからである。それが、成功の秘訣だった。「アイディあ！」の登場以降、従業員が無力感を感じることはなくなった。むしろ人々は、グランズウェルから力を得ていると感じている。すべての社員が当事者意識と責任感を持っている――これこそ、レックスが夢み、思い描いていた世界だった。

フォレスターのアナリストで、社内コラボレーションを研究しているロブ・コプロウィッツは、この事例から重要な教訓を引き出している。それは「組織を変革する意志があり、かつ変革が可能である場合を除いて、ソーシャルテクノロジーを社内に取り入れてはならない」というものだ。「会社の準備が整っていないうちに、コラボレーションツールを導入するべきではありません」とロブはいう。もっともベルカナダに関する限り、準備は万端だった。アイディア共有の仕組みを社内に取り入れることで、同社の経営陣は目標を達成した。

■社内グランズウェルを育むには

ベルカナダの事例が示しているように、社内グランズウェルは人々がつながり、ともに仕事をするための新しい方法を作り出す。その意味では重要なのは関係であって、テクノロジーではない。社内グランズウェルを育むためには、経営陣が率先して傾聴の文化を広めること、気軽に参加できる仕組みと参加を促進するインセンティブを用意すること、そして社内の〝反抗者〟を見つけ、力を付与することが必要になる。

経営陣の「聞く姿勢」は不可欠

社内でソーシャルアプリケーションを運用する場合は、高いレベルの信頼が必要になる。この種のアプリケーションは従業員の仕事や生計手段をリスクにさらすからだ。社外のSNSに参加する場合と違い、社内では匿名ではいられない。経営陣が真摯に耳を傾けていること、反対意見を述べても罰せられないことがわかっていない限り、従業員が率直な意見を述べることはない。

そのためには、それを可能にするような文化が必要だ。アベニューAレイザーフィッシュのクラーク・コキッチやベルカナダのマネジャーたちは、自分たちの役割を理解し、早い段階からソーシャルアプリケーションの構築に参加した。彼らは資金とリソースを提供するだけでなく、自らも参加することでリーダーシップを発揮した。クラークが社内ブログやウィキの内容に言及するのを見て、アベニューAレイザーフィッシュの従業員は、CEOが自分たちの会話に耳を傾けていることを知った。

これは決定的な条件だ。経営陣が積極的に参加しない限り、社内グランズウェルが成功することはない。たとえば、ある専門サービス会社が頭を抱えて我々を訪ねて来たことがある。この会社は新卒で入社してくる社員のために、社内にブログ、ウィキ、SNSを用意した。若者たちは口を揃えて、この種のツールを使い慣れているといっていたからだ。ところが数カ月経っても、会社が用意したツールを使う者はほとんど現れなかった。なぜか？　経営陣の支持や関与がほとんどなかったからだ。マネジャーたちは組織の末端にいる人々、つまり社会人としてどう振る舞うべきかを模索しているような若者が、自分たちでさえ使っていないツールを使って、まだ形すらできていない社内グランズウェルに参加すると考えていた。ご想像どおり、危険な旗振り役を買ってでる新人はいなかった。

経営陣の関与に勝るものはない。バイスプレジデントが会議の席で従業員のブログ記事に言及すれば、ソーシャルテクノロジーを使うよう命令したり、勧めたりするよりもずっと説得力がある。社内にグランズウェル的思考を根付かせるのは難しい。幹部が相当の時間を費やし、力強く支持していかなければ、グランズウェル的思考を育み、支援し、広めていくことはできない。

段階的なアプローチを採用し、参加のハードルを下げる

適切な文化と経営陣の関与があれば、好スタートを切れるだろう。しかし、それだけでは十分ではない。コミュニケーションやコラボレーションを改善したい場合はなおさらだ。社外向けのアプリケーションであれば、何千人もの参加者を確保できている限り、不参加者の存在が問題になることはまずない。しかし社内アプリケーションの場合は、不参加者は原子炉の制御棒のようなもので、他のメンバーの参加を妨げ、アイディアの誕生にブレーキをかける。

従業員のどのくらいの参加が必要かは、アプリケーションによって異なる。たとえばオーガニックのオーガニズムは、プロフィールやポートフォリオを熱心に更新している社員が全体の半分しかいなければ機能しなかった。それに対して、ベストバイのブルーシャツ・ネイションは従業員の一〇％が参加するだけで活気ある互助コミュニティを形成した。大部分の従業員が参加しなくても問題にならなかったのは、ブルーシャツ・ネイションの主たる目的が従業員の声を聞くことだったからだ。それに対して、オーガニックが目指していたのは社員のコラボレーションだった。ほぼすべての社員が参加しない限り、この目的は達成できない。

では、従業員の参加を促進するにはどうすればいいのか？　さまざまな方法が考えられるが、効果のない方法が一つある。それは、強制することだ。

ある企業はソーシャルコラボレーションの仕組みを社内に導入し、ほぼすべての社員に使わせようと考えた。過去にナレッジマネジメントツールやＣＲＭ（顧客関係管理）ツールを導入したときと同じように、経営陣は社員に参加を命じた。上司は「電子メールで送られてきたファイルは今後いっさい読まない」と宣言し、読んでもらいたい資料があれば、ウィキの自分のスペースにアップロードするよう指示した。しかし、このウィキは使いにくかった。ログインには別の認証が必要で、内部はほとんど構造化されていなかった。利用に値しないツールを押しつけてもうまくいくはずがない。結局、同社のソーシャル戦略はなかなか従業員に受け入れられなかった。

これをアベニューＡレイザーフィッシュのアプローチと比べてみよう。アベニューＡレイザーフィッシュはウィキを立ち上げ、参加を奨励はしたが、義務づけはしなかった。どのオフィスにも「ウィキエバンジェリスト」がいて、人々にウィキの使い方を説明し、参加を促した。その甲斐あって、ウィキをプロジェクトに利用するチームは少しずつ増えていった。彼らはウィキが便利であることを知ると、ウィキの支持者になった。評判が広がり始めた。ウィキを利用しているチームの生産性が上がると、ウィキの評価は跳ね上がった。早い段階でウィキを採用したチームは、ＩＴ部門とともにウィキのデザインの改善にも協力した。その結果、後発のチームはさらにウィキを使いやすいと感じるようになった。

一気呵成に進めるより、段階的なアプローチを取ったほうが成功率ははるかに高い。アベニューＡレイザーフィッシュのデビッド・ディールが述べているように、従業員自身が「ウィキを使いたい」と思う必要がある。初期の参加者がソーシャルアプリケーションを役に立たないとか、使い物にならないと感じたなら、他の従業員に使用を強いる前に問題の修正に取り組もう。

入りやすい「入り口」を用意することも、参加を促す一つの方法だ。ある法律事務所は弁護士たちがRSSを使いたがらないことを知っていたので、RSSリーダーの使用を強いる代わりに、アウトルックにRSSフォルダを設定した。どうしても全員に参加してもらう必要があるなら、不参加者になる可能性の高いグループを取り込む方法を考えよう。

ここで留意すべきは、社員に適したテクノロジーと、顧客に適したテクノロジーは違うということだ。たとえばブログは顧客と話をするには良いツールだが、チーム活動には適さない。チーム活動に向いているのはウィキのようなサポート／コラボレーションツールだ。こうしたツールを使えば、チームがプロジェクトの現状を把握したり、競争市場に関する情報を共有したり、見込みのあるアイデイアを収集して、投票したりできるようになる。

チームの生産性が上がれば、筋金入りの堅物たち――昨年までは、すべての電子メールをアシスタントに印刷させていたような人物でさえ、社内グランズウェルに参加するようになるだろう。

〝反抗者〟を見つけ、後押しする

グランズウェル的思考は難しいので、インテルのジョシュ・バンクロフトやベストバイのスティーブとゲイリーのような人物を見つけることが重要になる。もしかしたら、適任者の目星はもうついているかもしれない。この一年、何でもいいから行動せよと、あなたをせっついていた人物だ。失敗の可能性ではなく、機会費用に目を向けよう。それはアシュリー・ヘムサスのような熱心な従業員を動員し、社内グランズウェルを構築する機会を失うコストである。

その意味では、なるべく多くの失敗を、なるべく早い段階で、（そしてこれが一番重要なことだが）なるべく安価に経験する必要がある。P&Gの社内ブログシステムは、ベストバイのブルーシャツ・ネイションと同様に週末を使って開発され、机の下のサーバーに格納された。ベルカナダの「アイディあ!」を開発したのはボランティアだった。社内グランズウェルに関する限り、ほとんどのイニシアティブは従業員の個人プロジェクトとして始まっている。

シニアマネジャーの仕事は、このエネルギーを生産的な方向に向けることだ。反抗者たちが活動できるように、政治的あるいは技術的なサポートを提供する。変化に前向きな部署と変化に抵抗する部署を見極められるようにする。チャレンジを支援し、転んだときは助け起こし、ほこりを払ってやり、失敗から学べるよう手を貸す。でも何よりも重要なのは、自分のマネジメント経験をもとに成功の時期を読み、うまくいっている活動を見極め、それを繰り返すことだ。

組織はものごとを工程化し、管理し、ガイドラインでしばろうとする。組織のそうした本能を抑えることもマネジャーの仕事だ。その代わり、基本原則は定めよう。多くの企業は電話、電子メール、そして最近はブログのポリシーを定めているが、これと同じようにソーシャルアプリケーションを利用する際の基本ルールを定める。ルールの内容はさまざまだ。我々の知っているところでは「人を中傷するような悪口は許されない」という基本的なものや、触れてはならない企業情報やサーバーの領域を定めた詳細な仕様書があった。グランズウェルとの関係が深まるにつれて、基本ルールに調整を加える必要も出てくるだろう。しかし大枠さえ示しておけば、〝反抗者たち〟はいちいち会社の承諾を得なくても新しいことに挑戦できるようになる。

■文化や関係は、テクノロジーに勝る

本章では、ソーシャルネットワークが従業員のコミュニケーションを助け、ウィキがコラボレーションを促進し、アイディア共有がイノベーションを加速する可能性を見てきた。目的が何であれ、社内グランズウェルを成功に導く鍵は文化にある。重要なのはテクノロジーをどう実装するかではない。組織のあり方をどう管理し、変えていくかだ。組織を変革するためには経営陣の協力は欠かせない（積極的な参加が得られればなお良い）。しかし、ソーシャルテクノロジーをトップダウンで普及させることはまず無理だ。そもそも従業員が参加しなければ、こうしたテクノロジーは機能しないからである。ソーシャルテクノロジーを使って顧客と交流することを幹部に強制できないように、従業員にグランズウェル的思考を押しつけることもできない。しかしソーシャルテクノロジーを支持している幹部が一人か二人いれば、助けになることは間違いない。

我々は誰もが、たくさんの〝アシュリー・ヘムサス〟がいる職場で働きたいと願っている。そのような職場を実現するために、まずはソーシャルテクノロジーの導入を検討してほしい。

以上で戦略に関するアドバイスは終わりだ。あと残っているのは今後の展望と、グランズウェル時代を生きる個人へのアドバイスである。これらについては次の第一二章で語ることにしよう。

第一二章　グランズウェルの未来

ジェイソン・コーマンはワインを作っている。他の仕事に就いたことはない。ワイン一筋で来たからこそ、このビジネスの怖さもわかっている。

小さなワイナリーを成功させるのは至難の業だ。新しいワイナリーは世界中に何千とある。流通もネックだ。銘柄の知名度を上げるには『ワイン・スペクテーター』のような雑誌が頼りだが、レビューが掲載されるまでには何カ月もかかる。いや、載るだけでもラッキーなのだ。

ジェイソンが南アフリカに自分のワイナリー、「ストームホーク（Stormhoek）」をかまえたのは二〇〇三年のことだった。普通のやり方では消費者を振り向かせることはできない。そう知っていた彼は、ワインのマーケティングにグランズウェルを活用する最初のワイナリーになろうと決意した。

重要なのは、ボトルの中のワインではなく、ワインを取り巻く経験に焦点を合わせることだった。

「ワインは社会の潤滑油です」と彼はいう。「もちろん品質にはこだわっていますが、ワインの本質はむしろ、ボトルの栓を抜いたあとの時間にあるのではないでしょうか」。ジェイソンが考えたアプローチはグランズウェル的だった。ストームホークのワインを飲んで楽しい時間を過ごした人々に、その思い出を語ってもらおうと考えたのだ。二〇〇五年六月に最初の戦略が実行された。イギリスとアイルランドに住む一八五人のブロガーに自社のワインを送ったのだ。ワインに同梱された小冊子には、「弊社のワインをお試しください」というメッセージとともに、もしワインが気に入ったら（あるいは気に入らなかったとしても）、ブログに書いてはどうかと勧める言葉が添えられていた。

キャンペーンは功を奏し、同年末までに三〇五本のブログ記事にストームホークのワインが登場した。「ワイン・バズ（wine buzz）」という言葉に、ストームホークは新しい意味を与えたのである。

成功の鍵を握っていたのは、ビジネスパートナーのヒュー・マクラウドだった。ヒューは名刺の裏に皮肉たっぷりのイラストを描くことで知られるアメリカのブロガーだ（www.gapingvoid.com）。ヒューは世界中のファン、魅力的なイラスト（同社のワインのラベルにはヒューのイラストが多く使われている）、そしてグランズウェルでうまくいくものをかぎ分ける能力を同社にもたらした。ヒューの小冊子がなければ、ストームホークのキャンペーンはうさんくさいと思われ、これほど多くのブログに取り上げられることはなかったかもしれない。

ストームホークのワイン事業は二年間で一〇〇万ドルから一〇〇〇万ドル規模のビジネスに成長した。ジェイソンは今もフェイスブックのグループ、ユーチューブのビデオ、フリッカーの写真などを使って、ブロガーとの関係を深めている（「ギークな夕食」キャンペーンでは、ストームホームのワインのある食卓の写真を募集し、「テスコ」キャンペーンでは食料品店テスコでストームホークのワインを買った客に、店の外で撮った写真を送るよう促した）。

こうした取り組みはCNNや『アドバタイジング・エイジ』でも取り上げられ、それ自体が宣伝となった。ストームホークのワインにはマイクロソフトの社員も関心を持った。彼らが発注したオリジナルワインのラベルには、ヒューのイラストとともに「世界を変えろ。変えないなら家へ帰れ」というコピーが印刷されていた。これは、多くのマイクロソフト社員が抱いている思いに違いない。

ストームホークはグランズウェルの中で生きている。インターネットはジェイソン・コーマンのマーケティング部門だ。同社は実態のない新興企業ではない。すでに複数の国でビジネスを展開しており、ワインという有形の〝商品〟を扱っている。ボトルの中に入っているのは、実際の労働の成果だ。四七歳になるジェイソンは、無精ひげをはやしたインターネット起業家でもない。ストームホークと本書に登場するほぼすべての企業の違いは、ジェイソンとヒューがグランズウェルの住人であり、グランズウェルが成長すれば自分たちも成長すると知っているところにある。二人はグランズウェルの「ネイティブ」なのだ。

グランズウェルを活用したいなら、二人のように考える必要がある。

■遍在するグランズウェル

第一章でも述べたように、グランズウェルのテクノロジーは爆発的に増加している。これらのテクノロジーは安価で、開発するのも改善するのも簡単だ。ネット広告経済との親和性も高く、「つながりたい」という人間の本能を刺激して、人と人を結んでいる。

変化は加速しており、いずれはコンピュータだけでなく携帯端末や実社会でも、すべての活動にグランズウェルが組み込まれるようになるだろう。遍在するグランズウェルは、どのような未来を生み出すのだろうか？

未来の人類はソーシャルネットワークを介して、親しい人々とつながるようになるだろう。すべての取引は格付けとレビューの対象になり、普通の人々が付けるタグが情報の見つけ方を根底から変える。人々はコンテンツの更新をフィードで知るようになり、フィードリーダーが現在の電子メールやブラウザと同じくらい、一般的なものとなる。

想像できないって？　では、くだくだと説明する代わりに、〝未来の一日〟をめぐるツアーにお連れしよう。

グランズウェルがもたらす世界

変化の影響は、極めて広範囲に及ぶ。グランズウェルが繭のように世界を包み込み、普段は意識しないが、なくなったら困る空気のような存在となったとき、人々は世界をこれまでとはまったく違う目で見るようになるだろう。

自分のことを、靴会社のマーケターだと考えてほしい。時はめぐって二〇一二年一二月一二日。この一日を、あなたはどのように過ごすのだろうか？

目が覚めるとすぐに、電話がグランズウェルから集めた最新情報を教えてくれる。電話といっても、現在のものとは比べ物にならない洗練された携帯端末だ。お気に入りのソーシャルネットワークによれば、大学時代の友人が来週、出張で街に来るらしい。「久しぶりに会わないか」とメールを打つと、昔の仲間も同じようなメッセージを送ったと見えて、飲み会の案内が届く。ちょっとした同窓会になりそうだ。

電話はさらに、連邦取引委員会（FTC）が大手靴メーカー二社の合併を阻止しようとしていること、そして来春の流行色は「モーブ」と「カナリアイエロー」になる見込みであることも教えてくれる。『ウォールストリート・ジャーナル』、『フットウェアニュース』、『ウィメンズウェア・デイリー』からも、最新記事を取ってくるように設定してあるからだ。フィードのプログラムは賢いので、あなたが読んでいる記事をもとに、あなたやあなたと同じ嗜好を持つ人が興味を持ちそうな情報も集めてくれる。

「シューブログ」（shoeblog.com）や「シューアホリックス」（shoeaholicsanonymous.com）などの靴ブログからも最新の記事が届く。あなたは電話から直接シューアホリックスの記事にコメントを書き込む。先日メキシコ工場から出荷したばかりのキュートなパンプスを「安っぽい」と書かれては黙っておれない。目覚まし代わりのコーヒーを飲みきった頃、州間ハイウェーの渋滞情報が電話に届く。今朝は別のルートを取ったほうがよさそうだ。自分のルートの情報が渋滞データベースに記録されるように、電話のGPS機能がオンになっていることを確認する。

オフィスに着いたらノートPCを電源につなぎ、モニタリングダッシュボードを確認する。どうやらモーブの人気が沸騰しているようだ。グランズウェルのモニタリングサービスによれば、今日は靴に関する話題が二五％も増え、その一一％がモーブに言及していた。しかも、その大半は「欲しい」、「;-b」といった肯定的な指標語とともに登場している。一方のカナリアイエローは「時代遅れ」、「古くさい」といった言葉で批判されている。春のテーマカラーは今週中に決めなければならない。これは重大な決定だ。今の人気は一時的なものか、それとも本物か？　仮説を検証する必要がありそうだ。

あなたは自分のブログ「次世代シューズトレンド」に〝観測気球〟を上げてみる。先シーズンのデザインをいくつか選んで、色をモーブに変えるだけだから大した時間はかからない。そしてブログに「春の新作のイメージをご紹介します。ストラップ部分は仮です。斬新なデザインを考えていますので、楽しみにしていてくださいね」と書き込む。靴フリークたちはどう反応するだろうか？　続いて靴専門のビデオ投稿サイト「シューチューブ（ShoeTube）」を訪れ、たわむれに検索をかけてみる。すると今朝の騒ぎの発信源と思われるビデオが出てきた。流行に敏感な女の子たちが追いかけている二二歳のセレブ歌手、ヘレナ・トランプのビデオだ。そこにはヘレナが昨夜、モーブのピンヒールを履き、露出度の高いセクシーな服を着てクラブを訪れた様子が映っている。読者の議論をさらに盛り上げるために、このビデオへのリンクをブログに投稿する。そしてコミュニティリレーション部門のマニーに連絡し、「スーパーシュー」から自分のブログ記事にリンクを張ってもらう。スーパーシューは会社が運営している靴マニアのためのプライベートコミュニティだ。今度は社内ウィキにアクセスし、今朝の活動の意図を説明するメモを残す。そうすれば製造部門や小売リレーション部門の担当者も、あなたが何をしているのかを理解できるだろう。

さあランチの時間だ。仕事のことは忘れよう。電話をプライベートモードに設定し、居場所を追跡できないようにしたら、近くの店に恋人の誕生日プレゼントを買いにいく。グランズウェルはしばしお預けだ。サンドイッチを流し込んだら、急いで仕事に戻る。

午後の仕事が始まる頃には、午前中に更新したブログ記事への反応が返ってきている。すでに一九一件のコメントが付いていたが、そのうちの七五％は好意的な内容だった。読者はヘレナのピンヒールに興奮していた。シューチューブにはヘレナの大ファンたちがすでに九本のビデオを投稿し、自分の靴を見せびらかしている。これらの情報は競合企業も見ることができるが、自分たちのほうが有利だ。すでにヒールのデザインは仕上がっているし、製造業者は新しいデザインを取り入れるのが早く、色出しもうまい。そして何より、スーパーシューではメンバーの議論が盛り上がっている。スーパーシューが靴マニアのコミュニティであるというバイアスを差し引いても、人々がモーブの靴を欲しがっていることは間違いなさそうだ。

あなたはかなりの自信を持って、注文を出す。注文フィードはすぐに上司とオペレーションに流れるため、敢えて報告する必要はない。あなたの注文フィードにはサプライヤーと小売店も登録しているので、まもなく彼らのスタートページや携帯端末にも、あなたが他社に先駆けてモーブの流行に乗ったことを伝える情報が流れるだろう。

一、二週間経ってから、あなたは多少のひねりを加えて、このニュースをブログに投稿する。おそらく「フットウェアニュース」が報じるだろう。しかしその時点ではもう、競合他社は追いつけない。合併の遅れで社内が混乱している二社に関してはなおさらだ。あなたは売り出し中のハリウッド女優二人に発売前の新作を提供しようと決める。あなたが「靴の大使」と呼ぶ彼女たちは、副業でファッションに関するブログを書いたり、ファッション関連のフォーラムにコメントを書き込んだりしている。あなたはそのうちの一人に電話をかけ、彼女が来年二月に開催される映画のプレミアに出席することを確認する。そしてトレンドカラーの新作パンプスの話をし、彼女の興味をそそる。

そろそろ家に帰ろうかと考えていると、「フェイススペース」の娘のページで会話が急に盛り上がっていることに気づく。クリックしてみると、娘と友人たちが話していたのは……代数だった。今どきの高校生はこうやって問題を解決するらしい。これなら大学も期待できそうだ。

さあ、家に帰ろう。口元にはほほえみが浮かんでいる。次々と流れてくる情報についていくのは大変だが、グランズウェルは日々の意思決定を助けてくれるヒントであふれている。携帯端末やＰＣのブラウザに組み込まれているテクノロジーのおかげで、情報の波に翻弄される心配もない。今日もまた、グランズウェルにどっぷりとつかった一日が終わった。

遍在するグランズウェルが企業を変える

これは、十分にあり得る未来だ。このシナリオに登場するモバイルインターネット、フィード、コミュニティ、ブログ、ウィキはどれもすでに存在している。足りないのは〝参加〟だけだ。この未来を実現するためには、もっと多くの人や企業がグランズウェルに参加する必要がある。しかし条件は整いつつある。しかも急速に。

数年後には、こうした活動に参加していない企業は時代遅れとみなされるようになるだろう。一枚の静止画があるだけで、リンクが一つもない企業ホームページを見たら、あなたはどう思うだろうか？　滑稽に思うだろう。しかし一九九五年には、これが一般的だった。同様に、二〇一二年の段階でグランズウェルとつながっていない企業は極めて二〇世紀的、つまり「時代をわかっていない」とみなされるだろう。

市場に近づきすぎると、近視眼的な発想にとらわれるのではないかと思うかもしれない。しかし我々が見てきた限りでは、このような変化はむしろ、効果的な長期戦略を立てるために必要な「俊敏な文化」を育む（たとえばデルはわずか二カ月でリナックスＰＣを製品ラインに加えた）。企業は段階的に行動する。うまくいっていることに注目し、良い方向に製品を進化させる。常にフィードバックを得られるので、正しい行動を取っていると確信できる。間違ったときはすぐに気づき、すみやかに修正する。このような企業は顧客と強固な信頼関係で結ばれているため、間違いを犯すことを恐れない。失敗を乗り越え、それを成功の足がかりにする。

長期戦略の面から考えても、企業はグランズウェルとつながる必要がある。固定客を獲得するには、市場とつながらなければならない。変化を先読みするには、顧客の知見が必要だ。問題が起きたときに、それが一時的な不調なのか、大きなトレンドの兆しなのかを見極めるためには、グランズウェルでの経験がいる。グランズウェルを情報源として活用する方法を見つけた企業は、このすべてを手に入れるだろう。それ以外の企業は、こうした要素の必要性に気づいても、一週間や一カ月程度では遅れを取り戻すことはできない。

製品の開発サイクルも短くなる。たとえば家電業界では、新製品の開発には一年以上かかるのが普通だ。メーカーは試作品を毎年一月にラスベガスで開催される国際家電見本市（ＣＥＳ）に出品し、ホリデーシーズンに間に合うよう、その年の一〇月か一一月に発売する。しかし常にフィードバックを得られるようになれば、このプロセスはもっと短縮できる。たとえば一月のＣＥＳで見かけた製品の情報を、グランズウェルから得た知識やフィードバックと組み合わせれば、他社が動き出す何カ月も前に新製品を開発し、販売できるようになるだろう。大がかりな広告キャンペーンを展開するのではなく、まずは影響力のある家電ブロガーに働きかける。大々的に新製品を売り出す場合と比べれば、売上高は見劣りするかもしれないが、これらの製品は人々のニーズを的確に捉えているだけでなく、利幅も大きい。

常にフィードバックを得られるようになると、ある種の企業文化は葬られる。嘘で固めた戦略は必ず失敗する。自社の高速インターネットサービスが他社のサービスより遅いなら、それに気づいた人々がオンラインレビューやディスカッショングループで事実を指摘するだろう。新発売のモップは見た目が良く、値段も安いが、替えモップが高いとすれば、誰かが指摘するだろう。住宅ローン会社が事務手続きにかかる時間を実際より少なく見積もっていれば、やはり誰かが指摘するに違いない。

これは刺激的だが、恐ろしい未来だ。このような未来を生き抜く準備のできている人はまだいない。すべては始まったばかりだ。しかしストームホークのジェイソン・コーマンやヒュー・マクラウドのように、この新しい世界で成功を収めている人もいる。

最後に、未来に備える方法をいくつか紹介しよう。

■グランズウェル的思考を身につける

本書を執筆するにあたって、我々はグランズウェル的思考を実践している人々にインタビューを行った。リサーチコミュニティを立ち上げたスローンケタリング記念がんセンターのエレン・ソネット、ビーイングガールを作ったP&Gのボブ・アーノルド、アイディアエクスチェンジを構築したセールスフォース・ドットコムのスティーブ・フィッシャーなどだ。

彼らは普通とは違うアプローチを取った。誰もが何かを学び、社内で一目置かれる存在になったが、決して傲慢になることはなかった。むしろ、彼らは控えめだ。それは自分よりも大きな存在と接していることを知っているからである。

序文に登場したソニーのリック・クランシーを覚えているだろうか？　彼の企業ブログは始まった

ばかりで、今後の展開はまだわからない。成功のチャンスは大いにあるが、この世界に足を踏み入れようとしているすべての人と同じように、彼も正しいアプローチを選ぶ必要がある。間違ったアプローチを取れば、グランズウェルに容赦なく飲み込まれるだろう。

最後に、読者にいくつかのアドバイスを提供しようと思う。これは「何をすべきか」ではなく、「どうあるべきか」に関するアドバイスだ。これまでの一一の章では、グランズウェル的思考をさまざまな角度から説明してきたが、グランズウェル的思考の本質は、突き詰めれば「適切な態度を身につけること」にある。我々はグランズウェル的思考の実践者たちから七つの教訓を学んだ。これらの教訓は、読者がこの重大な変化を成し遂げる助けになるだろう。

□一　グランズウェルでは、すべてが「人対人」であることを忘れない

まずは自分自身が、面識のない人物（顧客）と交流できなければならない。がん患者のリン・ペリーや、かばんを購入したジム・ノーブルのような人々と話をする準備はできているだろうか？ブログを書くことも、コミュニティのメンバーと交流することも、SNSで「友だち」を作ることも個人的な行為だ。他者に共感を持てない限り、他者の秘密を解き明かすことはできない。

□二　良い聞き手になる

これに苦労するマーケターは少なくない。自分の仕事は顧客に語りかけることだと考えているからだ（語りかけるというより、〝叫ぶ〟というべきか）。しかしグランズウェルで成功するためには、顧客だけでなく、同僚や他社の関係者の声にも耳を傾ける必要がある。グランズウェルは学びの場だ。よく

聞く者が、すなわち賢い者である。

□三　辛抱強くあれ

テクノロジーの変化は速いので、つい後れをとるのではないかと考えてしまう。しかし、こうしたアプリケーションは社内のさまざまな部署に影響を及ぼすため、なかなか全員の賛同を得られない。コンスタントコンタクトのモーリーン・ロイヤルは、コミュニティを立ち上げるのに四年を要した。ソニーのリック・クランシーは、たった一つのブログを立ち上げるのに半年も待たされた。しかし最後には全員が目標を達成した。それは最初の一歩を踏み出したからだ。

□四　好機を待つ

本書では繰り返し、小さく始めよと述べてきた。アプリケーションを開発するときは、顧客との関係を少しずつ深められるような場所を探そう。歩幅は小さくてもかまわない。そして拡大のチャンスを待つ。障害が取り除かれたとき、あるいは名案を思いついたときは、すぐに行動する。次のチャンスはないかもしれないからだ。

□五　柔軟であれ

グランズウェルに関して、一つ学んだことがあるとすれば、それは意外性に満ちているということだ。グランズウェルでは予想外のできごとが起きる。たとえばウォルマートがフェイスブックに開設したページはウォルマート批判の舞台となり、デルのノートＰＣは火を噴いた。グランズウェル的思考とは、こうしたできごとが起きた際にも、それに対応し、そこから学び続けることである。

□六　協力する

社内には自分と同じように考えている人がいるはずだ。仲間の助けがなければ、保守派の抵抗をかわすことはできない。彼らは目標を達成するためのアイディアも与えてくれる。ロブ・マスターとバブス・ランガイアがユニリーバの広告を変革できたのは、協力し、支え合ったからだった。

□七　謙虚であれ

つながり合った人々は大きな力を持つようになる。一方、企業はそこまで強力ではない。グランズウェルをビジネスに活用することはできるが、グランズウェルはあくまでも人々のものだ。あなたはただ、その一部になろうとしているに過ぎない。皮肉なことに、この世界では謙虚な者が力を得る。これこそ、究極の柔術といえるだろう。

以上がグランズウェル的思考の原則である。こうした資質を身につけたいなら、本書で紹介してきた戦略を使ってもよいし、独自の戦略を実行してもよい。そして顧客や社員を相手に、少しずつ成功を積み上げていこう。そうすればグランズウェルが拡大し、世界中を飲み込んだ暁には、あなたの準備はすっかり整っているだろう。

訳者あとがき

伊東 奈美子

本書は二〇〇八年五月にアメリカで出版された〝*Groundswell: Winning in a World Transformed by Social Technologies*〟の全訳である。原書は発売直後から注目を集め、ソーシャルテクノロジーの現在を包括的に論じた素晴らしいガイドブックとして、また企業がとりうる戦略を具体的に提示した有益なビジネス書として、高い評価を得ている。

ソーシャルテクノロジーによって結ばれた人々は、ブログで商品を語り、ウィキペディアで企業を定義し、サポートフォーラムで助け合うようになった。カスタマーレビューは商品の購入率に大きな影響を与え、SNSではクチコミが新しいヒットを生み出している。これは多くの人が肌で感じている変化ではないだろうか。この変化はアメリカや日本だけでなく、世界中で進行しており、その影響はあらゆる産業に及んでいる。この〝社会動向〟を本書はグランズウェル（大きなうねり）と呼ぶ。本書によれば、これは一過性のトレンドではなく、不可逆の変化だ。

未知のものは恐ろしい。多くの企業が、グランズウェルを脅威とみなしているのはそのためだ。テクノロジーはめまぐるしく変わる。そのスピードに圧倒される企業も多いが、重要なのはテクノロジーではなく、テクノロジーが生み出している「関係」に焦点を合わせ、「グランズウェル的思考」を身につけることだと本書は説く。ソーシャルテクノロジーは人々の態度や購買行動にどんな影響を与えているのか、これらのテクノロジーを導入することで、企業はどんな影響を受けるのか、どんな利益とリスクがあるのか——本書は、そうした問いへの答えを提供してくれるだろう。

本書（原書）の公式サイト（http://www.forrester.com/groundswell/）を参考に、本書の特徴を一〇のポイントにまとめた。

① **信頼性が高い**：ソーシャル戦略に関するアドバイスを一〇〇社以上に提供してきたアナリストが、その経験とデータをもとに書いている

② **適用範囲が広い**：リサーチ、マーケティング、セールス、サポート、商品開発など、幅広い業務分野に応用できる

③ **事例が豊富**：さまざまな国や産業から六五の事例を取り上げ、そのうちの二五例については詳細な分析結果を提供している

④ **データが提示されている**：フォレスター・リサーチがアメリカ、アジア、およびヨーロッパで実施した消費者調査の結果が掲載されている

⑤ **ウェブサイトでも情報を提供している**：公式サイトには本書に登場するサイトのリンク集や著者

ブログが用意されている

⑥ **将来を見すえたアドバイスを提供している**：すべての章に実行可能な戦略的、戦術的アドバイスが盛り込まれている

⑦ **戦略のROIに着目している**：ソーシャル戦略がもたらす利益に注目し、三つの事例に関してはROIモデルも提示している

⑧ **読みやすい**：読者がストレスなく読み進められるように、親しみやすい言葉遣いで書かれている

⑨ **著名なアナリストが執筆している**：著者はメディアにコメントが引用されることも多い、ソーシャルテクノロジーの専門家である

⑩ **読者参加型のコミュニティがある**：公式サイトには、読者が世界中のソーシャルテクノロジーストラテジストと意見を交換できるフォーラムがある

著者のシャーリーン・リーとジョシュ・バーノフは、アメリカの独立系調査会社フォレスター・リサーチのアナリストである。シャーリーン・リーは、ソーシャルテクノロジーやインタラクティブメディア分野の研究で知られ、執筆当時はフォレスター・リサーチのバイスプレジデント兼主任アナリストだった。本書の出版後に自身の企業、アルティメーター・グループ（Altimeter Group）を立ち上げ、現在は執筆や講演、コンサルティング活動に従事している。広告専門誌『アドバタイジング・エイジ』から、「二〇〇八年に最も注目すべき女性一二人」に選出されている他、二〇〇八年九月には著名ブログ「リードライトウェブ（Read/WriteWeb）」でも、「価値ある情報を提供し続けているソーシャルメディア・コンサルタント七人」に名前が挙がるなど、今後の活躍が期待される。もう一人の著者、ジ

ヨシュ・バーノフはフォレスター・リサーチのバイスプレジデント兼主任アナリストだ。本書にも頻繁に登場する「ソーシャル・テクノグラフィックス」のもとになった顧客分類手法「テクノグラフィックス」は、ジョシュが考案したものである。

本書は、新しい市場環境への対応を迫られている大企業の幹部から、従来のマーケティング手法が通用しなくなったことに危機感を感じているマーケター、顧客の心をつかむ製品やサービスを模索している開発者やベンチャー企業の経営者まで、ウェブ2・0の先を見すえて、行動を起こそうとしているあらゆる企業のあらゆる職種の人々に、行動のフレームワークとヒントを与えてくれるだろう。著者のアドバイスは、読者が短期的な知識に振り回されることなく、すべての行動の基礎となる「態度」を身につける役に立つはずだ。それは正しい航路を指し示す羅針盤となって、グランズウェル時代の航海を助けてくれるだろう。

本書の訳出にあたっては、訳者自身もグランズウェルに助けられた。国内外のブログやソーシャルネットワークを閲覧し、そこで交わされている会話に耳を傾けたことが、理解の助けになったことはいうまでもない。私事になるが、訳者は二〇〇七年から一年間ほど、アジャイルメディア・ネットワーク（AMN）という企業の立ち上げに参加した。AMNはブログやソーシャルメディアを活用した広告やカンバセーショナルマーケティングを提供する企業だが、この仕事を通じて得た知見やブロガーの皆さんとの会話が、本書に描かれている変化を実感する助けとなったことは間違いない。この場を借りて、グランズウェルの理解を助けてくださった方々に心から御礼を申し上げたい。

3. これらの数字はアベニューAレイザーフィッシュが「2007フォレスター・グランズウェル・アワード」に応募した際のデータから引用した。同社と同社のウィキは「管理」部門で受賞を果たした。

4. 詳細はフォレスター報告書 "Microsoft Buys a Quantive: The Future Of Avenue A/Razorfish Is Unclear"（Harley Manning, May 23, 2007）を参照。報告書はgroundswell.forrester.com/site11-4で入手可能。

5. インテルペディア誕生の経緯は次の記事に詳しい。Hochmuth, Phil, "'Wikimaniacs' debate corporate acceptance of wikis," *InfoWorld*, August 9, 2006.（groundswell.forrester.com/site11-5）

6. これらの数字はレックス・リーとのインタビューから得た。「アイディあ！」については、次の記事が参考になる。Weinberg, Paul, "Collaboration only blooms with employee cultural shift," *ConnectIT*, October 10, 2007.（groundswell.forrester.com/site11-6）。

8. 『ニューヨーク・タイムズ』はこの現象を分析し、CMのクラウドソーシングは高くつく場合があるだけでなく、企業が望まない方法でブランドが表現されることもあると指摘している。Story, Louise, "The High Price of Creating Free Ads," *New York Times*, May 26, 2007.（groundswell.forrester.com/site9-8）。

9. フリトレー・ドリトスが2007年のスーパーボウル枠で流したCMはクラウドソーシングを活用したものだった。同社がヤフー・ビデオを使って構築した2007年スーパーボウル広告のサイトはgroundswell.forrester.com/site9-9で閲覧できる。

第10章

1. "Weddings/Celebrations; Lori Blackman, Robert Master," *New York Times*, December 14, 2003.（groundswell.forrester.com/site10-1）

2 "Evolution"（groundswell.forrester.com/site10-2）

3. アレクサのデータによれば、campaignforrealbeauty.comのリーチは2006年1月は0.03％だったが、「エボリューション」ビデオがネットで公開された2006年10月は0.07％に上昇した（groundswell.forrester.com/site10-3）。

4. "Special Report: 100 Leading National Advertisers," *Advertising Age*, June 25, 2007.

5. ダブナイト・コムはすでに閉鎖されているが、ウェブドラマの予告編 "Felicity Huffman and Brady Bunch MashUp" はユーチューブで閲覧できる（groundswell.forrester.com/site10-5）。

6. 顧客満足度に関するデータはgroundswell.forrester.com/site10-6で閲覧できる。

7. Jarvis, Jeff, "Dell lies. Dell sucks," *BuzzMachine*, June 21, 2005.（groundswell.forrester.com/site10-7）

8. Jarvis, Jeff, "Dell still sucks. Dell still lies.," *BuzzMachine*, June 26, 2005.（groundswell.forrester.com/site10-8）

9. Hales, Paul, "Dell laptop explodes at Japanese conference," *Inquirer*, June 21, 2006.（groundswell.forrester.com/site10-9）

10. Menchaca, Lionel, "Flaming Notebook," *Direct2Dell*, July 13, 2006.（groundswell.forrester.com/site10-10）

第11章

1. このコメントは、ブルーシャツ・ネイションのアシュリー・ヘムサスのプロフィールから引用した。ブルーシャツ・ネイションはベストバイの従業員しかアクセスできない。サイトの閲覧と引用を許可してくださったベストバイに深く感謝する。

2. クラーク・コキッチのこのコメントは、アベニューAレイザーフィッシュのイントラネットに投稿されたもの。イントラネットへのアクセスと引用を許可してくださったアベニューAレイザーフィッシュに深く感謝する。

かを知っている人はいないので、彼のメールアドレスも知りようがない。「何があなたの原動力になっているのですか？」とたずねたところ、ヤフーが削除する前にジューダス・ラビの回答を得られた（過去にも多くの人が彼の正体を明らかにしようと試みたが、かなわなかったという。我々もヤフー・アンサーズのメンバーから「ジューダス・ラビは見つからない」といわれたが、そのとおりだった）。

17. ヤフーの「スペシャルKチャレンジ・グループ」はgroundswell.forrester.com/site8-17で閲覧可能。画面を下にスクロールしていくと、月ごとの投稿数を確認できる。投稿数は9月に上昇に転じたが、これはスペシャルKのマーケティング活動と、フォーラムでのモデレーション効果によるものだろう。このコミュニティにはもう一つ、重大な弱点がある。それは参加者のつながりを促進する仕組みがないため、フォーラムを再訪するインセンティブが弱いということだ。

18. ティーボコミュニティ・コムの投稿数と常連メンバーに関する情報はgroundswell.forrester.com/site8-18で閲覧できる（閲覧にはメンバー登録が必要）。

第9章

1. このコメントはマーケットツールズが運用しているデルモンテの愛犬家用プライベートコミュニティから引用した。これはデルモンテの私設コミュニティであり、通常はパスワードがなければ閲覧できない。メッセージの引用を許可してくださったマーケットツールズとデルモンテに深く感謝する。本章に登場する愛犬家のコメントはすべて、このコミュニティから引用した。

2. Hippel, Eric von, *Democratizing Innovation*, Cambridge, MA: MIT Press, 2005.（『民主化するイノベーションの時代』サイコム・インターナショナル監訳、ファーストプレス、2005年）。著者のサイトはgroundswell.forrester.com/site9-2で閲覧できる。

3. Seybold, Patricia B, *Outside Innovation: How Your Customers Will Co-Design Your Company's Future*, New York: Collins, 2006. 著者のブログはgroundswell.forrester.com/site9-3で閲覧できる。

4. Tapscott, Don and Williams, Anthony D, *Wikinomics: How Mass Collaboration Changes Everything*, New York: Portfolio, 2006.（『ウィキノミクス：マスコラボレーションによる開発・生産の世紀へ』井口耕二訳、日経BP社、2007年）。著者のサイトはwww.wikinomics.com。

5. セールスフォース・ドットコムはその後、クリスピーニュースを買収した。「アイディアエクスチェンジ」アプリケーションは実装を希望する企業に販売される予定。

6. この投稿はgroundswell.forrester.com/site9-6で閲覧できる。元の原稿にあったスペルの間違いは引用時に修正した。

7. "dhart"が投稿したLinux PCに関する提案はgroundswell.forrester.com/site9-7で閲覧できる。この提案は148,000ポイントを獲得し、アイディアストームで最も賛同数の多い提案となっている。

第8章

1. ハウリー夫妻の投稿はすべて、夫妻の了承を得て、TJ＆ミシェル・ハウリーのケアページから引用した。ケアページには招待された友人しかアクセスできない。2007年10月現在、夫妻の双子はどちらも呼吸器から離れ、元気に成長している。
2. "The USA Today/Kaiser Family Foundation/Harvard School of Public Health National Survey of Households Affected by Cancer"（November 2006）より（groundswell.forrester.com/site8-2）。
3. アメリカのデータはフォレスター報告書 "Near-Term Growth Of Offshoring Accelerating"（John McCarthy, May 14, 2004）から引用した（groundswell.forrester.com/site8-3a）。ヨーロッパのデータはフォレスター報告書 "Two-Speed Europe: Why 1 Million Jobs Will Move Offshore"（Andrew Parker, August 18,2004）から引用した（groundswell.forrester.com/site8-3b）。
4. groundswell.forrester.com/site8-4
5. Predatorの滞在時間および投稿数に関する数字はデルの代理人から得た。
6. Markoff, John, "Web Content by and for the Masses," *New York Times*, June 29, 2005.（groundswell.forrester.com/site8-6）
7. 「心理所得（psychic income）」（非貨幣的な報酬の意）という言葉は、経済学者のF・A・フェッターとアービング・フィッシャーが1920年代に行った研究から生まれた。グランズウェルでは心理所得がある種の貨幣として、極めて重要な役割を果たしている。心理所得の定義はgroundswell.forrester.com/site8-7などを参考にしてほしい。
8. Jenkins, Henry, *Convergence Culture: Where Old And New Media Collide*, New York: New York University Press, 2006, p. 133。著者のブログ「Confessions of an Aca-Fan」はgroundswell.forrester.com/site8-8で閲覧可能。
9. ナッツのほとんどはナッツ・オンライン（Nuts Online）から発送された。オーナーによるコメントはwww.nutsonline.com/jerichoで閲覧できる。
10. このメッセージはジェリコのウィキ（groundswell.forrester.com/site8-10）で閲覧できる。
11. http://www.rodenas.org/blog/2007/10/23/mike20-methodology/
12. インテュイットのクイックブックス（QuickBooks）オンラインコミュニティのグループマネジャー、スコット・ワイルダーからの情報。
13. フォレスター・リサーチのアナリスト、ジェレマイア・オウヤンからの情報（ジェレマイアはポッドテック時代にスコーブルのウィキプロジェクトに参加していた）。
14. Sang-Hun, Choe, "South Koreans Connect Through Search Engine," *New York Times*, July 5, 2007.（groundswell.forrester.com/site8-14）
15. ヤフー・アンサーズに関する情報は、ヤフーの広報部門から直接得たもの。
16. 我々がジューダス・ラビに投げかけた質問は現在は閲覧できない（メンバーに直接質問するのはヤフーのサービス利用規約に反するため、ヤフーに削除された）。ジューダス・ラビが誰

第7章

1. WOMMAの正式名称はWord of Mouth Marketing Association。この定義はWOMMA（www.womma.org）の「Word of Mouth 101」から引用した（groundswell.forrester.com/site7-1）。

2. Reichheld, Fred, *The Ultimate Question: Driving Good Profits and True Growth*, Boston: Harvard Business School Press, 2006.（『顧客ロイヤルティを知る「究極の質問」』堀新太郎監訳、鈴木泰雄訳、ランダムハウス講談社、2006年）。ライクヘルドは本書の中で、NPSが多くの業界において企業の成長と相関していることを説得力のある文章で描き出している。著者のブログ「Net Promoter」はgroundswell.forrester.com/site7-2で閲覧できる。

3. Reichheld, Fred, *The Ultimate Question: Driving Good Profits and True Growth*, Boston: Harvard Business School Press, 2006.（『顧客ロイヤルティを知る「究極の質問」』堀新太郎監訳、鈴木泰雄訳、ランダムハウス講談社、2006年）

4. バズエージェント（www.bzzagent.com）が生み出しているクチコミを“偽物”と主張する人もいるが、我々はそうはいい切れないと感じている。バズエージェントから商品を受け取ったブロガーは、その商品が気に入らなければクチコミを広める必要はない。とはいえ、自然に発生する本物のクチコミのほうがはるかに強力であることは間違いない。

5. eバッグスのウィークエンダー・コンバーチブルとカスタマーレビューはgroundswell.forrester.com/site7-5で閲覧できる。

6. フォレスター報告書“Five Immediate Opportunities For eCommerce Improvement”（Sucharita Mulpuru, May 11, 2007）より。本報告書はgroundswell.forrester.com/site7-6で入手可能。

7. フォレスター・リサーチのshop.org報告書“State of Retailing Online 2007”より。本報告書はgroundswell.forrester.com/site7-7で入手可能（shop.orgのメンバーは無料、非メンバーは有料）。

8. バザールボイスが実施したペットコのケーススタディはgroundswell.forrester.com/site7-8で閲覧できる。

9. フォレスター・リサーチがアマゾンの「エレクトロニクス」カテゴリーと「ホーム&ガーデン」カテゴリーのレビューを分析したところ、80％は好意的な内容だった。フォレスター報告書“How Damaging Are Negative Customer Reviews?”（Sucharita Mulpuru, January 10, 2007）はgroundswell.forrester.com/site7-9で入手可能。

10. コンスタントコンタクトのユーザーコミュニティ「コネクトアップ！」はcommunity.constantcontact.comで閲覧可能。

11. コンスタントコンタクトのIPO目論見書に記載されている収入額をもとに算出。同社は2007年10月に上場を果たした。同社の目論見書はgroundswell.forrester.com/site7-11で閲覧できる。

12. コンスタントコンタクトのユーザーコミュニティ「コネクトアップ！」を参照（groundswell.forrester.com/site7-12）。

13. Koerner, Brendan I., “Geeks in Toyland,” *Wired*, February 2006.（groundswell.forrester.com/site7-13）

6. "Greg the Architect—SOA This. SOA That."（groundswell.forrester.com/site6-6）。シリーズの全作品はwww.gregthearchitect.comでも閲覧できる。ティブコのダン・ザイマンによれば、同社のビデオは「チープ」ではなく、「愉快」とのこと。

7. 本章に登場する成人消費者に関する統計データはすべてForrester's North American Social Technographics Online Survey, Q2 2007をもとにしている。

8. アーンスト＆ヤングがフェイスブックに開設したキャリアページはgroundswell.forrester.com/site6-8で閲覧できる（閲覧にはフェイスブックのアカウントが必要）。

9. マイスペースには「ネバー・エンディング・フレンディング」のページがある（www.myspace.com/neverendingfriending）。本報告書はPDFでダウンロード可能（groundswell.forrester.com/site6-9）。

10. Vargas , Jose Antonio, "Obama Campaign Asks: Is It MySpace or Yours?," *Washington Post*, May 3, 2007.（groundswell.forrester.com/site6-10）

11. Ferraro, Vince, "New HP Universal Print Driver Solves Vista Printing Problems for LaserJets," *The HP LaserJet Blog*, February 26, 2007.（groundswell.forrester.com/site6-11）

12. Schwartz, Jonathan, "Acquiring Hewlett Packard's Legacy," *Jonathan's Blog*, August 17, 2006.（groundswell.forrester.com/site6-12）

13. Kintz, Eric, "Something new under the Sun," *The Digital Mindset Blog*, August 18, 2006.（groundswell.forrester.com/site6-13）

14. このROIモデルのベースになっているのは、ブログのROIを論じたフォレスター報告書である。この報告書にはブログの費用、リスク、便益を分析し、ROIを算出する方法が解説されている。本報告書 "The ROI Of Blogging"（Charlene Li and Chloe Stromberg, January 24, 2007）はgroundswell.forrester.com/site6-14aで入手可能。フォレスター報告書 "Calculating The ROI of Blogging: A Case Study"（Charlene Li and Chloe Stromberg, January 24, 2007）では、GMのブログ「ファストレーン」のROIを分析している（groundswell.forrester.com/site6-14b）。ブログのROIに関してはヒュー・マクラウドも、自身のブログ「gapingvoid」でユーモラスな議論を展開している（2005年12月13日の記事 "What's Blogging's ROI" を参照。groundswell.forrester.com/site6-14c）。

15. Meyers, Carol, "Requiem for a Blog," *The Marketers' Consortium*, September 24, 2007.（groundswell.forrester.com/site6-15）

16. Menchaca, Lionel, "Flaming Notebook," *Direct2Dell*, July 13, 2006.（groundswell.forrester.com/site6-16）。デルのグランズウェル活用事例は第10章でも論じている。

17. groundswell.forrester.com/site6-17

18. groundswell.forrester.com/site6-18

19. プロクター・アンド・ギャンブルの年次報告書（2007年）の73ページ参照。

6. このコメントはコミュニスペースが運営しているNCCNのがん患者用プライベートコミュニティから引用した。これはNCCNの私設コミュニティであり、通常はパスワードがなければ閲覧できない。コミュニティの閲覧とコメントの引用を許可してくださったコミュニスペースとNCCNに深く感謝する。なお、本章に記載されているがん患者のコメントはすべて、このコミュニティから引用したものである。

7. Neff, Jack, "For Axe star, it sure helps to think like guy," *Advertising Age*, November 6, 2006. この記事は『アドバタイジング・エイジ』のウェブサイトにも掲載されているが、閲覧にはメンバー登録が必要。

8. チャールズ・シュワブのX世代投資家向けプライベートコミュニティに関する情報は、同社が「2007フォレスター・グランズウェル・アワード」に応募した際の資料から得た。このコミュニティにはコミュニスペースのシステムが利用されている。チャールズ・シュワブとコミュニスペースは上記アワードの「傾聴」部門で受賞を果たした。

9. このコメントを含め、本章に登場するミニ・オーナーのコメントは広告代理店バトラー・シャイン・スターン＆パートナーズのエド・コットンとモティーブクエストのマーク・ウィットヘフトが2007年5月に行ったプレゼンテーション "MINI WOMMA Case Study: Managing & Galvanizing Brand Community" から得た。

10. JDパワー＆アソシエイツのランキングはwww.jdpower.comで公開されている。

11. フォレスター報告書 "The Forrester Wave: Brand Monitoring, Q3 2006"（Peter Kim, September 13, 2006）はgroundswell.forrester.com/site5-11で入手可能。

第6章

1. Topolsky, Joshua, "Will it Blend: the iPhone smoothie," *Engadget*, July 10, 2007.（groundswell.forrester.com/site6-1）

2. ジェイ・レノのコメントはブレンドテックのDVD "Will It Blend?" のパッケージから引用した。

3. Szalai, George, "Global Media Outlook $2 Tril. by 2011," *Adweek*, June 21, 2007.

4. フォレスター報告書 "Marketing's New Key Metric: Engagement"（Brian Haven, August 8, 2007）はgroundswell.forrester.com/site6-4で入手可能。「マーケティング・ファネルの比喩は現代には通用しない。このモデルでは、ソーシャルメディアが購買プロセスにもたらした複雑さを捉えられないからだ。伝統的なメディアは消費者の信頼を失いつつあり、マーケターは新しいアプローチを必要としている。我々は新しい測定基準として『エンゲージメント』を提案する。エンゲージメントは4つの要素で構成されている――関与、交流、親密さ、そして影響だ」（報告書のエグゼクティブサマリーより）

5. フォレスター報告書 "Consumers Love To Hate Advertising"（Peter Kim, November 26, 2006）はgroundswell.forrester.com/site6-5で入手可能。

(groundswell.forrester.com/site3-2)。その後、消費者のソーシャル活動参加度をより正確に測定するために、フォレスター・リサーチはソーシャル・テクノグラフィックスの各グループの定義を若干修正した。

特に断りのない限り、本章に登場する事例(L・L・ビーンなど)は実際の消費者データをもとにしている。本書の執筆時点では、フォレスター・リサーチは各社にこうしたデータに基づく戦略提案等は行っていない。これらのデータを紹介したのは、ソーシャル・テクノグラフィックス・プロフィールを戦略立案に活かす方法を示すためである。

3. Horovitz, Bruce and Newman, Alex, "Alpha Moms leap to top of trendsetters," *USA Today*, March 27, 2007. (groundswell.forrester.com/site3-3)
4. テクノグラフィックスでは、「テクノロジーに対する価値観」と「テクノロジーを使用する主な動機」が顧客分類時の基本指標となっている。
5. 木村拓哉が登場する富士通PCのCMはユーチューブでも閲覧できる(groundswell.forresterxom/site3-5)。
6. フォレスター報告書 "Why Marketers Should Court Online Daters" (Charlene Li, June 6, 2007) はgroundswell.forrester.com/site3-6で入手可能。

第4章

1. POSTメソッドは2007年10月に開催されたフォレスター・コンシューマー・フォーラムで最初に発表され、以来多くのクライアントプロジェクトで使用されている。フォレスター報告書 "Objectives: The Key To Social Strategy" (Josh Bernoff and Charlene Li, October 9, 2007) はgroundswell.forrester.com/site4-1で入手可能。

第5章

1. リン・ペリーに関しては、うれしい報告がある。最後に彼と話をしたのは2007年9月だったが、この時点ですでに病気の徴候は消え、ハーレーで全国を走りまわっているとのことだった。
2. U.S. News & World Report 2007のがん専門病院ランキングはgroundswell.forrester.com/site5-2で閲覧できる。
3. "Proton Therapy Center Opens To Patients," *Medical News Today*, July 9, 2006. (groundswell.forrester.com/site5-3)
4. このコメントは、2007年7月5日のインタビューで我々がリカルド・ギマランイス本人から得たものである。
5. "Honomichl Global Top 25: The World's Leading Market Research Firms (2006)," *Marketing News*, August 15, 2007. (groundswell.forrester.com/site5-5)。ニールセンとIMSヘルスのリサーチ収入に関するデータも本記事をもとにしている。

15. 「フォークソノミー」という言葉の歴史は、トーマス・ヴァンダーワルが2007年2月2日に自身のブログ（vanderwal.net）に投稿した記事 “Folksonomy” に詳しい（groundswell.forrester.com/site2-15）。

16. このブログは、以前はwww.walmartingacrossamerica.comというURLで公開されていた。現在は削除されているが、デリシャス（del.icio.us）で検索すれば、このサイトに付けられていたタグを確認できる。「やらせ（fake）」は非常に多く使われたタグの一つである（groundswell.forrester.com/site2-16）。

17. RSSの使い方を知りたいなら、コモンクラフト（Common Craft）のビデオ “RSS in Plain English” がわかりやすい（groundswell.forrester.com/site2-17）。同社のサイトには他にもシンプルな解説ビデオが多数公開されている（www.commoncraft.com）。

18. ウィジェットの利用者数に関するコムスコアのプレスリリースはgroundswell.forrester.com/site2-18で閲覧できる。

19. UPSウィジェットはwww.ups.com/widgetでダウンロードできる。イギリス、フランス、ドイツ以外では荷物の追跡サービスは利用できないが、RSSリーダーなどの楽しい機能も用意されている。

20. シャークウィークのウィジェットはgroundswell.forrester.com/site2-20でダウンロードできる。

21. 公正を期すためにいえば、ディグはそもそもプラットフォームではなく、ディスティネーションサイトとして作られている。プラットフォームではないため、コピーされることも多い。たとえば第9章で取り上げたイノベーションコミュニティ（セールスフォースのアイディアエクスチェンジやデルのアイディアストームなど）にはディグとよく似た仕組みが使われている。「ディグ風」のサイトやアプリケーションは非常に多く、groundswell.forrester.com/site2-21では300以上の例を見ることができる。

22. オリン・カレッジの洗濯場アプリケーションは今も利用されているようだ（www.twitter.com/laundryroom）。

第3章

1. 特に断りのない限り、本章に掲載されている統計データはフォレスター・リサーチの下記の調査をもとにしている。なお調査の手法と時期が異なるため、調査結果を比較する際は注意が必要である。
   - □ Forrester’s North American SocialTechnographics Online Survey, Q2 2007（アメリカのデータ）
   - □ Forrester’s European Technographics Benchmark Survey, Q2 2007（ヨーロッパのデータ）
   - □ Forrester’s Asia Pacific Technographics Benchmark Survey, Ql 2007（アジアのデータ）

2. 「ソーシャル・テクノグラフィックス・プロフィール」はテクノグラフィックスを拡張したもの。テクノグラフィックスはフォレスター・リサーチが1997年から使用している調査／顧客分類手法である。ソーシャル・テクノグラフィックスという言葉が最初に登場したのは、フォレスター報告書 “Social Technographics”（Charlene Li and Josh Bernoff, April 19, 2007）である

「Never Hide」キャンペーンの一環として投稿されたもので、同様のビデオが他にもいくつか投稿されている（groundswell.forrester.com/site2-5a）。ユーチューブには、このビデオのトリック（ひもを使ったり、フィルムを逆回しにしたりする）を暴いたビデオも数多く投稿されたが、そのせいで閲覧者が減ることはなかったようだ。

6. 会員数はセカンドライフのウェブサイトの統計ページから引用した（groundswell.forrester.com/site2-6）。

7. Forrester's North American Technographics Retail And Marketing Online Youth Survey, Q4 2007

8. ネットクラフト（Netcraft）はウェブサーバーの市場シェアを調査している。2007年10月の調査結果はgroundswell.forrester.com/site2-8で閲覧できる。

9. W3カウンター（W3Counter）はウェブブラウザの市場シェアを調査しているサイトの一つ。ウェブブラウザの市場シェアの数字は調査手法によって幅があり、たとえば自己申告制の調査結果と、ウェブサイトから収拾したデータを分析した場合の結果はまったく違う。W3カウンターが2007年10月1日に発表したウェブブラウザの市場シェア調査の結果はgroundswell.forrester.com/site2-9で閲覧できる。

10. アレクサによる人気サイトランキングは同社のウェブサイトで閲覧できる（www.alexa.com）。

11. 「ウィキペディアに自社の評判を傷つけるような情報を載せないためにはどうすればいいのか」と聞かれることが非常に多かったため、この問題をテーマとした報告書を作成した。ウィキペディアに載っている情報は何でも変えることができるが、編集ボランティアのコミュニティと協力しなければ、変更内容を定着させることはできない。この意味で、ウィキペディアは『ニューヨーク・タイムズ』のような、「影響を及ぼすことはできるが、コントロールはできない重要な情報源」とみなす必要がある。ウィキペディアの記事（自社や自社の製品に関する記事）を監視するスタッフ（広報部門のメンバーなど）を置こう。この人物の仕事は記事の編集状況を見守り、「ノート」ページでオープンな議論に参加し、ウィキペディアの記事が参照できるような情報を自社サイトに載せることである。これ以上の活動（例：ウィキペディアのページで自社の宣伝を行う、素性を隠して第三者のように発言する）は逆効果になる可能性が高い。その場合、修正内容が破棄されるだけでなく、ウィキペディアの編集活動そのものに参加できなくなる恐れがある。本報告書 "When And How To Get Involved With Wikipedia"（Charlene Li, October 23, 2007）はgroundswell.forrester.com/site2-11で入手可能。

12. エクスポテレビ（www.expotv.com）は、ごく少額の報酬と引き換えに商品をレビューしてくれるメンバーを募り、投稿されたレビューをメーカーに配信している。

13. Argentinean Belen Alcatによる『ハリーポッターと謎のプリンス』のレビューはgroundswell.forrester.com/site2-13で閲覧できる。

14. Weinberger, David, *Everything Is Miscellaneous: The Power of the New Digital Disorder*, New York Times Books, 2007.（『インターネットはいかに知の秩序を変えるか？』柏野零訳、エナジクス、2008年）。著者のサイトはwww.evident.com。

Hyperion, 2006.（『ロングテール：「売れない商品」を宝の山に変える新戦略』篠森ゆりこ訳、早川書房、2006年）。著者のブログはwww.thelongtail.com。

27. Luts, Bob, "Sharpening the Arrowhead," *GM FastLane*, January 25, 2005.（groundswell.forrester.com/sitel-27）

28. Luts, Bob, "Building the World's Biggest Car Market," *GM FastLane*, April 29, 2005.（groundswell.forrester.com/sitel-28）

第2章

1. 本章のレビュアーから、相手の力を用いる武術は正確には柔術ではなく、合気道に分類されるのではないかという指摘があった。的確な指摘だったが、この種の資質は一般には柔術と関連付けられているため、読者が混乱することのないよう、ここでは敢えて柔術という言葉を用いた。

2. 2007年7月25日、我々が運営するブログ「グランズウェル」にジョシュが「I'm sick of users(ユーザーにはもううんざりだ)」というタイトルの記事を投稿した(groundswell.forrester.com/site2-2)。たしかに現代人はみなテクノロジーを使っているが、「ユーザー」という言葉は人間よりテクノロジーに焦点を合わせることで、現在進行中のトレンド(人々がつながり、交流し始めている)を見えにくくしている。「1日でもいいから、この単語を使うのをやめてみよう。そうすれば、世界は驚くほど違って見えるはずだ」と記事は述べている。本書では関係の力に焦点を合わせるために、できる限り「ユーザー」という言葉は使わないようにした(唯一の例外は「ユーザー生成コンテンツ」である。この言葉はよくも悪くもすでに定着しているため、今回はそのまま使用した)。ブロゴスフィアではアイディアが一気に広まることがあるが、この記事もスティーブ・ルベルの人気ブログ「Micro Persuasion」で引用されたのを機に、何十ものブログで紹介され、ついにはBBCとウォールストリート・ジャーナルのサイトでも引用された。この記事は1万人以上の訪問者を集め、我々のブログでも特に人気の高い記事の一つとなっている。技術者たちは「ユーザー」という言葉にこだわり、この言葉を排除することに激しく抵抗したが、マーケターや顧客に近い場所にいる人々の多くは我々の意見に賛同してくれた。

3. マーティン・リンドストロームのビデオブログ「BRANDflash」はgroundswell.forrester.com/site2-3で閲覧できる。

4. 特に断りのない限り、本章に掲載されている統計データはフォレスター・リサーチの下記の調査をもとにしている。なお調査の手法と時期が異なるため、調査結果を比較する際は注意が必要である。
   □ North American Social Technographics Online Survey, Q2 2007（アメリカのデータ）
   □ European Technographics Benchmark Survey, Q2 2007（ヨーロッパのデータ）
   □ Asia Pacific Technographics Benchmark Survey, Ql 2007（アジアのデータ）

5. "Guy catches glasses with face"（groundswell.forrester.com/site2-5）。このビデオはレイバンの

用し、ブランド愛用者の輪の中に入らなければならない」。本報告書の発表後、このテーマに対するクライアントの関心が急激に高まったことが、本書を執筆するきっかけとなった。

19. Forrester's North American Technographics Benchmark Survey, Ql 2007. フォレスター報告書 "The State of Consumers and Technology: Benchmark 2007"（Charles S. Golvin, September 7, 2007）はgroundswell.forrester.com/sitel-19で入手可能。

20. Forrester's European Technographics Benchmark Survey, Q2 2007。5カ国（イギリス、フランス、ドイツ、スペイン、イタリア）の加重平均をもとに算出。フォレスター・リサーチのデータチャート"Profiling European Internet Avoiders"（Reineke Reitsma, August 22, 2007）はgroundswell.forrester.com/sitel-20で入手可能。

21. この違いは非常に大きい。1996年の『ワイアード』誌のインタビューで、フォレスター・リサーチのバイスプレジデント（当時）のメアリー・モダールはインターネットを次のように表現している。「現在のウェブは中性子爆弾が爆発したあとの世界のようなものです。建物はたくさんあるけれども、人の気配がしない。（中略）しかし将来は、ウェブサイトに行けばたくさんの人を目にするようになるでしょう」。これは、もはや将来の話ではない。マイスペースやディグを訪れれば、人々があちこちで陽気に交わり、ともに楽しい時間を過ごしたり、お互いから必要なサポートを得たりしている様子を見ることができる。
Blume, Harvey, "Touchstone: If you want to know what's really new in new media, you ask Mary Modahl," *Wired*, May 1996.（groundswell.forrester.com/sitel-21）

22. フォレスター・リサーチは毎年、広告主へのアンケートをもとに、アメリカ国内のオンラインマーケティング支出予測を発表している。2007年の予測は146億ドルだった。ここには検索エンジンマーケティング、オンラインディスプレイ広告、およびオンラインビデオ広告の費用が含まれる（メールマーケティングへの支出は含まれない）。フォレスター報告書 "US Interactive Marketing Forecast, 2007 To 2012"（Shar VanBoskirk, October 10, 2007）はgroundswell.forrester.com/sitel-22で入手可能。

23. フォレスター・リサーチは上記と同じ手法を使って、ヨーロッパ企業のオンライン広告支出も予測している。2007年の予測は75億ユーロだった。ここには検索エンジンマーケティングとオンラインディスプレイ広告の費用が含まれる。フォレスター報告書 "European Online Marketing Tops €16 Billion In 2012"（Rebecca Jennings, July 12, 2007）はgroundswell.forrester.com/sitel-23で入手可能。

24. Sturgeon, Theodore, *Microcosmic God*, 初版1941, The Science Fiction Hall of Fame, Vol. 1, Robert Silverberg編, New York: Orb, 2005.（「極小宇宙の神」中上守訳、『S-Fマガジン』第12巻7号、1971）

25. Kawasaki, Guy, "By the Numbers: How I built a Web 2.0, User-Generated Content, Citizen Journalism, Long-Tail, Social Media Site for $12,107.09," *How to Change the World*, June 3, 2007.（groundswell.forrester.com/sitel-25）

26. Anderson, Chris, *The Long Tail: Why the Future of Business Is Selling Less of More*, New York:

5. グーグルのブログ検索（blogsearch.google.com）をもとに算出。そのあとに削除された記事もあるため、執筆時と同じ結果は再現できない。

6. "Oh Nine, Eff Nine"（groundswell.forrester.com/sitel-6）

7. Robertson, Grant, "HD-DVD key fiasco is an example of 21st century digital revolt," *Download-squad*, May 1, 2007.（groundswell.forrester.com/sitel-7）

8. Rose, Kevin, "Digg This: 09-f9…," *Digg the Blog*, May 1, 2007.（groundswell.forrester.com/sitel-8）

9. 記事の本数はネクシス（Nexis）で日付を指定して検索することで求めた。

10. McConnell, Ben and Huba, Jackie, *Citizen Marketers: When People Are The Message*, Chicago: Kaplan Publishing, 2007.
本書にはこの種の状況（著者らによれば「firecrackers（爆竹）」）の実例が数多く紹介されている。2人のブログ「Church of the Customer」（www.churchofthecustomer.com）は目を通す価値がある。

11. Masnick, Mike, "Since When Is It Illegal To Just Mention A Trademark Online?," *Techdirt*, January, 5, 2005.（groundswellforrester.com/sitel-11）

12. "A Comcast Technician Sleeping on My Couch"（groundswell.forrester.com/sitel-12）

13. 非公式ブログのタイトルは「Snakes on a Blog」（www.snakesonablog.com）。

14. Laycock, Jennifer, "Overzealous Big Pork Stomps on Breastfeeding Blogger," *The Lactivist*, February 1, 2007.（groundswell.forrester.com/sitel-14）

15. ブログの被リンク数を数える一つの方法はグーグルのブログ検索（blogsearch.google.com）を利用することである。検索ボックスにジェニファー・レイコックのブログ（www.thelactivist.com）の記事URLを入力すると、この記事にリンクしているブログのリストが表示される（groundswell.forrester.com/sitel-15）。

16. Kim, Hyejin, "Korea: Bloggers and Donuts," *Global Voices*, May 4, 2007.（groundswell.forrester.com/sitel-16）

17. Kim, Rahn, "Dunkin's Production Faces Sanitation Criticism," *Korea Times*, May 4, 2007.（groundswell.forrester.com/sitel-17）

18. フォレスター報告書 "Social Computing: How Networks Erode Institutional Power, And What to Do About It"（Chris Charron, Charlene Li and Jaap Favier, February 13, 2006）はgroundswell.forrester.com/sitel-18で入手可能。
本報告書は、ブログ、ウィキ、ソーシャルネットワーク、ファイル共有、顧客による格付け、市民ジャーナリズムといったテクノロジー駆動型のソーシャル現象はすべて、人々がつながり、企業ではなく相互に依存するようになっていることの反映に過ぎないと主張している（我々はこのトレンドを「グランズウェル」と呼ぶ）。「ソーシャルコンピューティング時代を生き抜くためには、企業はトップダウン型のマネジメント／コミュニケーション戦術を手放し、商品やサービスにコミュニティを組み込み、従業員やパートナーをマーケターとして活

■注

本書に記載されている情報のほとんどは、本書に登場する企業の担当者や代理人から、直接または電話や電子メールを介して収集したものである。特に断りのない限り、本文中のデータやコメントはすべて、これらの個人的なインタビューから得た。

URLが長い場合は、読者の利便性を考慮し、省略形のURL（groundswell.forrester.com/site*x-y*/）で記述した。このURLにアクセスすると、自動的に本来のサイトにリダイレクトされるようになっている。

インターネットの常であるが、ウェブサイト上の情報は引用後に変更されたり、削除されたりすることがある。ウェブサイトから引用した文章はいずれも、本書の執筆時点で各ウェブサイトに表示されていたものと理解していただきたい。

特に断りのない限り、本文中で引用した消費者関連の統計データはすべて、以下の消費者調査をもとにしている。

- □ アメリカのデータ：Forrester's North American Social Technographics Online Survey, Q2 2007（アメリカの成人1万10人を対象に実施したオンライン調査）
- □ アメリカの若年層に関するデータ：Forrester's North American Technographics Retail And Marketing Online Youth Survey, Q4 2007（アメリカの12〜18歳の若者5359人を対象に実施したオンライン調査）
- □ ヨーロッパのデータ：Forrester's European Technographics Benchmark Survey, Q2 2007（2万4808人の成人を対象に実施した郵送調査）
- □ アジアのデータ：Forrester's Asia Pacific Technographics Benchmark Survey, Ql 2007（6530人の成人を対象に実施した郵送、オンライン、および対面による調査）

調査の手法や時期が異なるため、調査結果を比較する際は注意が必要である。

フォレスター・リサーチのクライアントであれば、フォレスター報告書は指定のURLで全文を閲覧できる。クライアントでない場合は要約のみ表示する（全文の閲覧は有料）。

第1章

1. Lacy, Sarah and Hempel, Jessi, "Valley Boys: Digg.com's Kevin Rose leads a new brat pack of young entrepreneurs," *BusinessWeek*, August 14, 2006.（groundswell.forrester.com/sitel-1）
2. Rudd-O, "Spread this number," *Rudd-O.com*, April 30, 2007.（groundswell.forrester.com/sitel-2）
3. この暗号キーは多くの高解像度DVD（HD DVDとブルーレイの両方）で使われていた。現在は新しいキーが採用されているが、このキーが解読されるのも時間の問題だろう。
4. Adelson, Jay, "What's Happening with HD-DVD Stories," *Digg the Blog*, May 1, 2007.（groundswell.forrester.com/sitel-4）

ら行

わ行

ま行

や行

な行

は行

た行

さ行

か行

あ行

■索引

人名

英数

＜アメリカ国外＞

＜戦略別＞

■事例索引

<産業別>

本書の内容に関するお問い合わせについて

このたびは翔泳社の書籍をお買い上げいただき、誠にありがとうございます。弊社では、読者の皆様からのお問い合わせに適切に対応させていただくため、以下のガイドラインへのご協力をお願い致しております。下記項目をお読みいただき、手順に従ってお問い合わせください。

●ご質問される前に

弊社Webサイトの「正誤表」や「出版物Q&A」をご確認ください。これまでに判明した正誤や追加情報、過去のお問い合せへの回答（FAQ）、的確なお問い合せ方法などが掲載されています。

正誤表　http://www.seshop.com/book/errata/
出版物Q&A　http://www.seshop.com/book/qa/

●ご質問方法

弊社Webサイトの書籍専用質問フォーム（http://www.seshop.com/book/qa/）をご利用ください（お電話や電子メールによるお問い合わせについては、原則としてお受けしておりません）。

※質問専用シートのお取り寄せについて

Webサイトにアクセスする手段をお持ちでない方は、ご氏名、ご送付先（ご住所／郵便番号／電話番号またはFAX番号／電子メールアドレス）および「質問専用シート送付希望」と明記のうえ、電子メール（qaform@shoeisha.com）、FAX、郵便（80円切手をご同封願います）のいずれかにて“編集部読者サポート係”までお申し込みください。お申し込みの手段によって、折り返し質問シートをお送りいたします。シートに必要事項を漏れなく記入し、“編集部読者サポート係”までFAXまたは郵便にてご返送ください。

●回答について

回答は、ご質問いただいた手段によってご返事申し上げます。ご質問の内容によっては、回答に数日ないしはそれ以上の期間を要する場合があります。

●ご質問に際してのご注意

本書の対象を越えるもの、記述個所を特定されないもの、また読者固有の環境に起因するご質問等にはお答えできませんので、予めご了承ください。

●郵便物送付先およびFAX番号

送付先住所　〒160-0006 東京都新宿区舟町5
FAX番号　03-5362-3818
宛先　（株）翔泳社 編集部読者サポート係

戦略コンサルタントとして、数々のグローバル企業（ABC、ベストバイ、シカゴ、シスコ、コムキャスト、ロレアル、マイクロソフト、ソニー、ティーボ、バイアコム等）のシニアエグゼクティブを支援した経験を持つ。講演者としても人気が高く、北米諸都市の他、バルセロナ、カンヌ、ロンドン、ローマ、サンパウロ等、世界各地のカンファレンスで基調講演に立っている。フォレスターに入社する前はボストンのハイテクベンチャー数社で経営や執筆活動に従事した。

マサチューセッツ州アーリントンで妻と二人の子どもたちと暮らす。

■訳者紹介

伊東 奈美子（いとう なみこ）

東京外国語大学外国語学部アラビア語学科卒業。IT関連企業で広報・マーケティング業務に携わったのち、翻訳家に。主な訳書に『広告でいちばん大切なこと』『広告マーケティング21の原則』（ともに翔泳社）、『リーダーになる［増補改訂版］』（海と月社）などがある。

■著者紹介

シャーリーン・リー (Charlene Li)

大手テクノロジー／市場調査会社フォレスター・リサーチのアナリスト。フォスレターには9年前に参加し、現在はソーシャルコンピューティングおよびWeb 2.0分野の代表的な論客として、最も発言を引用されることの多いアナリストのひとりとなっている。業界イベントで講演する機会も多く、2007年のフォレスター・コンシューマーフォーラムでは基調講演に立った。

現在はブログ、ソーシャルネットワーク、RSS、タギング、ウィジェット等のテクノロジーを活用することで、企業が経営目標を達成する方法を分析している。2004年にアナリストブログを開始。アメリカで最も影響力の大きいアナリストブロガーとして名前が挙がることも多い。現在はジョシュ・バーノフと共同でブログを執筆している (www.forrester.com/groundswell)。

マーケティング／メディア調査チームの元リーダー、サンフランシスコ支社の前代表。フォレスターに入社する前は、マサチューセッツの新聞社コミュニティ・ニュースペーパー・カンパニーでインタラクティブメディアの立ち上げに従事。米国新聞協会 (NAA) のニューメディア連盟の元理事。サンノゼマーキュリーニュースでは商品開発、モニターカンパニーでは戦略コンサルタントを務めた。ハーバード経営大学院でMBAを取得。

カリフォルニア州サンマテオ在住。夫と二人の子どもたちとともにグランズウェルを満喫している。

ジョシュ・バーノフ (Josh Bernoff)

アメリカで最も著名なテクノロジーアナリストのひとりであり、その発言はさまざまなメディアで広く引用されている。

フォレスター・リサーチには13年前に参加し、現在はテクノロジー／市場調査カンパニーのバイスプレジデントを務める。フォレスターは1997年から世界各国で消費者調査を実施しているが、その際に用いられる顧客分析モデル「テクノグラフィックス」はジョシュが考案したものである。ジョシュは人々がどのようにテクノロジーを使い、それがビジネスにどのような影響を及ぼすのかを明らかにすることで、人間理解を深めようとしている。

現在の主要研究分野はソーシャルテクノロジーだが、メディア産業の変化をとらえた画期的な研究でも知られ、その成果をまとめたレポート『Will Ad-Skipping Kill Television? (CMスキップはテレビを殺すのか)』と『From Discs To Downloads (ディスクからダウンロードへ)』は数多くの論文で引用されている。報道番組「60ミニッツ」に出演した際は、看板記者のマイク・ウォレスから「フォレスター・リサーチが誇るテレビ業界のトップアナリストであり、テレビの未来に関する権威」と紹介された。

グランズウェル――ソーシャルテクノロジーによる企業戦略

2008年11月17日　初版第1刷発行

著　者：シャーリーン・リー、ジョシュ・バーノフ
訳　者：伊東 奈美子
発行人：佐々木 幹夫
発行所：株式会社 翔泳社（http://www.shoeisha.co.jp）

DTP＆編集協力：有限会社 風工舎
印刷・製本：大日本印刷株式会社

ISBN978-4-7981-1782-9　Printed in Japan

本書へのお問い合わせについては、361ページに記載の内容をお読みください。
落丁・乱丁はお取り替えいたします。03-5362-3705までご連絡ください。